财务管理与财报分析
高效工作手册

吴沁罡◎编著

内 容 提 要

本书既有财务日常管理,也有财务报表分析,并融合了"专家支招"和"高效工作之道"栏目,层次分明,内容丰富。

全书共分两篇,第一篇:财务管理,本篇对应第1~8章,具体包括财务人员的工作分工、报销管理、备用金借支管理、资金管理、实物资产管理、往来账管理、税务管理、全面预算管理等内容。第二篇:财报分析,本篇对应第9~14章,具体包括三大主表(资产负债表、利润表、现金流量表)的填报分解,以及企业偿债能力、营运能力、赚钱(盈利)能力的数据解读。

"专家支招"栏目旨在帮助读者解决财务工作中遇到的难点和读者通常会关心的财务问题;而"高效工作之道"栏目则结合财务工作需要,重点介绍了以Office为主的办公软件的应用,步骤翔实,图文并茂,易学易会。

不管是财务工作者,还是希望对财务工作有更多了解的非财务管理者,本书都是您很好的选择。本书还可作为广大职业院校相关专业的教材参考用书。

图书在版编目(CIP)数据

财务管理与财报分析高效工作手册 / 吴沁罡编著. — 北京:北京大学出版社,2020.2
ISBN 978-7-301-31008-3

Ⅰ.①财… Ⅱ.①吴… Ⅲ.①财务管理 – 手册②会计报表 – 会计分析 – 手册
Ⅳ.①F275-62②F231.5-62

中国版本图书馆CIP数据核字(2020)第001624号

书　　　名	财务管理与财报分析高效工作手册 CAIWU GUANLI YU CAIBAO FENXI GAOXIAO GONGZUO SHOUCE
著作责任者	吴沁罡　编著
责 任 编 辑	吴晓月　吴秀川
标 准 书 号	ISBN 978-7-301-31008-3
出 版 发 行	北京大学出版社
地　　　址	北京市海淀区成府路205号　100871
网　　　址	http://www.pup.cn　新浪微博:@北京大学出版社
电 子 信 箱	pup7@pup.cn
电　　　话	邮购部 010-62752015　发行部 010-62750672　编辑部 010-62570390
印 刷 者	三河市博文印刷有限公司
经 销 者	新华书店
	787毫米×1092毫米　16开本　23.25印张　410千字 2020年2月第1版　2021年10月第2次印刷
印　　　数	4001-6000册
定　　　价	78.00元

未经许可,不得以任何方式复制或抄袭本书之部分或全部内容。
版权所有,侵权必究
举报电话:010-62752024　电子信箱:fd@pup.pku.edu.cn
图书如有印装质量问题,请与出版部联系。电话:010-62756370

自序

2009年，我从哈尔滨工程大学金融学专业毕业后，没有进金融机构，而是进入一家国有建筑企业，同大多数财务人员一样，从出纳干起。这家国企承建了国内外众多施工项目，包括公路、桥梁、高铁等，我也会随项目四处奔走。用工程人的一句话说就是，"项目在哪儿，我在哪儿"。有空的时候我喜欢看书，每一次看书都使我内心格外踏实，在此期间，我考了中级会计师和CMA（美国注册管理会计师）。我一边通过书本学习理论知识，一边向公司的前辈们虚心请教，不只学习财务，还学习审计、工程测量、CAD绘图等。这段时间我过得很充实，学习进度很快。

后来我转到了民营企业，这时我明显感觉到光勤奋是不行的，还必须有效率。社会发展很快，财务知识不断更新，企业结果导向突出，这就要求我们必须以更高效的工作方式迎接挑战。我认为提升效率主要从两方面入手：一方面是对业务熟练掌握，这需要业务量的积累和不断总结优化；另一方面就是对工具熟练掌握，包括对Excel、Word、PPT、Visio等一系列办公软件的灵活应用。俗话说，"磨刀不误砍柴工"，就是这个道理，我们要先把"刀"这个工具磨好。

在参加一次财务管理考试的时候，我遇到一位50岁左右的阿姨同考，我佩服阿姨学习进取的精神，但当阿姨从背包里掏出一个大算盘，而不是计算器的时候，我为她捏了把汗。毕竟财务管理的考试中不仅有加、减、乘、除，还涉及幂和开方，传统算盘的计算效率是明显不足以应对的。财务工作这条路注定要"活到老，学到老"，我们需要为自己加油，也为同行的财务工作者加油！

本书的创作历时一年多，是我这些年的财务工作经验和学习成果的一个总结。写作语言尽可能通俗易懂，不管是财务人员还是企业的非财务管理者，阅读起来都会比较轻松。书中理论与实践结合，无论是工作应用还是考证学习，都会对读者有所帮助。

在此，感谢广大读者朋友选购本书，在阅读过程中，如果您发现本书存在疏漏不足之处或者有好的建议，请您一定告诉我，让我们在分享和改进中不断提高。

最后，衷心感谢胡子平老师的精心策划和对我写作上的指导与鼓励，感谢同行好友陈文玉女士，以及 CMA 培训班的老师和同学们在我写作过程中提供的建议和帮助，感谢家人给予我的关心和支持。

吴沁罡
2019 年 8 月

前 言

为什么写这本书？

在写这本书之前，我写得最多的应该是总结和汇报材料，也曾在《国际商务财会》上发表过两篇论文，但并没有过写书的想法。让我产生写书这个念头的是陈文玉女士，她毕业于西南财经大学，比我早一年就业，我们曾在同一家单位共事。她很早就出版了自己的第一本财会类实操书籍，当准备写第二本的时候，她邀请我一起写，并将我推荐给了胡子平老师。我也是抱着试一试的态度，将这些年的工作和学习经验在心里串了一遍，列了一个目录，然后开始了这本书的写作。

财务工作其实并不难，但如果没有正确的指引，我们可能会走很多弯路，甚至犯下错误。如果因为害怕犯错，工作就不干了，肯定是不行的，那么应该怎么干呢？本书从报销管理、资金管理、税务管理、全面预算管理、财务报表分析等方面分别做了介绍，不仅为读者提供了实用性较强的知识与操作，还介绍了如何应对职业道德冲突、如何与税务局人员打交道、财务人员的职业发展规划等。

面对大量繁杂的财务工作，如何提升财务工作效率呢？这也是本书所关注的重点。为此，本书不仅介绍了财务管理工作中的经验技巧（"专家支招"部分），还介绍了如何利用Office、互联网、App等相关财务工具，进行高效工作（"高效工作之道"部分），以帮助读者更快地完成各项财务工作。

本书的编写旨在与读者分享，怎样务实、高效地开展各项财务工作，少走弯路。让读者不仅工作上有成绩，而且能够节约更多时间做自己喜欢的事情。

本书讲了哪些内容？

本书内容包括两篇，共 14 章（第 1~8 章为第一篇，第 9~14 章为第二篇）。基本框架与篇章结构编排如下：

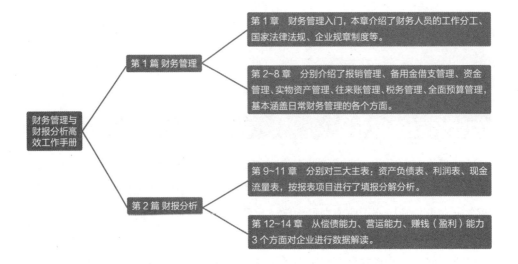

本书有哪些特点？

比起一般财务书籍偏重理论的介绍，本书最大的特点是注重案例分享和实践运用，并在"高效工作之道"部分将办公软件技能融合进来，用以提高财务工作者的工作效率，真正实现"早做完，不加班"。

★ 案例丰富

俗话说："光说不练假把式。"本书尤其注重案例的分享。例如，往来账的管理，针对不同的坏账准备的计提方法，如余额百分比法、账龄法、销售百分比法、个别认定法等，均结合具体案例介绍了计算过程。

★ 层次分明

本书从不同岗位财务人员的工作分工入手，首先介绍了财务工作的日常管理，其次是财务报表的填报，最后是财报数据的分析。通过表格、图示进行讲解，由浅入深，层次分明。

★ 专家支招

"专家支招"栏目是本书的重要特色，全书共安排了39个"专家支招"栏目，比如，如何购置固定资产更省钱、如何早日收回应收账款、如何利用比较法进行报表分析等。

★ 高效工作之道

"高效工作之道"栏目的策划设置开了同类书籍的先河，这也是本书有别于市面上同类书籍的一大特色。作为财务工作者，工作中自然离不开办公软件，以及互联网、App等相关工具。在繁杂的工作任务中，如何让财务人员能高效地开展工作，这就是本书设置该栏目的意义所在。全书介绍了30个"高效工作之道"案例，通过对这部分内容的学习，读者可以掌握高效工作的方法，并能在工作中举一反三。

温馨提示：

书中的"高效工作之道"栏目的教学视频，可以通过微信扫描右侧的二维码观看学习。

如何阅读和使用本书

1. 书中的重点会以黑体标注，而对于需要注意或补充的零星事项，设置有"提示"栏目。这些细节工作，都是为了让读者学习时感到视觉轻松、层次分明，提高读者的阅读体验和学习效率。

2. 关于书中办公软件的相关操作，特别是"高效工作之道"部分的讲解，均以"图文步骤"进行了详细表述，易于读者学习和掌握。

3. 本书配套提供了案例对应的素材文件和结果文件，方便读者直接使用。

除了本书，您还能得到什么？

这是市面上少见的一本财务管理图书，花一本书的钱，购买一套综合职场学习套餐。读者不仅可以学习专业知识，还能掌握职场中重要的时间管理与高效工作方法，提升自己的职场竞争力。

- ✓ 赠送《5分钟学会番茄工作法》视频教程。读者可以学习在职场中如何高效地工作。
- ✓ 赠送《10招精通超级时间整理术》视频教程。时间是人类最宝贵的财富之一，无论是在职场中还是生活中，都要学会时间整理。专家传授10招时间整理术，读者可以学习如何有效整理时间、高效利用时间。
- ✓ 赠送《微信高手技巧手册》《QQ高手技巧手册》《手机办公10招就够》《高效人士效率倍增手册》4套电子书，读者可以学习移动办公的诀窍及高效处理工作事务的方法与技巧。

温馨提示：

以上资源，可通过微信扫描下方任意二维码关注公众号，并输入代码"HT8nY56"，即可获取下载地址及密码。

资源下载

官方微信公众账号

看到不明白的地方怎么办？

学习中若有什么问题，可以发送E-mail到读者信箱2751801073@qq.com；或者加入读者交流QQ群566454698（新精英充电站-4群）。

本书由凤凰高新教育策划，吴沁罡老师编写。我们竭尽所能地为读者呈现最好、最全、最新的内容，但仍难免有疏漏和不妥之处，敬请广大读者不吝指正。

目 录

第 1 篇　财务管理

　　财务管理是依据国家财务法律法规和企业财务规章制度，组织开展各项财务活动，处理财务关系的一项企业管理工作。本篇共分为 8 章，包括财务相关法律法规、企业日常报销管理、资金管理、实物管理、税务管理、预算管理等相关内容。

第 1 章　财务管理入门——没有规矩，不成方圆..................2

- 1.1 人员职责分工——各司其职，各负其责..................3
  - 1.1.1 出纳的工作职责.................3
  - 1.1.2 会计的工作职责.................5
  - 1.1.3 财务负责人的工作职责.....6
  - 1.1.4 财务总监的工作职责.........7
  - 1.1.5 企业负责人的工作职责.....8
  - 1.1.6 财务人员工作交接.............9
- 1.2 国家相关财务法律法规（外部）...11
  - 1.2.1 会计法律..........................11
  - 1.2.2 会计准则..........................13
  - 1.2.3 会计制度..........................13
  - 1.2.4 内控制度..........................13
  - 1.2.5 其他相关财务法律法规....14
- 1.3 企业财务管理规章制度（内部）......15
  - 1.3.1 企业常用财务管理规章制度...................15
  - 1.3.2 企业其他相关财务管理规章制度..................15

★ 专家支招
- 01：财务人员面对职业道德冲突时应该怎么办？..........16
- 02：财务人员越老越吃香吗？——NO!.................17

★ 高效工作之道
- 01：用 Word 制作财务部组织结构图..................18
- 02：用 Word 制作财务工作岗位移交清单..................23
- 03：用 Excel 制作银行余额调节表..................25

第 2 章　报销管理——业务真实，程序规范..................30

- 2.1 日常报销的种类..................31
  - 2.1.1 管理费用的种类..............31
  - 2.1.2 生产成本的种类..............32
  - 2.1.3 管理费用和生产成本的区别..................33
- 2.2 日常报销的流程..................33
  - 2.2.1 日常报销的总体要求......34
  - 2.2.2 日常报销的一般流程......35

1

2.2.3　日常报销的注意事项 36
2.3　费用（成本）的归集与核算 40
　　2.3.1　管理费用的归集与核算 41
　　2.3.2　生产成本的归集与核算 44
★ 专家支招
　01：单据粘贴有窍门
　　　——"鱼鳞式"粘贴 45
　02：发票代码的学问——数字

中隐含重要信息 46
★ 高效工作之道
　01：利用网络进行发票真伪
　　　查询 49
　02：用 Visio 画报销流程图 51
　03：用 Excel 打印费用（成本）
　　　报销单 60
　04：在 Word 中计算数据 64

第 3 章　备用金借支管理——用途合规，按期返还 66

3.1　备用金借支的总体要求及用途 67
　　3.1.1　备用金借支的总体要求 67
　　3.1.2　备用金的借支用途 68
3.2　备用金的管理模式和借支流程 68
　　3.2.1　备用金的管理模式 68
　　3.2.2　备用金的借支流程 69
3.3　备用金的返还与核算 70
　　3.3.1　备用金返还的时间要求 70
　　3.3.2　备用金返还的注意事项 71
　　3.3.3　备用金借支的会计核算 71

★ 专家支招
　01：前账不清，后账不借 72
　02：合理确立有权借款人 73
★ 高效工作之道
　01：用 Word 制作备用金借
　　　支单 73
　02：用 Excel 制作备用金借支
　　　回执单 75
　03：用 Visio 制作简单的灵感
　　　触发图 80

第 4 章　资金管理——"账房先生"的第一要务 85

4.1　资金的来源与使用 86
　　4.1.1　资金的来源 86
　　4.1.2　资金的使用 87
4.2　日常资金的管理 87
　　4.2.1　现金的提取 87
　　4.2.2　现金的保管 88
　　4.2.3　银行账户的管理 91
　　4.2.4　银行 U 盾及印鉴的管理 93
4.3　资金的筹集渠道 94

　　4.3.1　民间借款 94
　　4.3.2　银行借款 95
　　4.3.3　融资租赁 97
　　4.3.4　发行债券 98
　　4.3.5　发行股票 99
★ 专家支招
　01：资金集中管理——实现
　　　内部资金互补效益
　　　（往往针对大型企业） 100
　02：资金使用党政联签——强化

资金内控管理
　　　（往往针对国有企业）.........101
　03：担保有风险，签订须
　　　谨慎.........................101

★ 高效工作之道

　01：用Excel制作现金日记表......102
　02：用Excel制作现金盘点表......105

第5章　实物资产管理——财务人员同样要会管..................107

5.1　实物资产的管理................108
　5.1.1　实物资产的范围.........108
　5.1.2　实物资产的账务管理....109
5.2　账外资产的管理................117
　5.2.1　账外资产的形成.........117
　5.2.2　账外资产的管理要求....119
5.3　实物资产盘盈（亏）的
　　　账务处理......................120
　5.3.1　固定资产盘盈（亏）的
　　　　　账务处理................120
　5.3.2　存货盘盈（亏）的账务
　　　　　处理......................121

★ 专家支招

　01：分期付款购置资产——等额
　　　本金或等额本息...............122
　02：实物资产的核算方法——可
　　　能隐藏着对利润的调节......124

★ 高效工作之道

　01：用Word制作固定资产验
　　　收单...........................125
　02：用Excel制作固定资产
　　　折旧表........................129
　03：用Word制作资产盘盈（亏）
　　　审批表........................130

第6章　往来账目的管理——早收晚付，定期签认..................133

6.1　应收款项的管理................134
　6.1.1　应收账款的管理.........134
　6.1.2　预付账款的管理.........139
　6.1.3　其他应收款的管理......140
6.2　应付款项的管理................141
　6.2.1　应付账款的管理.........141
　6.2.2　预收账款的管理.........143
　6.2.3　其他应付款的管理......144

★ 专家支招

　01：如何早日收到应收账款？ 145
　02：合理运用现金折扣...........147
　03：运用承兑汇票——延迟资金
　　　支付时间......................147

★ 高效工作之道

　01：用Word制作应收账款
　　　签认单........................150
　02：用Excel制作应收账款账
　　　龄分析表.....................153

第 7 章　税务管理——财务人员价值的重要体现 158

7.1 纳税主体与税种 159
    7.1.1 纳税主体 159
    7.1.2 企业税种 159

7.2 税务管理要求 161
    7.2.1 税务登记 161
    7.2.2 发票管理 165
    7.2.3 纳税筹划管理 167
    7.2.4 税务档案管理 181

7.3 税务申报及税款缴纳 182
    7.3.1 税务申报 182
    7.3.2 税款缴纳 183

★ 专家支招
    01：如何跟税务局的人员打交道 184
    02：小税重罚，小税种不可忽视 184

★ 高效工作之道
    01：用 Excel 制作增值税计算表 185
    02：用 Excel 制作工资个税计算表 187
    03：用个人所得税 App 填报专项附加扣除 190

第 8 章　全面预算管理——未雨绸缪，运筹帷幄 193

8.1 全面预算管理的总体要求 194
    8.1.1 全面预算管理的重要性 194
    8.1.2 全面预算管理的原则 194

8.2 全面预算的编制方法 195
    8.2.1 全面预算的编制模式 195
    8.2.2 全面预算的编制方法 197

8.3 全面预算的具体编制 200
    8.3.1 销售预算 201
    8.3.2 生产预算 201
    8.3.3 产品成本预算 202
    8.3.4 销售费用预算 205
    8.3.5 管理费用预算 206
    8.3.6 资本预算和现金预算 206
    8.3.7 财务报表预算 207

★ 专家支招
    01：固定成本和变动成本的区分 210
    02：做全面预算要打破财务部门自我界限，实现部门间的合作 211

★ 高效工作之道
    01：用 Excel 做一套预算表样 211
    02：用 PowerPoint 制作财务预算数据简报 213

第 2 篇 财报分析

财报分析是通过分析企业财务报告数据，对企业的财务状况、经营成果和现金流量进行评价，为财务报告的使用者提供决策相关信息的一项财务管理工作。财务报告的数据信息是企业在一定时期内生产经营情况的浓缩反映。本篇通过化繁为简的形式，探究财务报告看得见的光环和看不见的秘密。

第 9 章　资产负债表——企业财务状况的晴雨表..........220

9.1　流动资产..........221
  9.1.1　货币资金..........221
  9.1.2　应收账款..........222
  9.1.3　其他应收款..........222
  9.1.4　预付账款..........224
  9.1.5　存货..........225
9.2　非流动资产..........227
  9.2.1　固定资产..........227
  9.2.2　在建工程..........228
  9.2.3　无形资产..........229
9.3　流动负债..........230
  9.3.1　应付账款..........230
  9.3.2　应付职工薪酬..........231
  9.3.3　应交税费..........231
9.4　非流动负债..........232
  9.4.1　长期借款..........232
  9.4.2　长期应付款..........233
9.5　所有者权益..........233
  9.5.1　实收资本（股本）..........233
  9.5.2　盈余公积..........234
  9.5.3　未分配利润..........235

★ 专家支招
  01：货币资金为什么能排 NO.1
    ——资产负债项目遵循的
    排序原理..........235
  02：财务报表的局限性——
    尽信书不如无书..........237

★ 高效工作之道
  01：用 Excel 自制简易的资产
    负债表..........238
  02：快速查询（下载）上市企
    业的财务报表..........240

第 10 章　利润表——企业经营成果的绩效表..........244

10.1　营业利润..........245
  10.1.1　营业收入..........245
  10.1.2　营业成本..........247
  10.1.3　税金及附加..........248
  10.1.4　期间费用..........249
  10.1.5　资产减值损失..........251
  10.1.6　资产处置收益..........252
10.2　利润总额..........253
  10.2.1　营业外收入..........253
  10.2.2　营业外支出..........254
10.3　净利润..........254
  10.3.1　所得税费用..........255

10.3.2 持续（终止）经营净利润 256

★ 专家支招

01：净利润非常好，老板却坐立不安——分析净利润的构成 256

02：财务报表比较分析法——不怕不识货，就怕货比货 257

03：收入与利得的区别和联系 259

★ 高效工作之道

01：用Excel自制简易利润表 260

02：快速将网页数据导入到Excel中 262

第11章 现金流量表——企业资金走向的汇总表 266

11.1 经营活动的现金流量 267

11.1.1 销售商品、提供劳务收到的现金 267

11.1.2 收到的税费返还 268

11.1.3 购买商品、接受劳务支付的现金 268

11.1.4 支付给职工以及为职工支付的现金 269

11.2 投资活动的现金流量 270

11.2.1 投资支付的现金 270

11.2.2 收回投资收到的现金 271

11.2.3 购建固定资产、无形资产和其他长期资产支付的现金 271

11.2.4 处置固定资产收到的现金 271

11.3 筹资活动的现金流量 272

11.3.1 吸收投资收到的现金 272

11.3.2 借款所收到的现金 272

11.3.3 偿还债务支付的现金 273

★ 专家支招

01：如何将净利润调节为经营活动的现金流量净额 273

02：如何理解"现金为王" 275

★ 高效工作之道

01：用Excel自制简易的现金流量表 277

02：用Excel图表分析表格数据 279

第12章 看懂企业的偿债能力——债权人的钱是否有保障 282

12.1 企业的短期偿债能力 283

12.1.1 营运资本 285

12.1.2 流动比率 285

12.1.3 速动比率 286

12.1.4 现金比率 287

12.1.5 现金流量比率 287

12.2 企业的长期偿债能力 289

12.2.1 资产负债率 289

12.2.2 长期资本负债率 290

12.2.3 现金流量债务比 291

12.2.4 利息保障倍数——
　　　 利润保障...........291
12.2.5 现金流量利息保障倍
　　　 数——资金保障..........292

★ 专家支招

01：影响企业偿债能力的"秘密
　　 因素"...........293
02：外部投资者看不见的手——
　　 表外融资的"套路"..........294
03：资产大于负债，企业却
　　 破产了..........296

04：有息负债不可怕——合理运
　　 用财务杠杆..........297
05：财务管理的核心理念——资
　　 金的时间价值..........298

★ 高效工作之道

01：用Excel计算资金的复利终值
　　（FV）和现值（PV）..........299
02：用Excel实现财务数据的
　　 行列组合..........303
03：用Excel快速转换财务数
　　 据的金额单位..........305

第13章　看懂企业的营运能力——管理者水平的体现..........309

13.1　资产周转率..........310
　　13.1.1　应收账款周转率..........310
　　13.1.2　存货周转率..........311
　　13.1.3　总资产周转率..........312
13.2　企业的营业周期..........313
　　13.2.1　存货周期..........313
　　13.2.2　应收账款周期..........314
　　13.2.3　营业周期..........314
　　13.2.4　现金周期..........315

★ 专家支招

01：将资产转化为资金，加速
　　 周转——"两金压降"..........316
02：企业的生命周期与财务
　　 人员的发展..........318

03：如何用好应收账款信用期
　　 这把"双刃剑"..........319
04：如何确定经济的订货
　　 周期..........321

★ 高效工作之道

01：用Excel对应收账款的账龄
　　 进行计算并排序..........323
02：用Excel对应收账款进行筛
　　 选并求和..........325
03：用Excel制作资产周转天数
　　 走势图..........327
04：用Excel制作企业成本结构
　　 饼状图..........329

第14章　看懂企业赚钱的能力——股东的投资是否值得..........334

14.1　利润比率..........335
　　14.1.1　销售净利率..........335
　　14.1.2　总资产净利率..........337

　　14.1.3　权益净利率..........339
14.2　市价比率..........340
　　14.2.1　市盈率..........341

14.2.2　市净率 342
　　14.2.3　市销率 343

★ 专家支招

　　01：股东财富增加了多少
　　　　——测算企业的 EVA 344
　　02：公司股价合理吗——市价比
　　　　率来评估 344

　　03：股价与企业价值之间存在
　　　　怎样的联系 346

★ 高效工作之道

　　01：用 Visio 画杜邦分析
　　　　框架图 348
　　02：用 Word 做一份财务报表
　　　　分析报告 354

第1篇 财务管理

财务管理是依据国家财务法律法规和企业财务规章制度，组织开展各项财务活动，处理财务关系的一项企业管理工作。本篇共分为8章，包括财务相关法律法规、企业日常报销管理、资金管理、实物管理、税务管理、预算管理等相关内容。

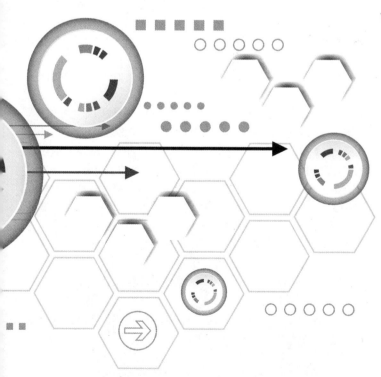

第1章
财务管理入门
——没有规矩，不成方圆

从个人的角度，财务管理是财务人员升职加薪的必经之路，也是优秀企业管理者的必备技能。从企业的角度，财务管理是企业管理的重要组成部分，旨在实现企业价值的最大化。在企业的财务管理过程中，合理的人员分工和规范的运营管理制度缺一不可。

（1）合理的人员分工。注意这里没有用"财务人员分工"，因为**财务管理可不仅仅是财务人员的事，财务管理是人、钱、物的管理，是企业全员的事情**。

亚当·斯密在其《国富论》(1776)中将分工理论放在第一篇的位置，指出生产力的最大改善起因于分工。书中以制作扣针来举例说明其重要性：扣针的制作细分为十多种操作环节，如果工人们分工合作，一人一天平均可制成4800枚；如果他们独立工作，那么不论是谁，都不可能一日制作20枚扣针，甚至一天连一枚也制作不出来。由此可见，分工是高效工作的前提。

（2）规范的营运管理制度。《增广贤文》中说："君子爱财，取之有道。"所谓"有道"，即外部合法，内部合规，没有规矩，不成方圆。

2017年11月4日，第十二届全国人大常委会第三十次会议决定对《中华人民共和国会计法》做出修改，取消了会计证，调整了行业门槛，加重了对行业违法行为的处罚。网络评论：会计行业正式纳入"高危"行业（当然，只要我们在工作中以事实为依据、以法律为准绳，大可不必担心）。这就要求，财务信息作为企业营运情况的综合反映，必须以合法合规为前提。（如果面临企业不合法、不合规的事情，财务人员该怎么办？本书中"专家支招"部分会进行经验分享。）

1.1 人员职责分工——各司其职，各负其责

本节讲述的人员职责分工，并不局限于财务人员本身，还包括企业的管理者。只有在人员分工上各司其职，各负其责，才能保证负责各项财务工作的人员不推诿扯皮，高效推进企业财务管理目标的实现。

具体来讲，财务人员根据其工作分工的不同，通常分为三类：出纳、会计、财务负责人（会计机构负责人）；企业管理者则以财务总监（又称首席财务官：Chief Financial Officer，CFO）和企业负责人为主。

> **提示**
>
> 广义的会计人员是包含出纳的，而且有的书上还有"出纳会计"的提法，这里为了便于区分出纳和会计的职责分工，故分开介绍。本节将财务人员的工作分工分为三类，不同企业在实际工作中，对财务人员的具体分工可能不尽相同，只要符合内部控制管理要求就都是可以的。

1.1.1 出纳的工作职责

财务人员往往是从出纳做起的，出纳的主要工作职责是收付款，基本不涉及财务决策。其具体工作职责可以参考如下：

（1）现金收付、盘点、保管，登记现金日记账；

（2）银行账户的开立、年检、展期、销户，登记银行账户管理台账；

（3）银行存款收付、领取银行回单、登记银行存款日记账；

（4）保管银行印鉴卡、银行票据、密码支付器、银行制单 U 盾，并严格按照规定用途使用；

（5）收集、汇总、上报、传递各单位资金计划；

（6）编制企业要求的日常资金报表；

（7）完成企业安排的其他相关工作。

> **提示**
>
> 登记现金（银行存款）日记账是对资金收支的流水式反映，这里与会计意义的记账是不同的。会计的记账以"借""贷"作为记账符号，遵循"有借必有贷，借贷必相等"的原则，记账范围不局限于资金收支，还包括登记债权债务、资产增减、收入利润等。

出纳工作相对简单，通常 6 个月左右的时间就熟悉了。这里对出纳工作有 4 点建议，可供参考。

（1）细心。细心是做好财务工作的必备素质。

例 1-1

小 A 是某房地产企业的出纳。房子的销售旺季，每日资金流很大，小 A 每天过手的现金有上百万元，如果每天少收 100 元（即万分之一的差错），一个月下来工资基本就没了。如果小 A 不想白白辛苦，那么工作就必须细心。

> **提示**
>
> 企业购置点钞机、增加现金复核岗位、尽可能使用银行账户收付款，对于降低和避免现金差错是非常必要的。

（2）重基础。刚步入社会的财务人员作为"职场菜鸟"，用《中国合伙人》中老教授的话说就是"Too young, too naive"，不要觉得自己是"985""211"等高校毕业的，填写支票、装订凭证、打印账簿这类基础财务工作就不能干。要知道，干了 30 年的老会计可能只有中专学历，但是他们有丰富的实践经验，而这正是初入职场的财务人员所欠缺的，勤勉务实、打好基础才能快速进步。

> **提示**
>
> 蘑菇定律：职场新人往往要从不受重视或打杂跑腿的工作做起，就像初生的蘑菇会被置于阴暗的角落，但是蘑菇必须经历这个过程才会成长、成熟。

（3）公私分明。出纳一定要公私分明，不能公款私存、公款私用。

> **例 1-2**
>
> 小 B 是某建筑企业的出纳，在发放农民工工资时，小 B 将部分农民工的银行卡信息，秘密换成了自己的银行卡信息，获取资金数十万元并挥霍。未领到工资的农民工找上门来，最终事情败露，小 B 免不了要受到法律的处罚。小 B 毕业于国内重点财经院校，结果聪明反被聪明误，不禁让人扼腕叹息。

（4）保护自己。面对为了金钱铤而走险的不法分子，出纳人员要懂得保护自己。

> **例 1-3**
>
> 小 C 是某家电企业的出纳，年终提取了 20 万元现金，准备次日对销售人员进行奖励。小 C 当晚在公司加班，恰遇多名歹徒持刀抢劫（事后查明，歹徒从小 C 白天进入银行时就盯上了他）。小 C 考虑到与歹徒的实力悬殊，并没有反抗，而是配合歹徒交出了现金。待歹徒离开后，小 C 找到了单位值班人员并报警，警察通过监控视频锁定并抓住了歹徒。小 C 保护了自己，挽回了企业损失。

1.1.2 会计的工作职责

根据企业规模和精细化管理水平的不同，对会计的细分程度也是不同的。企业规模越大、精细化管理水平越高，会计分类往往越细，如应收账款会计、固定资产会计、稽核会计、财务报表会计等，这里就不一一列举了。会计的具体工作职责参考如下：

（1）核查报销票据并签章，对不符合要求的票据指出错误，并予以退回；

（2）现金盘点监盘并签章；

（3）银行账目核对，编制银行余额调节表并签章；

（4）会计记账、核算；

（5）凭证装订、保管；

（6）负责税务基础工作，包括税务申报、税款缴纳、参与税收筹划等；

（7）编制企业财务报表，参与报表分析；

（8）编制企业财务预算；

（9）完成企业安排的其他相关工作。

我们有时会听见个别企业的财务人员说，自己兼了出纳+记账+报表+跑税+计算机维修+司机+后勤采购+工资制单……用"万能"来形容都不为过。财务工作的岗位在不违反内部控制制度的前提下，可以一人一岗、一人多岗或一岗多人，但应保证每一会计事项或经济业务由两个及以上人员处理，不能由一个人全过程办理。

前文提到，勤勉工作是好的，对个人而言是锻炼，对企业而言节约了成本，但是从内部控制角度来看，有的工作就是需要不同的人来做，由同一个人做了反而不对，这样的工作岗位称为不相容岗位，主要包括：

（1）业务经办与制证、审批；

（2）制证与审批、财产保管；

（3）财产保管与稽核、审批；

（4）出纳与稽核，会计档案保管，填制资金收付款记账凭证，收入、支出、费用、债权债务账目的登记。

例 1-4

小 D 是某商贸企业的会计兼出纳，企业收到税务局返还的代扣代缴个人所得税手续费 5000 元，小 D 利用出纳身份将这笔款从银行提出来并据为己有，同时利用会计岗位方便，一进一出均未在企业的账面反映，从账面银行存款余额和银行对账单余额来看是一致的。加之这笔款与企业日常的业务无关，没有引起相关的连锁反应。如果没有人核对银行流水明细，是难以发现的，损害的必将是企业的利益；而一旦被发现，小 D 也难免要受到企业及至法律的处罚。

1.1.3 财务负责人的工作职责

财务负责人一般是企业的中层管理者，负责企业财务的全面工作，同时，要起到承上启下、内外协调的作用。财务负责人的具体工作职责参考如下：

（1）编制企业财务相关制度；

（2）审核资金使用单据，对不合规的资金使用予以驳回；

（3）牵头企业税务筹划，合理降低企业税负；

（4）组织企业财务培训，进行日常考评，提高财务人员业务技能；

（5）审核企业经济合同，保障企业合同利益；

（6）参与企业内控管理，防范内控风险；

（7）检查各项财务基础工作，不断提高财务工作水平；

（8）审核企业财务报表，牵头企业报表分析；

（9）审核企业预算报表，提出预算意见；

（10）财务相关的内外部的沟通衔接；

（11）完成企业安排的其他相关工作。

财务负责人应着重培养三方面的能力：

（1）系统的业务能力。财务负责人从单一的财务业务来讲，可能不是最专业的，如税务方面，企业的税务会计对具体业务更熟悉。但财务负责人对于本企业的财务业务一定要有一个系统的掌握，才能统筹财务部门的业务开展情况。

（2）有效的沟通能力。所谓有效，即通过沟通达到解决问题的目的，而不仅是指出问题。这往往需要站在老板的角度来思考问题，并利用专业知识解决问题。

例1-5

年中总结大会上，老板大讲企业宏图，新项目即将上马，利润非常可观，年度奖金预计翻倍。财务负责人说："老板，大伙儿工资三个月没发了，已经没钱拿来投资新项目……"财务负责人讲的是客观事实，因为每天都有人来他的办公室要工资，如看门大爷、扫地阿姨等。我们暂且排除老板故意忽悠的嫌疑，老板即便心里没底，他也得表现出信心满满的样子，因为他要给员工们鼓舞士气。财务负责人要道出当前的资金现状，但更重要的是帮助老板一起解决资金问题，比如，暂时降低对供应商的付款比例；先保证员工一个月的基本工资；对客户提供现金折扣优惠，以便提前收回应收账款用于投资新项目等。指出"不行"是勇气，指出"怎样才行"是智慧，财务负责人不仅要有勇气，更要有智慧。

（3）善于提升团队凝聚力。俗话说："一个篱笆三个桩，一个好汉三个帮。"财务负责人培养团队凝聚力时除了要提升自身的业务素质外，还要帮助企业财务人员共同进步，工作中多一些鼓励、少一点苛责，对工作中表现优秀的同事及时给予奖励（可以是荣誉奖励，也可以是物质奖励），利用业余时间多组织一些财务人员的集体活动（比如，打一场羽毛球友谊赛）等。

1.1.4 财务总监的工作职责

财务总监是财务部门的主（分）管领导，企业高层管理者通常不需要从事基础性的财务工作，具体工作职责参考如下：

（1）审批企业重大财务收支；

（2）牵头完成企业重大投/融资方案；

（3）审批企业财务报表；

（4）审批企业预算报表；

（5）支持财务人员依法合规地行使职权；

（6）协助企业负责人进行成本管控、市场营销、生产营运等各项管理工作。

财务人员在工作中容易得罪人，这是公认的，因为财务人员要把企业的财产管住，支出钱就要符合企业"条条框框"的规定，过程中难免有人会误解。财务总监要维护好财务人员的权益。

例 1-6

企业营销总监找财务人员报销，稽核会计"竟然"没有签字，因为销售费用超标了。客观地讲，稽核会计按预算标准执行没有错，但营销总监对此很不满意，会议上指出，财务部门不懂市场行情，没有考虑现在市场有多难做，不增加销售费用根本卖不动。财务总监此时一方面要拿出标准，肯定财务人员的做法；另一方面可以建议营销部门及时做出预算调整并报批，这样两不为难。如果财务总监在维护财务人员权益上不作为，财务工作是难以开展的，财务总监自然也得不到财务人员的拥护。

1.1.5 企业负责人的工作职责

在人员分工时，将企业负责人加了进来，因为企业负责人要懂财务，同时，财务工作也离不开企业负责人的支持。

《中华人民共和国会计法》，以下简称《会计法》，有如下规定（摘录）：

第一章第四条：单位负责人对本单位的会计工作和会计资料的真实性、完整性负责。

第二章第二十一条：财务会计报告应当由单位负责人和主管会计工作的负责人、会计机构负责人（会计主管人员）签名并盖章；设置总会计师的单位，还须由总会计师签名并盖章。

单位负责人应当保证财务会计报告真实、完整。

第四章第二十八条：单位负责人应当保证会计机构、会计人员依法履行职责，不得授意、指使、强令会计机构、会计人员违法办理会计事项。

1.1.6 财务人员工作交接

"铁打的营盘，流水的兵"，为保证财务工作的连续性，规范财务人员的行为，明确财务人员责任划分，财务人员工作调动或因故离职时，应办理财务工作上的交接。临时离职或因病不能工作的财务人员在恢复工作时，应当重新办理交接手续。移交人员因病或其他特殊原因不能亲自办理交接的，经单位负责人或财务总监批准，可由移交人员委托他人代办移交。

（1）财务人员在办理财务移交手续前，应及时做好以下四方面的工作：

① 已受理的经济业务和事项，符合记账要求但尚未填制会计凭证的，应填制完毕。

② 存在尚未登记的账目时，应当登记完毕，同时结出余额，并在最后一笔余额后签名或盖章。

③ 整理应该移交的各项财务资料，对未了事项写出书面说明。

④ 编制财务工作岗位移交清单。

（2）移交清单应当包括但不限于以下内容：

① 应移交的会计凭证、会计账簿、会计报表、财务印章、库存现金、银行票据、其他会计资料和物品等。

② 实行财务信息化（会计电算化）的企业，财务人员在移交清单中应注明财务信息化操作系统的安装方式、登录账号、操作密码、备份资料等内容。

③ 对所负责的财务事项进行简要说明。比如，不同税种申报的时点要求，企业对口的税务部门和税务专管员等。

④ 上级领导或企业负责人认为有必要注明的其他内容。

（3）办理会计工作交接时，移交人员应按移交清单逐项移交，接交人员要逐项核对后接收。

① 库存现金、有价证券要根据会计账簿的记录进行点收。库存现金、现金等价物与会计账簿记录保持一致，不一致时，移交人员必须限期查清。

② 会计凭证、会计账簿、会计报表和其他财务资料应完备齐整。如有缺失，必须查清原因，并在移交清单中注明，由移交人员负责。

③ 银行存款账面余额应与银行对账单核对一致。如不一致，应由移交人员查明原因。属于记账错误的应及时调整；属于未达账项的应编制银行存款余额调节表调节相符，并简要说明。

> **提示**
>
> 未达账项是指由于企业与银行取得凭证的时间不同，导致双方记账时间不一致，即一方已取得结算凭证且已登记入账，而另一方因未取得结算凭证而尚未入账的款项。比如，甲企业开出支票一张用于偿付对乙企业的账务，并同时从账面减少了银行存款和对乙企业的应付账款，然而乙企业并没有马上到银行进行转账办理，因此，甲企业银行账户的余额并没有立即减少。

④ 各种财产实物和债权债务余额要与实际相符。移交人员应打印科目余额表，对存在的问题做出说明。接交人员可要求进行账实核对。

⑤ 电子数据的交接应在实际操作状态下进行，比如，登录企业网银核实交易密码。接交人员接交后应及时进行相关密码更换，确保账户安全。

⑥ 财务负责人移交时，应将全部会计工作，包括重大的财务收支、债权债务和财务人员情况以及遗留事项等，向接交人员做详细介绍并写出书面材料。

（4）财务人员办理移交手续，应有监交人监交。

① 一般财务人员办理交接手续，由财务负责人监交。

② 财务负责人办理交接手续，由单位负责人或者财务总监监交，必要时上级单位可以派人会同监交。

（5）财务人员交接的其他事项。

① 会计工作交接完毕后，交接双方和监交人员要在移交清单上签名或者盖章，作为各方明确责任的依据。

② 移交清单上应注明单位的名称、交接日期、交接双方和监交人员的姓名、职务、移交清单页数以及需要说明的事项等。

③ 移交清单通常应当填制一式三份，交接双方各执一份，单位存档一份，并建立财务工作交接的台账备查。

④ 接交人员应当继续使用移交的会计凭证、会计账簿，不得自行另立新账，要保持会计信息的前后衔接、内容完整和连续。

⑤ 移交人员应对移交的会计凭证、会计账簿、会计报表和其他有关资料的真实性、完整性承担相应责任。

⑥ 移交后如果发现原接管的会计业务有违反规章制度和相关法律法规的，仍由原移交人员负责，接交人员应立即向监管负责人汇报处理。

1.2　国家相关财务法律法规（外部）

国家相关财务法律法规由国家权力机构制定，具有强制的执行力和约束力。从形式上讲，国家相关财务法律法规有会计法律、会计准则、会计制度、内控制度等多种形式。

1.2.1　会计法律

这里的会计法律是指由全国人民代表大会及其常务委员会经过一定立法程序制定的有关会计工作的法律。

（1）《中华人民共和国会计法》。包括会计核算、会计监督、会计机构和会计人员、法律责任等共 7 章。其中，2017 年新会计法修订情况如表 1-1 所示。

表 1-1　2017 年新会计法修订情况

修改前	修改后
第三十二条　财政部门对各单位的下列情况实施监督： （四）从事会计工作的人员是否具备从业资格。	第三十二条　财政部门对各单位的下列情况实施监督： （四）从事会计工作的人员是否具备专业能力、遵守职业道德。
第三十八条　从事会计工作的人员，必须取得会计从业资格证书。 担任单位会计机构负责人（会计主管人员）的，除取得会计从业资格证书外，还应当具备会计师以上专业技术职务资格或者从事会计工作三年以上经历。 会计人员从业资格管理办法由国务院财政部门规定。	第三十八条　会计人员应当具备从事会计工作所需要的专业能力。 担任单位会计机构负责人（会计主管人员）的，应当具备会计师以上专业技术职务资格或者从事会计工作三年以上经历。 本法所称会计人员的范围由国务院财政部门规定。
第四十条　因有提供虚假财务会计报告，做假账，隐匿或者故意销毁会计凭证、会计账簿、财务会计报告，贪污，挪用公款，职务侵占等与会计职务有关的违法行为被依法追究刑事责任的人员，不得取得或者重新取得会计从业资格证书。 除前款规定的人员外，因违法违纪行为被吊销会计从业资格证书的人员，自被吊销会计从业资格证书之日起五年内，不得重新取得会计从业资格证书。	第四十条　因有提供虚假财务会计报告，做假账，隐匿或者故意销毁会计凭证、会计账簿、财务会计报告，贪污，挪用公款，职务侵占等与会计职务有关的违法行为被依法追究刑事责任的人员，不得再从事会计工作。

续表

修改前	修改后
第四十二条 违反本法规定，有下列行为之一的，由县级以上人民政府财政部门责令限期改正，可以对单位并处三千元以上五万元以下的罚款；对其直接负责的主管人员和其他直接责任人员，可以处二千元以上二万元以下的罚款；属于国家工作人员的，还应当由其所在单位或者有关单位依法给予行政处分： （一）不依法设置会计账簿的； …… （十）任用会计人员不符合本法规定的。 有前款所列行为之一，构成犯罪的，依法追究刑事责任。 会计人员有第一款所列行为之一，情节严重的，由县级以上人民政府财政部门吊销会计从业资格证书。 有关法律对第一款所列行为的处罚另有规定的，依照有关法律的规定办理。	**第四十二条** 违反本法规定，有下列行为之一的，由县级以上人民政府财政部门责令限期改正，可以对单位并处三千元以上五万元以下的罚款；对其直接负责的主管人员和其他直接责任人员，可以处二千元以上二万元以下的罚款；属于国家工作人员的，还应当由其所在单位或者有关单位依法给予行政处分： （一）不依法设置会计账簿的； …… （十）任用会计人员不符合本法规定的。 有前款所列行为之一，构成犯罪的，依法追究刑事责任。 会计人员有第一款所列行为之一，情节严重的，五年内不得从事会计工作。
第四十三条 伪造、变造会计凭证、会计账簿，编制虚假财务会计报告，构成犯罪的，依法追究刑事责任。 有前款行为，尚不构成犯罪的，由县级以上人民政府财政部门予以通报，可以对单位并处五千元以上十万元以下的罚款；对其直接负责的主管人员和其他直接责任人员，可以处三千元以上五万元以下的罚款；属于国家工作人员的，还应当由其所在单位或者有关单位依法给予撤职直至开除的行政处分；对其中的会计人员，并由县级以上人民政府财政部门吊销会计从业资格证书。	**第四十三条** 伪造、变造会计凭证、会计账簿，编制虚假财务会计报告，构成犯罪的，依法追究刑事责任。 有前款行为，尚不构成犯罪的，由县级以上人民政府财政部门予以通报，可以对单位并处五千元以上十万元以下的罚款；对其直接负责的主管人员和其他直接责任人员，可以处三千元以上五万元以下的罚款；属于国家工作人员的，还应当由其所在单位或者有关单位依法给予撤职直至开除的行政处分；其中的会计人员，五年内不得从事会计工作。
第四十四条 隐匿或者故意销毁依法应当保存的会计凭证、会计账簿、财务会计报告，构成犯罪的，依法追究刑事责任。 有前款行为，尚不构成犯罪的，由县级以上人民政府财政部门予以通报，可以对单位并处五千元以上十万元以下的罚款；对其直接负责的主管人员和其他直接责任人员，可以处三千元以上五万元以下的罚款；属于国家工作人员的，还应当由其所在单位或者有关单位依法给予撤职直至开除的行政处分；对其中的会计人员，并由县级以上人民政府财政部门吊销会计从业资格证书。	**第四十四条** 隐匿或者故意销毁依法应当保存的会计凭证、会计账簿、财务会计报告，构成犯罪的，依法追究刑事责任。 有前款行为，尚不构成犯罪的，由县级以上人民政府财政部门予以通报，可以对单位并处五千元以上十万元以下的罚款；对其直接负责的主管人员和其他直接责任人员，可以处三千元以上五万元以下的罚款；属于国家工作人员的，还应当由其所在单位或者有关单位依法给予撤职直至开除的行政处分；其中的会计人员，五年内不得从事会计工作。

（2）《中华人民共和国注册会计师法》，以下简称《注册会计师法》，包括考试

和注册、业务范围和规则、会计师事务所、注册会计师协会、法律责任等共7章。

1.2.2 会计准则

会计准则是会计人员从事会计工作的规则和指南，由财政部制定，按使用单位经营性质的不同，分为《企业会计准则》和《事业单位会计准则》。《企业会计准则》包括：

（1）《企业会计准则——基本准则》。包括会计信息质量要求、财务会计报表要素、会计计量、财务会计报告等共11章。

（2）《企业会计准则具体准则》。包括存货、固定资产、投资性房地产、固定资产、无形资产等共41项，对其确认和计量做了具体要求。

（3）《企业会计准则解释》，共12项。对企业如持有待售的固定资产和其他非流动资产的确认和计量等做了更加具体的规定。

1.2.3 会计制度

（1）《企业会计制度》。包括资产、负债、收入、成本和费用、利润及利润分配、会计政策变更等共14章。

（2）《金融企业会计制度》《城市合作银行会计制度》《医院会计制度》《保险公司会计制度》等不同行业的会计制度，财务人员可以根据自身所在行业和企业加以学习、参照执行。

1.2.4 内控制度

2008年，财政部会同证监会、审计署、银监会、保监会制定并印发《企业内部控制基本规范》，于2010年再次联合发布了《企业内部控制配套指引》，内容包括：

（1）《企业内部控制应用指引》。包括企业组织架构、发展战略、人力资源、社会责任、企业文化、资金活动等共18项控制应用指引。

（2）《企业内部控制评价指引》。围绕内部环境、风险评估、控制活动、信息与沟通、内部监督五要素展开，包括评价内容、缺陷报告、评价报告等共6章。

(3)《企业内部控制审计指引》。为会计师事务所内控审计提供指引。

1.2.5 其他相关财务法律法规

与财务相关的法律法规（规章制度）有很多，如税法、经济法以及一些与财务人员息息相关的职（执）业资格规定等。本节摘选了关于注册会计师、总会计师、会计职称的部分法律条文，以供读者参考。

（1）《注册会计师法》。具有高等专科以上学校毕业的学历，或者具有会计或者相关专业中级以上技术职称的中国公民，可以申请参加注册会计师全国统一考试；具有会计或者相关专业高级技术职称的人员，可以免予部分科目的考试。

（2）《总会计师条例》。全民所有制大、中型企业设置总会计师；事业单位和业务主管部门根据需要，经批准可以设置总会计师。总会计师不是一种专业技术职务，也不是会计机构的负责人或会计主管人员，而是一种行政职务，直接对单位主要行政领导人负责。

 提示

总会计师的行政级别相当于财务总监（CFO）。

（3）《会计专业职务试行条例》。会计专业职务名称定为：高级会计师、会计师、助理会计师、会计员。高级会计师为高级职务，会计师为中级职务，助理会计师、会计员为初级职务。

该条例还规定了考取相应职称应具备的条件，比如会计师，取得博士学位，并具有履行会计师职责的能力；取得硕士学位并担任助理会计师职务 2 年左右；取得第二学士学位或研究生班结业证书，并担任助理会计师职务 2~3 年；大学本科或大学专科毕业并担任助理会计师职务 4 年以上；掌握一门外语。

 提示

根据《人力资源社会保障部办公厅关于在部分职称系列设置正高级职称有关问题的通知》，会计系列增设正高级会计师（其中审计专业为正高级审计师）。

1.3 企业财务管理规章制度（内部）

企业财务管理的规章制度，是企业以国家法律法规为准绳，并结合企业自身财务管理工作需要而制定的。不同行业、不同规模、不同管辖区域的企业都会有所不同。本书第2~8章也会做进一步的介绍。

1.3.1 企业常用财务管理规章制度

如果你是一名财务负责人，受单位负责人所托，要拟定一套企业的财务管理的规章制度，你会想到哪些制度呢？

（1）《财务管理办法》。包括企业财务管理目标；财务管理职责分工；财务管理的内容，如资产营运管理，筹资负债管理，收入、成本、费用管理，财务信息管理等。

（2）《报销管理办法》。包括费用（成本）的报销总体要求；报销的审签流程；费用（成本）的归集与核算等。

（3）《备用金管理办法》。包括备用金的管理模式；使用范围；申请备用金的审签程序；备用金的报销与返还等。

（4）《资金管理办法》。包括库存现金管理；银行存款管理；银行账户管理；企业网银的管理；银行印鉴的管理等。

（5）《实物资产管理办法》。包括实物资产的管理职责；实物资产的类别和管理要求；账外资产的管理等。

（6）《税务管理办法》。包括税务登记、变更、注销；企业的税种及管理要求；发票管理；纳税筹划；企业税务管理其他规定。

（7）《预算管理办法》。包括预算管理的组织体系（管理模式）；预算编制的内容；预算的执行与考核要求等。

1.3.2 企业其他相关财务管理规章制度

不同业务范围或者行业会有不同的企业制度，比如，涉及境外业务的企业会有《境外资产管理办法》，建筑施工企业有《建造合同执行规定》，从事套期保值业务的企业有《套期保值业务管理办法》，银行、证券、保险等具体行业也有自己的企业财务管理规章制度。

 专家支招

01：财务人员面对职业道德冲突时应该怎么办？

企业开展不合法、不合规的经济业务和事项，这在国内是一种常见的现象，当公司利益和职业道德冲突时，财务人员该怎么办？

例 1-7

小 E 是某酒业公司的会计，近几年酒类市场发展势头很好，随着酒类价格的上涨，企业利润也是节节攀升，同时，企业要交的税款自然也增加了。为此营销副总找到小 E，明确指示小 E 将企业 20% 的收入放在账外，这样可以为企业节约一大笔税款。小 E 知道这种两套账的做法是不对的，对此他可以按照以下程序来解决。

（1）查询企业规章制度，明确对收入确认的具体要求，比如，企业对收入的确认上明确指出，严禁设立账外账，就可以依据企业规章制度对营销副总的要求予以驳回。

（2）如果企业规章制度没有相关规定，则应向自己的直接上司（如财务负责人）报告，寻求直接上司的帮助。

（3）如果直接上司也牵涉其中或者刻意回避、不作为，那么可以向更高一级管理层（如财务总监）或审查部门（如内控审计部门、纪委）报告，直至企业最高层（如企业负责人、审计委员会、董事会）。

（4）如果上面三步都没有用，建议小 E 辞职，并做一份关于此事件的备忘录。小 E 走这一步时，一定不要因为舍不得这份工作而放弃自己的职业道德，甚至触犯法律底线。社会需要正能量，相信自己的决定。

提示

财务人员对信息的把握一定要准确，比如，营销副总只是问询可行性，而不是明确指示，小 E 可以先跟营销副总讲明道理，再做决定。小 E 不宜将该情况报告给企业之外的单位或个人，为企业保密也是财务人员职业道德，除非该情况已经明显触犯了法律。

02：财务人员越老越吃香吗？——NO!

财务知识的更新速度很快，所谓财务人员"越老越吃香"，也需要我们辩证地去看待，如果能不断学习新的财务知识，适应社会发展的要求，随着经验的积累，正如"人生如酒，愈久弥香"，有经验的财务人员能在岗位上发挥巨大的作用；反之则可能"逆水行舟，不进则退"。

有人在面试时强调自己有10年的工作经验，然而人力资源人员仔细查看其简历后，发现他是用一年的工作经验干了10年（其余的9年都是在重复），面试结果自然不会理想。

最近国内有不少大型企业推出了财务共享中心，有人说这会导致以后财务人员大面积失业，基层财务人员前途渺茫；而有的基层财务人员却借此机会，积极学习财务共享岗位新技能，后来居上，反而成为这方面的专家。

在具体的财务工作中，以下4点可以借鉴：

（1）养成写工作笔记、定期进行总结的习惯。财务工作本就烦琐，建议将每天的工作任务都写在本子上，如每周五统计资金周报、每月15日前完成税务申报、月底统计预算执行情况，完成后就对应画个钩。在我负责公司财务决算工作期间，我就发现大家报表所犯的错误往往比较集中而且重复出现，我就把这些问题系统地整理出来，在每次决算前一起开个会，进行经验交流，几次下来错误率大大降低。

（2）加强理论知识学习，考取会计证书，如考取会计职称、税务师、注册会计师（CPA）、美国注册管理会计师（CMA）、国际注册会计师（ACCA）等。考取会计证书并不能保证马上升职加薪，但是能提高我们的起点。"人无我有，人有我优"，这样我们也会有更多的选择机会，比如，某上市企业招聘财务总监，条件之一是拥有注册会计师（CPA）的资格。

例 1-8

老吴是我在 CMA 培训班认识的，现任某建筑企业财务经理，除了拥有财务上的高级职称证书外，老吴还自考了西南交通大学的工程造价本科，通过了国家建造师和造价师的考试。老吴说："考高级会计师，因为会计是我的本行——工作所需；考建筑方面的证书是因为，通过后企业每月会有额外津贴可以贴补家用——生活所需；考 CMA，只为多学点知识——精神所需。"

（3）从企业角度看，要多组织财务培训，加强对财务人员的培养，发扬"师带徒"的精神。有条件的企业要对财务人员实行轮岗，轮岗的好处是，有利于企业内控管理，降低财务人员职务犯罪的可能性；帮助财务人员全盘掌握企业各项会计业务。如果一名管理应收账款的会计，不进行岗位轮换，他即便干了3年甚至更久，可能对其他财务模块也不清楚。这势必会限制财务人员的进一步发展。

（4）不管企业规模大小，财务人员接触到的财务知识总是相对有限的。财务人员要敢于承认自身的专业局限，并加强与外部企业财税人员的交流。

例 1-9

> 老张已是某跨国餐饮集团的财务总监，在一次朋友组织的财务交流会上，老张突然被问到房地产企业做土地增值税清算的注意事项，他坦言对此并不了解。提问的人显然不知道老张从事的是餐饮企业，跟房地产企业不相关，毕竟"术业有专攻"。老张豁达地笑了笑补充道："在座有了解的，可以跟大家分享一下，我也学一学。"我佩服老张，没有说一些空洞的理论来搪塞，正所谓"知之为知之，不知为不知，是知也。(知道就是知道，不知道就是不知道，这样才是真正的智慧。)"

高效工作之道

01：用 Word 制作财务部组织结构图

通过组织结构图，就能快速了解一个企业财务部的组成情况。组织结构图的制作非常简单，通过 Word 提供的流程图功能就能快速完成。图 1-1 所示为财务部组织结构效果图。

使用 Word 制作的具体操作如下。

步骤① 启动 Word 软件，在新建的空白文档中单击"插入"选项卡"插图"组中的"SmartArt"按钮，如图 1-2 所示。

步骤② 打开"选择 SmartArt 图形"对话框，选择"层次结构"→"组织结构图"选项（对应第一个图形），单击"确定"按钮，如图 1-3 所示。

步骤③ 文档中插入选择的 SmartArt 图形，并显示"在此处键入文字"的窗格，在窗格项目符号后面输入相应的文本内容，如图 1-4 所示。

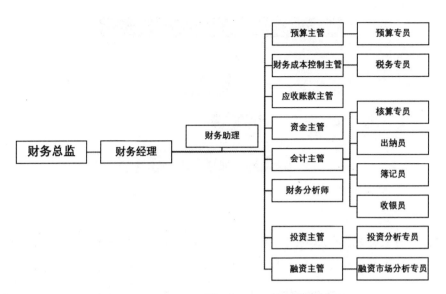

图 1-1

图 1-2

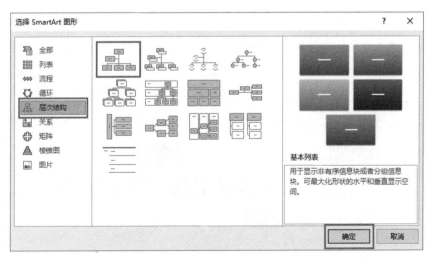

图 1-3

图 1-4

步骤 4 将鼠标光标定位到"财务总监"文本后面,按"Enter"键,新建一个相同级别的形状,输入"财务经理"文本,如图 1-5 所示。

图 1-5

步骤 5 将鼠标光标定位到"财务经理"文本前,按一次"Tab"键,"财务经理"将下降一级。将光标定位到"财务助理"文本前,按一次"Tab"键,"财务助理"成为"财务经理"下的内容,如图 1-6 所示。

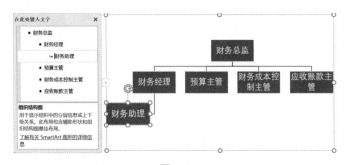

图 1-6

步骤 ⑥ 使用相同的方法完成组织结构图的创建，按"Enter"键新建形状，按"Tab"键降级（按两次，降两级），完成后的效果如图 1-7 所示。

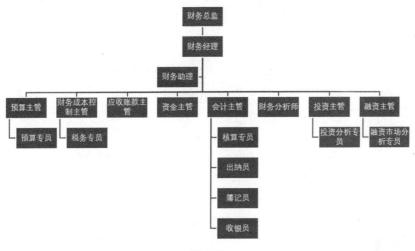

图 1-7

步骤 ⑦ 选择 SmartArt 图形，选择"设计"→"版式"→"更改布局"→"水平组织结构图"，更改组织结构图的布局，如图 1-8 所示。

步骤 ⑧ 保持 SmartArt 图形的选择状态，选择"设计"→"SmartArt 样式"→"更改颜色"→"深色 1 轮廓"，更改组织结构图的颜色，如图 1-9 所示。

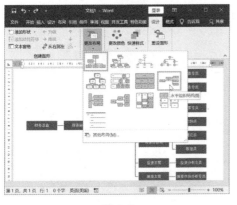

图 1-8

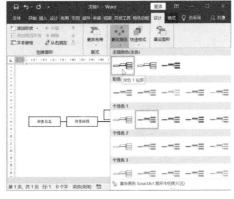

图 1-9

步骤 ⑨ 选择"财务总监"形状，在"字体"组中设置字号为"14"，单击"加粗"按钮加粗文本，如图 1-10 所示。

步骤 ⑩ 使用相同的方法设置其他形状中的文本，如图 1-11 所示。

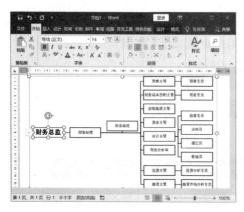

图 1-10

图 1-11

> **提示**
>
> 通过"**Ctrl**"键可以同时选中多个文本框，选中后，可实现所选文本框字体的同步调整。

步骤 11 保存文档。调整 SmartArt 图形大小，使形状中的文本都能一行显示，选择"文件"→"另存为"→"浏览"选项，打开"另存为"对话框，选择保存路径，将"文件名"设置为"财务部组织结构图"，单击"保存"按钮进行保存，如图 1-12 所示。

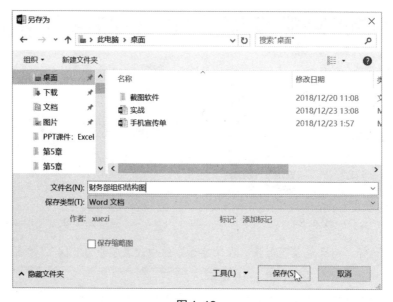

图 1-12

02：用Word制作财务工作岗位移交清单

财务人员在进行工作交接时，应编制财务工作岗位移交清单。清单样式如表1-2和表1-3所示，读者可根据实际移交内容做具体调整。

表1-2 财务工作岗位移交清单

单位：			页数：	
移交人		职 务		
接交人		职 务		
监交人		职 务		
移交日期		接交日期		
交 接 项 目		交 接 项 目		
1.库存现金账面（元）		9.会计账簿（本）		
2.库存现金盘点（元）		其中：	年	本
3.银行存款账面（元）			年	本
4.银行对账单余额（元）		10.财务报表(本)		
5.有价证券账簿余额(元)		其中：	年	本
6.有价证券实有金额(元)			年	本
7.银行票据（张）		11.公章枚数		
其中：现金支票 号至 号		其中：		
转账支票 号至 号				
电汇凭证 号至 号		12.其他实物件数		
银行承兑汇票 号至 号		其中：		
商业承兑汇票 号至 号				
8.记账凭证（本）		13.需要说明的其他事项（可单独附页）		
其中：	年	本		
	年	本		

表 1-3　需要说明的其他事项

单位：　　　　　　　　　　　　　　　　　　　　　　　　页数：

_____

_____

_____

_____

_____

_____

Word 是财务人员非常熟悉的办公软件，此处主要说明一下需要注意的步骤。

步骤 1　插入表格。在 Word 文档中单击"插入"选项卡"表格"组中的"表格"按钮，在弹出的下拉列表中选择"插入表格"选项，打开"插入表格"对话框，输入行数和列数，单击"确定"按钮，如图 1-13 所示。

步骤 2　合并单元格。选择需要合并的连续单元格区域，单击鼠标右键，在弹出的快捷菜单中选择"合并单元格"命令，如图 1-14 所示。

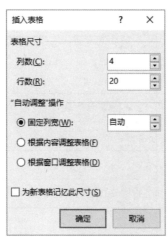

图 1-13

图 1-14

步骤 3 指定表格宽度。将选择的单元格区域合并为一个单元格后,使用相同的方法继续对表格中其他需要合并的单元格进行合并操作。合并完成后,选中整个表格,单击鼠标右键,在弹出的快捷菜单中选择"表格属性"命令,打开"表格属性"对话框。选中"指定宽度"复选框,在其后的组合框中输入指定宽度,如图 1-15 所示。

步骤 4 设置表格边框。单击"边框和底纹"按钮打开对话框,对表格的边框进行自定义设置,然后单击"确定"按钮,如图 1-16 所示。

步骤 5 在表格中输入相应的文本内容,并对表格中文本的格式进行设置,然后使用相同的方法制作"需要说明的其他事项"表格。

图 1-15

图 1-16

03:用 Excel 制作银行余额调节表

在财务工作岗位交接和日常银行存款对账的时候,如果存在未达账项,则需要编制银行余额调节表。其原理为:银行存款账面余额+(银行已收,企业未收款)-(银行已付,企业未付款)=银行对账单余额+(企业已收,银行未收款)-(企业已付,银行未付款)。

例 1-10

甲企业某日银行存款账面余额为 650 000.00 元，银行对账单余额为 710 000.00 元。经逐笔核对双方明细，发现存在如下未达账项。

（1）甲企业收到转账支票 50 000.00 元，并送存银行，同时登记银行存款增加，银行柜员因业务繁忙，已收票未记账；

（2）甲企业开出转账支票 40 000.00 元，并登记银行存款减少，持票单位暂未办理银行转账，银行未记账；

（3）银行代甲企业收货款 90 000.00 元，并登记入账，甲企业尚未得到收款通知，未记账；

（4）银行代甲企业付社保费用 20 000.00 元，并登记入账，甲企业尚未得到付款通知，未记账。

根据上述材料编制"甲企业 银行余额调节表"，效果如图 1-17 所示。

甲企业 银行余额调节表

金额单位：元

项　目	金　额	项　目	金　额
银行存款账面余额	650,000.00	银行对账单余额	710,000.00
加：银行已收、企业未记款	90,000.00	加：企业已收、银行未收款	50,000.00
减：银行已付、企业未付款	20,000.00	减：企业已付、银行未付款	40,000.00
调节后的存款余额	720,000.00	调节后的存款余额	720,000.00

财务负责人：_____　　会计：_____　　出纳：_____　　日期：　年　月　日

图 1-17

具体操作步骤如下。

步骤 ① 打开"银行余额调节表"素材文件，表格效果如图 1-18 所示。

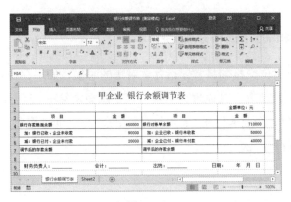

图 1-18

步骤② 设置金额数字格式。选中第一个金额数字所在的 B4 单元格,选择"开始"→"单元格"→"格式"→"设置单元格格式"选项,打开"设置单元格格式"对话框,设置"小数位数"为"2"位数,选中"使用千位分隔符"复选框,单击"确定"按钮,如图 1-19 所示。

步骤③ 使用"格式刷"调整其他金额数字的格式。选中 B4 单元格,单击"开始"→"格式刷",对需要调整的金额数字进行格式复制,拖动鼠标选择需要应用格式的单元格,如图 1-20 所示,即可为所选单元格应用复制的格式。

图 1-19

图 1-20

步骤④ 设置公式:"B7=B4+B5-B6""D7=D4+D5-D6",如图 1-21 所示。

项 目	金 额
银行对账单余额	710,000.00
加:企业已收、银行未收款	50,000.00
减:企业已付、银行未付款	40,000.00
调节后的存款余额	=D4+D5-D6

图 1-21

步骤⑤ 设置规则。若调节后的存款余额不相等(D7 ≠ B7),"B7""D7"单元格自动变为红色。

(1)选中 D7 单元格,选择"开始"→"样式"→"条件格式"→"突出显示单元格规则"→"其他规则"选项,如图 1-22 所示。

（2）打开"新建格式规则"对话框，设置条件为"不等于"，条件公式设置为"=B7"，单击"格式"按钮，如图 1-23 所示。

图 1-22　　　　　　　　　　　　　　图 1-23

（3）设置填充颜色。打开"设置单元格格式"对话框，选择"填充"选项卡，将填充颜色设置为"红色"，然后依次单击"确定"按钮，如图 1-24 所示。

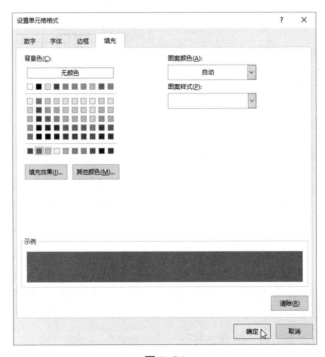

图 1-24

步骤 6 检验规则。在 B5 单元格中将 "90 000.00" 改为 "80 000.00"，当 D7 单元格中的数据不等于 B7 单元格中的数据时，D7 单元格将使用红色底纹进行填充，如图 1-25 所示。

项目	金额	项目	金额
银行存款账面余额	650,000.00	银行对账单余额	710,000.00
加：银行已收、企业未收款	80,000.00	加：企业已收、银行未收款	50,000.00
减：银行已付、企业未付款	20,000.00	减：企业已付、银行未付款	40,000.00
调节后的存款余额	710,000.00	调节后的存款余额	720,000.00

图 1-25

第 2 章
报销管理
——业务真实，程序规范

企业的运转总在不停地产生各种成本、费用，日常的报销反映着企业的经营活动投入，是大多数财务人员接触得最频繁的会计业务。那么哪些业务可以报销，报销执行怎样的审签流程，报销之后如何归集与核算，这就是本章要介绍的重点内容。

2.1 日常报销的种类

日常的报销通常分为两大类：管理费用报销和生产成本报销。(销售费用的报销可参照管理费用报销执行，本章不单讲。)

2.1.1 管理费用的种类

管理费用是指企业行政管理部门为组织和管理生产经营活动而发生的各项费用。不同的企业管理费用细分程度会有所不同，通常包括职工薪酬、业务招待费、差旅费、办公费等（见表2-1）。

表2-1 管理费用的种类和内容

序号	种类	内容
1	职工薪酬	主要包括企业经营管理活动产生的如下费用： （1）职工工资、奖金、津贴和补贴； （2）职工福利费； （3）医疗保险费、养老保险费、失业保险费、工伤保险费和生育保险费等社会保险费； （4）住房公积金； （5）工会经费和职工教育经费； （6）非货币性福利； （7）因解除与职工的劳动关系而给予的补偿
2	业务招待费	业务招待费是指企业为了促进产品销售、联系（拓展）业务、处理社会关系而发生的费用，主要包括业务人员发生的： （1）吃饭、喝茶（咖啡、酒）等宴请开支； （2）赠送购物卡、纪念品的开支； （3）旅游景点门票和交通费
3	差旅费	主要包括出差人员发生的交通费、住宿费、伙食补助费等
4	办公费	主要包括办公用品费、杂志费、网费、办公电话费、快递费等
5	车辆使用费	主要包括车辆油费、过路费、修理费等

续 表

序号	种类	内容
6	诉讼费	企业因起诉或应诉而发生的费用
7	固定资产折旧	与管理用固定资产对应,如审计部门使用的办公电脑折旧费
8	无形资产摊销	与管理用无形资产对应,如财务部门记账软件的摊销费
9	咨询服务费	包括聘请律师事务所、会计师(税务师)事务所及其他中介的相关费用等
10	其他管理费用	如管理用存货盘亏损失、低值易耗品摊销、财产保险费等

企业可以根据自身管理需要,进行管理费用明细科目的设置,个数建议在5~15个。过少显得笼统,不利于管理费用的控制;过多显得烦琐且增加工作量,不利于会计核算。

> **提示**
>
> 根据《财政部关于印发〈增值税会计处理规定〉的通知》规定,房产税、土地使用税、印花税、车船税不再通过管理费用科目核算,而是通过税金及附加科目进行核算。因此,做账时首先要做计提,然后缴纳时对应冲减"应交税费"科目。

2.1.2 生产成本的种类

生产成本是企业为生产产品而发生的成本。通常包括直接材料费、直接人工费、机械使用费、其他直接费、制造费用(见表2-2)。

> **提示**
>
> 制造企业的核算科目"生产成本"对应建筑施工企业是"工程施工",对应房地产业则为"开发成本",不同行业要注意区分。

表 2-2　生产成本包含的种类

序号	种类	备注
1	直接材料费	包括材料费、运输费、保险费、运输途中的合理损耗以及周转材料的摊销等
2	直接人工费	包括生产工人的工资、奖金、福利费、社会保险费、劳动保护费等
3	机械使用费	包括自有机械的折旧费、燃料动力费、日常修理费、租入机械的租赁费等
4	其他直接费	其他直接费是不能归集到其他生产成本类别的费用，包括环境保护费、安全生产费、临时占地费、临时设施费、检验试验费等
5	制造费用	包括车间管理人员的工资、取暖费、水电费、办公费、差旅费、车辆使用费等

2.1.3　管理费用和生产成本的区别

管理费用与生产成本最终都是服务于企业的价值创造，是企业总成本的构成部分，但它们主要有以下两点不同。

（1）**核算对象不同**。管理费用的核算对象为企业管理活动发生的支出，是不直接作用于产品的；生产成本的核算对象为产品生产所发生的支出，往往是直接作用于产品的。

（2）**结转方式不同**。管理费用按照会计期间直接结转至本年利润；生产成本往往按照销售时点，先结转至营业成本，再将营业成本按照会计期间结转至本年利润。

2.2　日常报销的流程

根据企业规模、报销金额、领导管理风格的不同，日常报销的流程也会有所不同。

（1）企业规模越小，管理层级相对扁平，审核流程通常越少；相反，企业规模越大，流程相对会越复杂；

（2）报销金额不同，审核流程要求可能不同。比如，甲企业设定一次性报销的金额为 500 元以内，由主（分）管领导终审，财务总监 / 总经理（Chief Executive Officer，CEO）不再进行审核/审批。

（3）领导在管理风格上如果侧重集权式管理，那么往往报销审签流程会比较多；相反，侧重于分权式管理的企业，流程会相对简化。

2.2.1 日常报销的总体要求

企业日常报销要求业务真实、审签规范，在归集和核算上执行权责发生制。

（1）**业务真实**。财务核算应当以实际发生的经济业务和事项为依据，如实反映企业的各项经营支出。财务人员应对原始凭证进行审核，并根据审核无误的原始凭证进行凭证登记和资金支付。

> **例 2-1**
> 小王从深圳出差回来，报销的住宿发票中有一张显示昆明某酒店开具，经查，小王为多报销差旅费，从朋友那里找了这张发票。该发票没有以真实的经济业务为基础，财务人员有权拒绝签字和付款。

（2）**审签规范**。报销单据应粘贴规范、签章齐全，并且应符合《中华人民共和国发票管理办法》（2010）及企业报销制度的要求。

> **例 2-2**
> 小王报销一笔 569 元的办公费，因为不小心写成了 566 元，小王心想就差 3 块钱，为了省事，直接进行了涂改。稽核会计没有签字（同意），因为金额填写错误，不论金额大小，都应重新填写报销单，不得在原单据上涂改后报销。

（3）**权责发生制**。当期已经发生或应当负担的费用和成本，不论款项是否支出，都应作为当期的费用和成本；不属于当期的费用和成本，即使款项已经在当期支付，也不应作为当期的费用和成本。

> **例 2-3**
> 小王报销了一款价值 9 599 元的画图软件，软件的款项一次性全额支出，成本会计直接计入了当期成本，财务负责人审核该凭证时，指出该软件应首先计入无形资产，然后根据其预计使用年限，按月做摊销，逐月计入成本，并要求成本会计更正了原凭证。

2.2.2 日常报销的一般流程

日常报销的一般流程：报销经办人填写费用（成本）报销单→车间/部门负责人审核→稽核会计审核→财务负责人审核→主（分）管领导审核→财务总监审核→总经理审批→报销经办人到财务部报销（见表2-3）。

表2-3 日常报销流程

序号	流程名称	流程要求
1	报销经办人填写费用（成本）报销单	报销单的填写做到要素齐全、粘贴整齐有序。报销单填写内容包括报销人姓名、车间/部门、报销时间、用途、金额（大、小写）、单据张数等
2	车间/部门负责人审核	车间/部门负责人主要是审核报销人报销的经济业务和事项是否真实可靠，费用、成本是否在本单位预算范围之内。有车间/部门印章的单位，审核合格后应加盖相应印章
3	稽核会计审核	稽核会计主要审核报销单据的填写、粘贴是否规范，金额计算是否正确，发票是否真实
4	财务负责人审核	财务负责人的审核主要是对稽核会计审核工作的进一步把关。如果是稽核会计的报销单，则财务负责人有稽核的责任
5	主（分）管领导审核	主（分）管领导的审核主要是对车间/部门负责人审核工作的进一步把关
6	财务总监审核	财务总监的审核是对总经理的审批进行预审，提高总经理的审批效率，也有利于财务总监掌握企业费用（成本）情况
7	总经理审批	总经理通常是整个组织里行政职务最高的管理者，对报销起到终审的效果
8	报销经办人到财务部报销	经办人将签章完备的手续交给财务部：需要支付款项的交给出纳，由出纳进行支付；不需要支付但需要列账的，交给会计进行凭证登记

报销过程中写数和读数讲求规范，尤其是财务人员，这是基本功。

1. 写数规则

（1）大写金额数字：壹、贰、叁、肆、伍、陆、柒、捌、玖、拾、佰、仟、万、亿、元、角、分、零、整（正），不得用一、二（两）、三、四、五、六、七、八、九、十、廿、毛、另（或0）填写，不得自造简化字。

（2）大写金额数字前应标明"人民币"字样，大写金额数字应紧接"人民币"

字样填写，不得留有空白，以防止他人添加内容；小写金额数字前面应有人民币符号"¥"。

（3）大写金额数字到"元"为止的，在"元"之后写"整"（或"正"）字；"角"之后可以不写"整"（或"正"）字；大写金额数字有"分"的，"分"后面不写"整"（或"正"）字。

例 2-4

¥1 549.00，对应人民币（大写）：壹仟伍佰肆拾玖元整，必须有"整"（或"正"）；

¥1 549.23，对应人民币（大写）：壹仟伍佰肆拾玖元贰角叁分，不能有"整"（或"正"）；

¥1 549.20，对应人民币（大写）：壹仟伍佰肆拾玖元贰角，可以没有"整"（或"正"），也可以有"整"（或"正"）。

（4）阿拉伯数字金额中有"0"时，中文大写金额应按照汉语语言规律中的金额数字构成和防止涂改的要求进行书写。

（5）大小写金额应保持一致。

2. 读数规则

（1）万以下的数，每读一个数字，便读一个计数单位。

（2）万以上的数只读一个计数单位"万"。

例 2-5

¥2 569 327.14，对应读数：贰佰伍拾陆万玖仟叁佰贰拾柒元壹角肆分。

（3）数字中间的"0"要读出来，中间连续有两个及两个以上的"0"时只读一个，数字末尾的"0"不读出来。

例 2-6

¥70 050 400.00，对应读数：柒仟零伍万零肆佰元整。

（4）对于数字，三位一撇，一撇前千，两撇前百万，三撇前十亿，比如，1,000,000,000.00 代表十亿，注意这一撇，不是逗号，而是千分号（占半个字符）。

2.2.3 日常报销的注意事项

（1）管理费用报销的注意事项如表 2-4 所示。

表2-4 管理费用报销的注意事项

序号	名称	注意事项
1	职工薪酬	职工薪酬的报销附件主要为工资单和考勤表。如果是劳务派遣的形式，还应有劳务发票
2	招待费	招待费报销首先要参照本企业对招待费标准的要求，如50元/人；同时要参照国家对招待费税前扣除的规定，为发生额的60%，且不超过营业收入的5‰。"营改增"后，餐饮发票由地税转为国税，不少餐饮店还存在使用过期的地税发票的情况，这种票是不能报销的
3	差旅费	出差如果是出于相关文件的要求，文件应作为报销附件。有差旅费补助的企业，应填制差旅费补助单
4	办公费	办公用品的报销应有办公用品发票和采购清单，且清单上应加盖销售方印章
5	车辆使用费	汽车加油票报销，油票上应打印企业名称；维修费应附维修清单，清单上应加盖维修单位印章
6	诉讼费	应附诉讼相关文件，如果是外部律师事务所收费，事务所应出具相应发票
7	固定资产折旧	应附固定资产折旧表
8	无形资产摊销	应附无形资产摊销表
9	咨询服务费	应附咨询服务合同和相应发票
10	其他管理费用	如存货盘亏损失，应附盘亏损失确认单，相关责任人应签章

如果对方单位是行政事业单位，其从事非经营性活动有权不开具发票，那么对方单位提供的收据（如图2-1所示的成都市郫都区不动产登记中心开具的收费票据），财务上视同发票列账。如果从事经营性活动，则应开具发票。

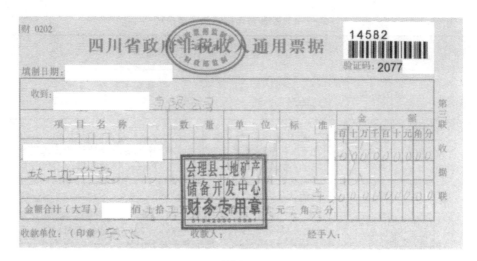

图 2-1

(2) 生产成本报销的注意事项如表 2-5 所示。

表 2-5　生产成本报销的注意事项

序号	名称	注意事项
1	直接材料费	材料购入应附材料购置发票、运输费发票等,同时附材料入库单(见表 2-6) 材料领用,应附材料领用单(见表 2-7)
2	直接人工费	一般工资应附工资单和考勤表;如果是劳务派遣,还应附劳务费发票;如果是计件工资,则应补充完成计件的数量清单
3	机械使用费	如果是外部租赁,除了发票,通常还应附结算单据。自有机械,应附固定资产(机械)折旧表及日常运营、维修、保养所需的燃油、零部件、润滑油等购置发票
4	其他直接费	如产品合格与否的检验费,会有检测人员的工资单据和检测仪器费用单据
5	制造费用	制造费用报销的附件单据可参考管理费用执行

表 2-6　材料入库单

日期:　　年　　月　　日

序号	材料名称	规格/型号	计量单位	数量	单价/元	金额/元	备注
1							

续　表

序号	材料名称	规格/型号	计量单位	数量	单价/元	金额/元	备注
2							
3							
……							
合计							

仓库主管：　　　　　库管员：　　　　　送货员：

表2-7　材料领用单

领用车间/部门：　　　　　用途：　　　　　日期：　　年　　月　　日

序号	材料名称	规格/型号	计量单位	数量	单价（元）	金额（元）	备注
1							
2							
3							
……							
合计							

仓库主管：　　　　　库管员：　　　　　领用审核：　　　　　领用员：

（3）根据《国家税务总局关于做好国税地税征管体制改革过渡期有关税收征管工作的通知》以及《国家税务总局关于税务机构改革有关事项的公告》的规定，2019年1月1日起，报销的发票应有新版发票监制章（国家税务总局统一印制的税收票证在2018年12月31日后继续使用），否则将不予报销。新版发票监制章启用情况如表2-8所示。

表 2-8 新版发票监制章启用情况

发票系统	发票名称	是否启用新版发票监制章
增值税发票管理新系统	增值税专用发票	否
	增值税普通发票	
	增值税电子普通发票	是
	机动车销售统一发票	
	二手车销售统一发票	
非增值税发票管理新系统	通用机打发票	是
	通用定额发票	
	景点门票	
	航空运输电子客票行程单	
	出租车发票	
	客运定额发票	
	通行费发票	
	火车票	无监制章

2.3 费用（成本）的归集与核算

报销单签章完备后，就要进行费用（成本）的归集与核算。归集即考虑将这笔开支放在费用（或成本）的哪项具体类别中，而核算则侧重金额的统计。

 提示

费用（成本）的归集与核算应注意会计科目的设置/录入。比如，M 企业账面显示应付账款 100 万元，但因为没有明细科目，我们不知道该款的性质是材料款还是人工费，也不知道应该付给谁。此时就需要进一步设置/录入二、三级科目或者辅助科目，比如，应付账款—直接人工费—百旺企业（100 万元），这里的"直接人工费"是二级科目，"百旺企业"是外部企业辅助科目。这样就能通过财务账面更准确、更全面地反映经营活动的信息了。

2.3.1 管理费用的归集与核算

管理费用通常按部门进行归集，具体分为行政部、财务部、成本部、企划部、研发部、人事部、审计部、党委、工会等。这样归集的好处是可以清楚地看到每个部门当年的具体费用的开支情况，以便于部门之间的横向比较以及实际情况与部门预算的比较，有利于成本管控和绩效考核。

> **提示**
>
> 对于总经理、营销总监、生产总监等人发生的费用，无法按具体部门进行划分，可以根据管理需要单设辅助科目"企业高管"进行归集和核算。

例 2-7

小王报销行政部门打印纸费用 200 元。
借：管理费用——办公费——行政部　　200
　贷：银行存款——XX 银行（库存现金）　　200

例 2-8

甲企业 2018 年管理费用预算为 500 万元，实际支出 536 万元，总体超支 36 万元。作为财务管理者，需要查清楚超支费用的类别和部门，并进一步分析出现差异的原因。

（1）查找管理费用超支的费用类别。通过列表比较不同类别管理费用实际支出与预算支出的差异（见表 2-9）。

表 2-9　不同类别管理费用的实际支出与预算支出的差异

单位：万元

序号	管理费用种类	实际支出①	预算支出②	超支金额 ③=①-②	超支比例 ④=③/②
1	职工薪酬	381	360	21	6%
2	招待费	26	25	1	4%
3	差旅费	39	30	9	30%
4	办公费	22	20	2	10%
5	车辆使用费	18	15	3	20%

续 表

序号	管理费用种类	实际支出①	预算支出②	超支金额 ③=①-②	超支比例 ④=③/②
6	诉讼费	15	14	1	7%
7	固定资产折旧	13	12	1	8%
8	无形资产摊销	10	13	-3	-23%
9	咨询服务费	12	11	1	9%
……					
合计		536	500	36	7%

通过表中数据进行不同类别管理费用超支情况分析。

①总量的超支。以职工薪酬超支 21 万元为例分析其原因,是否存在人员超编或工资超标发放,比如,预算编制 40 人,实际为 42 人。

②比例的超支。差旅费超支比例为 30%,是否存在超标准乘坐交通工具的情况,比如,正常应乘坐火车的,实际乘坐了飞机;又或者存在正常应该乘坐飞机经济舱的,实际乘坐了头等舱。

提示

总量分析和比例分析要结合起来看,因为预算基础不同,相同的增量变化,其变动比例是不一样的。

(2)查找管理费用超支的部门。通过列表比较不同部门管理费用实际支出与预算支出的差异(见表 2-10)。

表 2-10 不同部门管理费用实际支出与预算支出的差异

单位:万元

序号	管理费用种类	实际支出①	预算支出②	超支金额 ③=①-②	超支比例 ④=③/②
1	行政部	74	70	4	6%
2	财务部	58	60	-2	-3%

续表

序号	管理费用种类	实际支出①	预算支出②	超支金额 ③=①-②	超支比例 ④=③/②
3	成本部	82	80	2	3%
4	企划部	52	50	2	4%
5	研发部	106	93	13	14%
6	人事部	53	50	3	6%
7	审计部	59	50	9	18%
8	党委	37	35	2	6%
9	工会	15	12	3	25%
	……				
	合计	536	500	36	7%

通过表中数据进行部门管理费用超支情况分析，可以参考类别超支情况的分析来进行。

①总量的超支。研发部总超支13万元，居首位，其原因可能是增加了额外的研发项目。

②比例的超支。工会的超支比例为25%，工会虽然总超支只有3万元，但因为预算基数小，所以超支比例居首，其超支原因可能是增加了额外的工会活动。

> **提示**
>
> 辩证地看待超支与节约。表2-9显示无形资产摊销节约3万元，其原因可能是原计划购买一项专利使用权，但因为价格上未达成一致意见，所以被迫放弃，进而对应的无形资产摊销费用较预算减少。对此，企业将外购转为内部研发，出现了表2-10显示的研发部门超支13万元的情况。一旦研发成功，企业将降低企业成本，形成自有核心竞争力，拓宽企业的国内外市场。

案例中列举的原因分析并不全面，在具体的经营过程中，企业管理费用超支的原因是多种多样的。实际分析中还需要各个部门共同参与，同一事件可能会导致多项费用的增加，比如，增加职工一名，增加职工薪酬的同时，办公等相关费用也会增加。对于以企业为结算单位的费用，要进行合理的分摊，如物业费，通常需要按照部门的面积来分摊，单一划入某个部门显然是不合理的。

2.3.2 生产成本的归集与核算

在实际工作中，财务人员往往并不清楚买进的木材是用于生产了桌子还是柜子，或者一批钢筋是用在了桥梁的墩身还是承台，而生产成本占总成本的比重通常会超过60%，因此，生产成本的归集相比管理费用更加复杂、更加重要。

要把这项复杂的工作简单化，**生产成本的归集需要要素部门协同配合。要素部门必须清楚成本去向，并反映在传递给财务部门的单据中。**

（1）对于一般的制造企业，通常生产成本的归集是按产品来划分的。

例 2-9

某家具生产厂主要生产床、柜子、桌子、凳子。财务部门会计收到车间主任交来的木材领用单一份，上面注明了用途：生产桌子，金额 700 元。

借：生产成本——直接材料费——桌子　　700
贷：原材料——木材　　700

（2）对于建筑施工企业而言，生产的产品是桥梁、房子、公路等，这类特殊的产品单件金额大，生产周期长。成本的归集上种类较多，比如，桥梁通常按照承台、墩身、桥面来进行成本归集；房屋修建如果是多栋，则可以按照楼号来归集，如果是独栋，则可以按照主体、外装、内装来归集。

例 2-10

某建筑企业从事桥梁施工任务，项目人事部主管交给财务部门会计劳务结算单一份，结算内容：桥面抹灰施工，金额 100 000 元。

借：工程施工——直接人工费——桥面　　100 000
贷：应付账款——直接人工费——XX 企业　　100 000

 专家支招

01：单据粘贴有窍门——"鱼鳞式"粘贴

为了便于凭证的装订、保管，在粘贴单据时要做到整齐、有序。

（1）原始单据按"鱼鳞式"由下到上、由右到左依次粘贴，每一张单据都要独立地粘贴在粘贴单上，不得将一张单据粘贴在另一张单据上，粘贴要均匀、整齐（见图 2-2）。

（2）原始单据与粘贴单规格一致的，应按顺序摆放，不粘贴，装订前可以用回形针别在费用（成本）报销单后。

（3）原始单据规格大于粘贴单的，不粘贴，应折叠摆放，折叠后应查看自如。

（4）使用固体胶粘贴，粘贴单不会起皱，如果用液体胶，胶干后往往容易起皱。

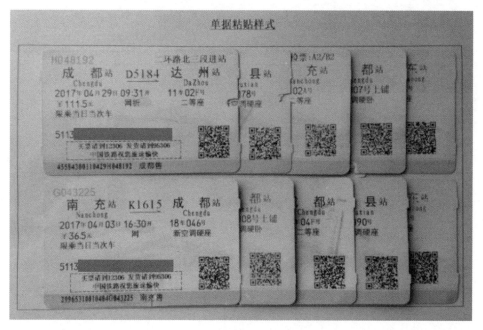

图 2-2

（5）使用"层层控制法"计算附件张数，即原始凭证的自然张数，然后记入

费用（成本）报销单的相关栏内。费用（成本）报销单及所附所有单据粘贴单上的原始凭证，被视为记账凭证的一张附件。

02：发票代码的学问——数字中隐含重要信息

发票代码是税务部门给予发票的编码。其中，普通发票的发票代码为12位，增值税专用发票的发票代码为10位，增值税普通发票的发票代码为12位。

（1）普通发票的发票代码以《四川省国家税务局关于贯彻落实〈国家税务总局普通发票简并票种统一式样工作实施方案〉的通知》（川国税发〔2010〕28号）为例进行介绍。

第1位，国/地税代码（1-国税、2-地税）；

第2—5位，普通发票监制单位所在地区的行政区划代码前4位，如"5101"代表成都市；

第6—7位，年份代码，表示印制发票的年度，取后两位数字，如"18"代表2018年；

第8位，发票格式代码。各类普通发票格式的代码如表2-11所示。

表2-11 普通发票的代码

发票格式	格式代码	发票格式	格式代码
通用机打平推式发票	1	通用机打不定长卷式冠名发票	6
通用机打平推式冠名发票	2	通用手工发票	7
通用机打定长卷式发票	3	通用定额发票	8
通用机打不定长卷式发票	4	通用定额有奖发票	9
通用机打定长卷式冠名发票	5		

第9位，发票规格代码。各种发票规格的代码如表2-12所示。

表 2-12　各种规格代码

	发票规格	规格代码		发票规格	规格代码
机打平推式发票	210mm×297mm	1	通用定额发票	175mm×70 mm（壹元）	1
	241 mm×177.8 mm	2		175mm×70 mm（贰元）	2
	210 mm×139.7 mm	3		175mm×70 mm（伍元）	3
	190 mm×101.6 mm	4		175mm×70 mm（拾元）	4
机打定长卷式发票	57mm×127mm	1		175mm×70 mm（贰拾元）	5
	57mm×152.4mm	2		175mm×70 mm（伍拾元）	6
	57mm×177.8mm	3		175mm×70 mm（壹佰元）	7
	76mm×127mm	4	通用定额有奖发票	213mm×77 mm（壹元）	1
	76mm×152.4mm	5		213mm×77 mm（贰元）	2
	76mm×177.8mm	6		213mm×77 mm（伍元）	3
	82mm×127mm	7		213mm×77 mm（拾元）	4
	82mm×152.4mm	8		213mm×77 mm（贰拾元）	5
	82mm×177.8mm	9		213mm×77 mm（伍拾元）	6
	特殊规格	0		213mm×77 mm（壹佰元）	7
机打不定长卷式发票	57mm×15240mm	1	手工发票	190 mm×105 mm（千元版）	1
	57mm×30480mm	2		190 mm×105 mm（佰元版）	2
	76mm×15240mm	3			
	76mm×30480mm	4			
	82mm×15240mm	5			
	82mm×30480mm	6			
	特殊规格	0			

第 10—12 位，年度内印制批次代码。

如图 2-3 所示为四川省××市票样。

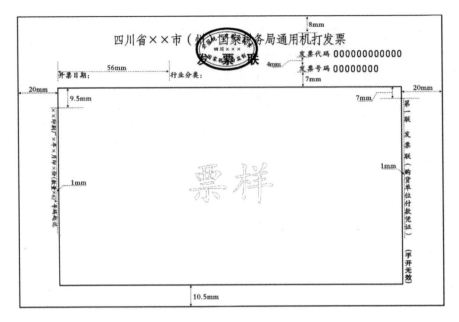

图 2-3

票面尺寸 210mm×139.7mm（其中内框尺寸为 170mm×95mm）；

票头字体为方正仿宋体，17.5 磅；

发票联字体为方正黑体，17.5 磅；

票面上其他字体为方正楷体，10 磅（其中脚码为 8 磅，"#"为 5 磅）；

"手开无效"为方正黑体，10 磅。

（2）《国家税务总局关于统一编印 1995 年增值税专用发票代码的通知》（国税函发〔1995〕18 号）对增值税专用发票的发票代码规定如下：

第 1—4 位，代表各地市；

第 5—6 位，代表制版年度；

第 7 位，代表批次；

第 8 位，代表语言文字版本（1-中文、2-中英文、3-藏汉文、4-维汉文）；

第 9 位，代表发票联次（4-四联、7-七联）；

第 10 位，代表发票的金额版本（0-电脑发票、1-万元版、2-十万元版、3-百万元版、4-千万元版）。

例 2-11

发票代码"1100183142",其中,1—4位的"1100"表示北京,5—6位的"18"表示2018年版,第7位的"3"表示第三批,第8位的"1"表示中文,第9位的"4"表示四联,第10位的"2"表示十万元版。

(3)根据《国家税务总局关于增值税普通发票管理有关事项的公告》,从2018年1月1日开始,增值税普通发票的发票代码由10位调整至12位。

第1位为0,代表国家税务总局;

第2—5位,代表省、自治区、直辖市和计划单列市;

第6—7位,代表年度,取年份的后两位数字;

第8—10位,代表批次;

第11—12位,代表票种和联次,其中04代表二联增值税普通发票(折叠票)、05代表五联增值税普通发票(折叠票)。

 提示

税务机关库存的和纳税人尚未使用的发票代码为10位的增值税普通发票仍可继续使用。

一张发票并不能由发票代码"唯一标识",即多张发票可能存在发票代码相同的情况,因此,税务部门给予了发票另一个8位数编码——发票号码。发票代码和发票号码共同对一张发票进行"唯一标识",可称为发票的"身份证"。

 高效工作之道

01:利用网络进行发票真伪查询

日常工作中,通过读取发票号码(代码)的基本信息可以进行发票真伪的判断。比如,发票代码少了一位或发票内容与代码不符,则该发票可能是假的。即使基本信息无误,发票也不一定是真的,因为存在套票行为,即发票号码(代码)与开票单位、金额、日期、业务内容不统一,这是假发票的常见形式。

发票真伪查询方法:可拨打"12366"根据语音提示进行电话查询,也可以选择通过网络查询增值税发票的真伪。具体操作步骤如下。

步骤 1 收藏网址。在浏览器中输入网址"https://inv-veri.chinatax.gov.cn/",进入国家税务总局全国增值税发票查验平台(可能提示有证书风险,不影响查询)。单击"收藏"按钮(见图2-4),将网址添加到收藏栏中,下次就可以通过收藏夹直接打开,不需要再进行网址输入。

图2-4

步骤 2 依次输入增值税发票的信息和验证码等,单击"查验"按钮,如图2-5所示。

图2-5

步骤 3 将查询到的信息（见图 2-6）与发票票面信息进行比对查验，如果信息相符，则为真发票，否则为假发票。

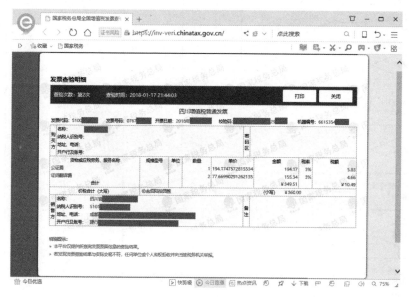

图 2-6

02：用 Visio 画报销流程图

报销流程图是财务管理中经常需要制作的，虽然通过 Word 或 Excel 的形状功能也能制作出来，但相对较复杂。通过 Visio 专业的流程图和示意图制作软件，则可以快速完成报销流程图的绘制，效果如图 2-7 所示。

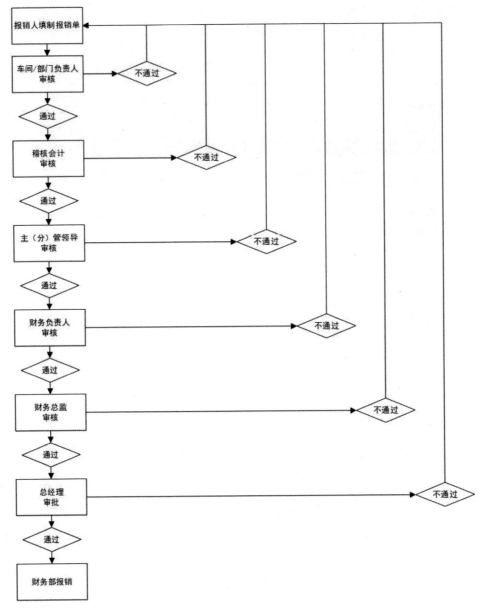

图 2-7

具体操作步骤如下。

步骤 ① 创建基本流程图。启动 Visio 软件，在打开的欢迎界面右侧选择"基本流程图"选项，在打开的窗格中单击"创建"按钮，如图 2-8 所示。

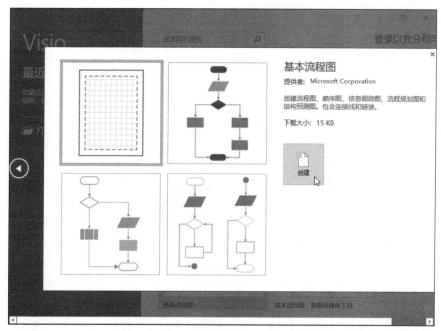

图 2-8

步骤② 扩大绘图区域。在"视图"选项卡"显示"组中选中"网格"复选框,显示出网格线。单击左侧"最小化'形状'窗口"图标 ▶,扩大绘图区域。按住"Ctrl"键,向前滑动鼠标滑轮,缩放级别扩大至"101%",如图 2-9 所示。

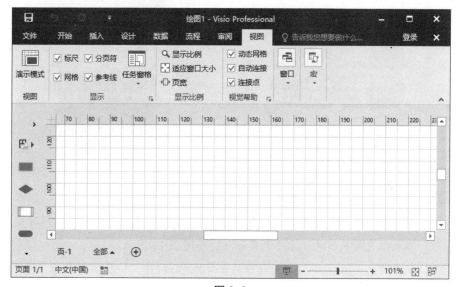

图 2-9

步骤 3 拖动左侧"流程"图形到绘图区,然后拉动左、右、中间的小圈,调整图形的水平长度为 6 格,垂直高度为 3 格不用调整(如需调整,拉动上、下、中间的小圈),如图 2-10 所示。

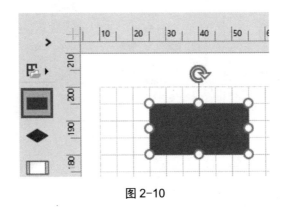

图 2-10

步骤 4 将光标放在"流程图形 1"上,会出现上、下、左、右 4 个箭头,如图 2-11 所示。将光标移至向下箭头处,在出现的界面中选择下一个形状图形(矩形－流程图形),效果如图 2-12 所示。

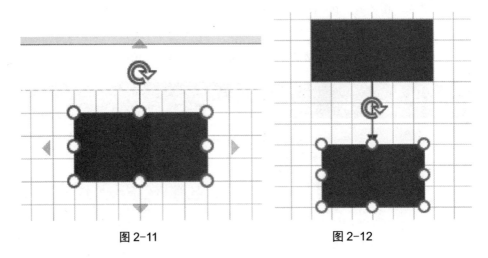

图 2-11　　　　　　　　　　图 2-12

步骤 5 调整"流程图形 2"的大小,使其与"流程图形 1"一致。选中"流程图形 2"→向右侧拉动"流程图形 2"右边中间的小圈,直至上下同时出现双向绿色箭头,表示水平长度一致,如图 2-13 所示。

步骤 6 选中"流程图形 2"→通过键盘的方向键进行位移,如图 2-14 所示,使"流程图形 2"与"流程图形 1"对齐,调整流程箭头的长度为 1 格。

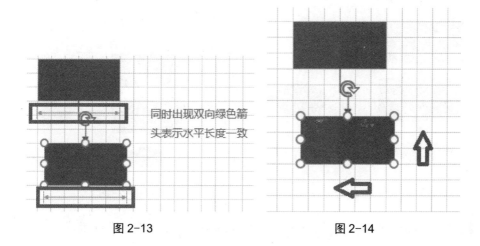

图 2-13　　　　　　　　　图 2-14

步骤 ⑦　将光标移至"流程图形 2"向下箭头处，在出现的界面中选择下一个形状图形（菱形-判定图形），效果如图 2-15 所示。

步骤 ⑧　调整"判定图形 1"高度为 2 格，对应箭头长度为 1 格。选中"判定图形 1"→向上拉动下方中间的小圈→通过方向键的"上"键进行位移，效果如图 2-16 所示。

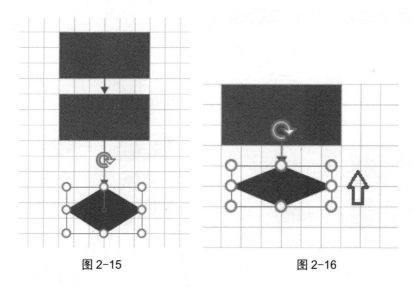

图 2-15　　　　　　　　　图 2-16

步骤 ⑨　将光标放在"流程图形 2"向右的箭头处，在出现的界面中选择下一个形状图形（菱形-判定图形），效果如图 2-17 所示。

步骤 ⑩　调整"判定图形 2"垂直高度为 2 格，并与"流程图形 2"水平对齐。选中"判定图形 2"→向上拉动下方中间的小圈→通过鼠标垂直向下拉动→"流程图形 2"中间出现绿色水平对齐虚线，如图 2-18 所示。

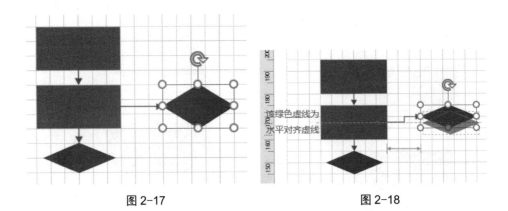

图 2-17　　　　　　　　　　　　图 2-18

步骤 11　选择"开始"选项卡→选中连接线，选中"判定图形2"并将其拖至"流程图形1"右侧中间的黑点处，如图2-19所示。

步骤 12　选择"指针工具"，将光标定位在"判定图形1"向下的箭头处，在出现的界面中选择下一个形状图形（矩形－流程图形），调整流程图形大小和垂直箭头长度，效果如图2-20所示。

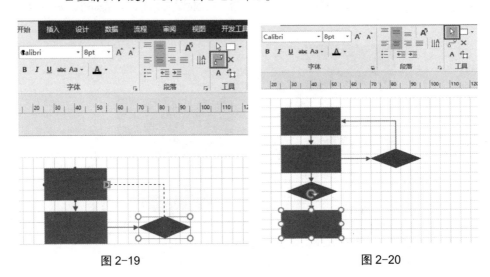

图 2-19　　　　　　　　　　　　图 2-20

步骤 13　将光标定位在"流程图形3"向右的箭头处，在出现的界面中选择下一个形状图形（菱形－判定图形），然后调整判定图形大小。"判定图形3"与"判定图形2"水平间距调整为0格，如图2-21所示。

步骤 14　选中连接线，选中"判定图形3"并将其拖至"流程图形1"右侧中间的黑点处，如图2-22所示。

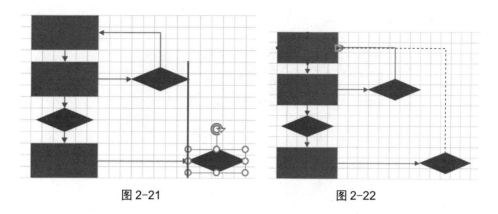

图 2-21　　　　　　　　　　　图 2-22

步骤 15　按上述介绍，完成剩余图形、箭头和连接线的绘制，效果如图 2-23 所示。

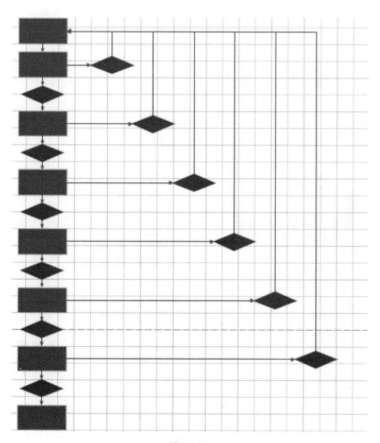

图 2-23

步骤 16　双击流程/判定图形，输入文字。按"Ctrl+A"组合键选中全部图形，选择"开始"→设置字体（黑体）、字号（10pt）、字体颜色（黑色），如图 2-24

所示。

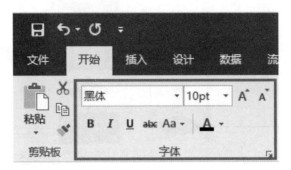

图 2-24

步骤⑰ 按"Ctrl+A"组合键选中全部图形,选择"开始"→"线条"→设置颜色为黑色,如图 2-25 所示。

步骤⑱ 按"Ctrl+A"组合键选中全部图形,选择"开始"→"填充"→设置图形填充为"无填充",如图 2-26 所示。

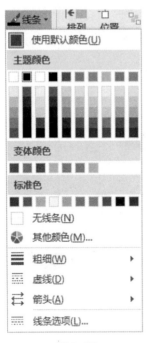

图 2-25

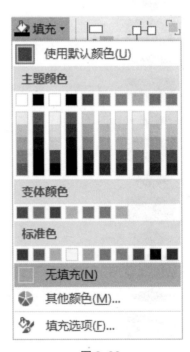

图 2-26

步骤⑲ 选择"视图"→取消选中"网格线"复选框,隐藏明细工具栏,按住"Ctrl"键缩放绘图区,查看整体效果,如图 2-27 所示。

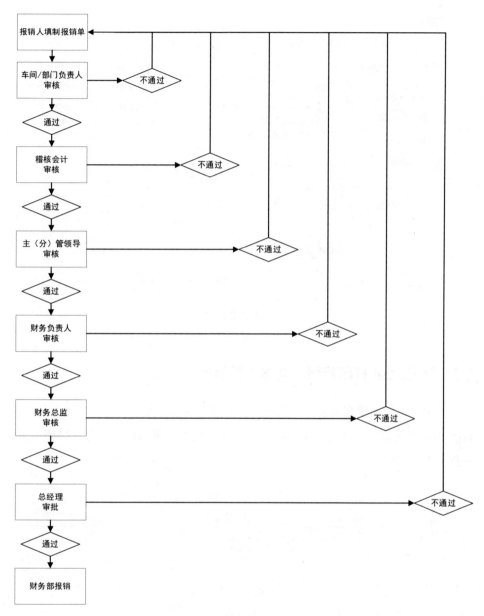

图 2-27

步骤 20 选择"文件"→"另存为"→"浏览"→选择保存路径→设置"文件名"为"日常报销流程图"→选择"保存类型"→单击"保存"按钮,如图 2-28 所示。

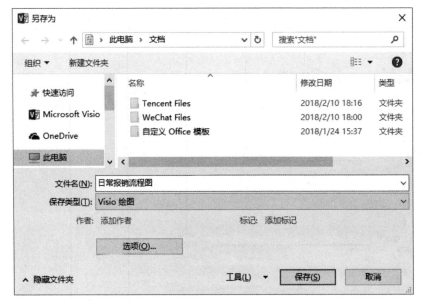

图 2-28

03：用 Excel 打印费用（成本）报销单

报销人的原始票据需要进行粘贴，并完成审签手续方可报销，财务人员会以此作为列账的附件，这就需要编制一张费用（成本）报销单，并将其打印出来。效果如图 2-29 所示。

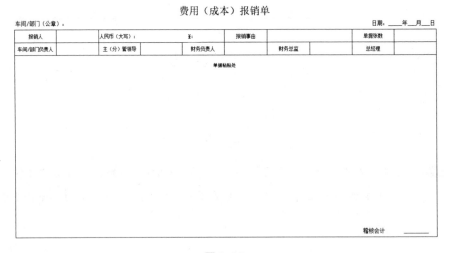

图 2-29

具体操作步骤如下。

步骤 1 打开素材文件"费用（成本）报销单"，如图 2-30 所示。

图 2-30

步骤 2 调整列宽和高度。

（1）调整列宽。选择"A:J"单元格区域，单击鼠标右键，在弹出的快捷菜单中选择"列宽"命令，在打开的对话框中设置列宽为"13.5"，然后单击"确定"按钮，如图 2-31 所示。

（2）调整行高。按住"Ctrl"键，依次选中第 2、3、4、30 行，单击鼠标右键，在弹出的快捷菜单中选择"行高"命令，在打开的对话框中设置行高为"25"，然后单击"确定"按钮，如图 2-32 所示。

图 2-31　　　　　　　　　　图 2-32

步骤 ③ 进行打印设置，保证打印效果。

（1）选择"文件"→"打印"命令，进入打印页面，如图 2-33 所示。

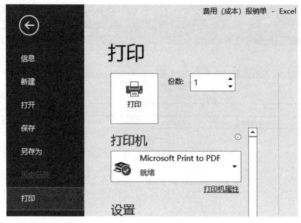

图 2-33

（2）设置打印方向。在设置区域的"纵向"下拉列表中选择"横向"选项，如图 2-34 所示。

（3）设置打印缩放。在设置区域的"无缩放"下拉列表中选择"将工作表调整为一页"选项，如图 2-35 所示。

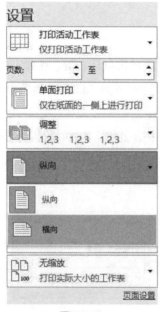

图 2-34

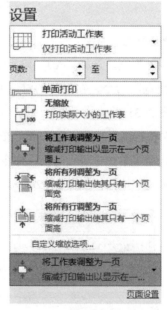

图 2-35

（4）进行页面设置。选择"页面设置"→"页边距"→"自定义页边距"命令，打开"页面设置"对话框。在"页边距"选项卡中设置左、右边距为"1"，在"居中方式"选项区选中"水平"和"垂直"复选框，然后单击"确定"按钮，如图2-36所示。

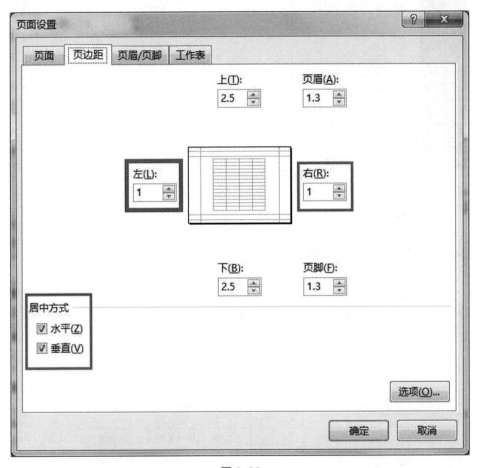

图 2-36

步骤 ④ 回到打印界面，查看打印预览效果后，选择"保存"命令，如图2-37所示。如需改变表格名称和存储路径则选择"另存为"→"浏览"命令，设置存储路径，并输入新的名称，然后单击"保存"按钮。

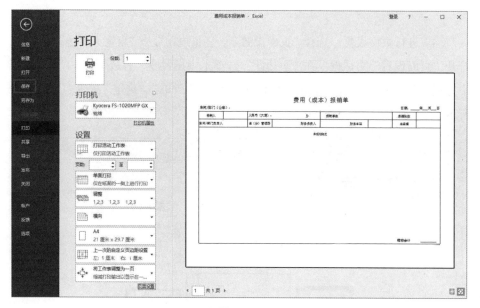

图 2-37

04：在 Word 中计算数据

出差人员要报销相应补助，需要填制差旅费补助单，并需要对差旅费中的补助金额进行计算。对于一些简单的计算，在 Word 中也能完成，效果如图 2-38 所示。

差旅费补助单

出差人姓名	部门	出差地点	出差任务		
出差期间			出差天数	补助标准（元/天）	补助金额（元）
			3	120	360

图 2-38

接下来介绍利用 Word 进行补助金额的自动计算，具体操作步骤如下。

步骤① 打开素材文件"差旅费补助单"，输入出差天数"3"和补助标准"120"，如图 2-39 所示。

出差天数	补助标准（元/天）	补助金额（元）
3	120	

图 2-39

步骤 2 将光标移动至"补助金额（元）"下方空格处，单击"表格工具/布局"选项卡"数据"组中的"公式"按钮，如图 2-40 所示。

图 2-40

步骤 3 打开"公式"对话框，在"公式"文本框中输入"=PRODUCT(LEFT)"，单击"确定"按钮，如图 2-41 所示。返回文档中即可查看到计算的结果，如图 2-42 所示。

图 2-41

出差天数	补助标准（元/天）	补助金额（元）
3	120	360

图 2-42

第 3 章
备用金借支管理
——用途合规，按期返还

成本部小李准备去上海出差，打算向企业借 6 500 元。这里所说的借，即备用金借支。哪些业务可以借支备用金？借支需要履行怎样的审签流程？借支之后如何返还？这就是本章要介绍的主要内容。

3.1 备用金借支的总体要求及用途

备用金借支首先应明确用途，对于不符合规定的备用金借支，财务人员有权拒绝支付。借款人应按约定用途借支备用金，并及时做好备用金的返还。

3.1.1 备用金借支的总体要求

备用金借支总体有以下四点要求。

（1）**用途合规**。借款人不得随意编写借款理由，套取企业资金。借款用途应符合《现金管理暂行条例》的相关要求和企业制度的相关规定。

（2）**金额合理**。借支的金额应根据实际工作需要而定，借支金额如果显著高于实际需要，审核人员有权拒绝签字。

> **例 3-1**
> 小李准备去上海出差，预计时间为 7 天，往返交通费为 3 000 元，食宿费为 3 500 元，因此向企业借支 6 500 元是合理的。如果借支 20 000 元，借支金额明显高于预计的合理支出，则是不合理的。

（3）**专款专用**。已借支的备用金原则上应专款专用，不得用于借支理由外的经济业务和事项。

> **例 3-2**
> 小李以去上海出差的名义借支备用金 6 500 元，由于临时取消了出差任务，小李便将该款用于了办公用品的采购。

①如果是小李擅自随意改变用途，那么财务人员有权要求小李先将借支的 6 500 元返还，再行单独支付办公用品采购的报销款；

②如果该行为出于企业经营管理的特殊需要，那么小李应在报销单上说明原因，并经报销审核人员签字同意后，直接冲抵原借支。

（4）**按期返还**。备用金借支应约定返还的时间。返还形式上，一是报销已花销部分冲抵借支，二是将结余备用金进行现金（或转账）返还。

3.1.2 备用金的借支用途

备用金是企业借给职工（或内部单位）用作差旅费、零星采购支出、零星费用支出等现金支出的款项。备用金的具体使用范围可以参照现金支出范围执行。

（1）出差人员的差旅费；

（2）零星采购支出；

（3）零星费用支出；

（4）职工工资、津贴、奖金、福利；

（5）向个人收购农副产品等；

（6）符合国家和企业规定的其他支出。

例 3-3

> 企业修建一座大型桥梁，需要采购50吨钢筋，钢筋价格为4 000元/吨，小王打算借支200 000元进行钢筋采购，是不合理的。

备用金可用于零星采购，大宗材料的采购应通过企业对公账户（企业银行间的账户）操作。营业税改增值税后，要求"三流合一"，即"业务流""资金流""发票流"统一，才能够实现进项税额的抵扣。例如，甲企业与乙企业签订采购合同（业务流：甲←→乙），甲企业向乙企业支付货款（资金流：甲→乙），乙企业向甲企业开具发票（发票流：乙→甲），这样才能形成一个完整的抵扣链条。

3.2 备用金的管理模式和借支流程

备用金的管理模式通常有非定额管理模式和定额管理模式，通常以非定额管理模式为主。在借支流程上与报销的一般流程基本相同，因为没有原始的发票单据，所以通常可以取消稽核会计审核环节。

3.2.1 备用金的管理模式

1. 非定额管理模式

非定额管理模式是根据具体经济业务或事项的需要，进行备用金的逐笔借支，待对应业务或事项处理完毕，即进行备用金的返还，做到"多退少补，一事一了"。

2. 定额管理模式

定额管理模式即对使用单位授予一个固定备用金借支金额，如 5 万元，且规定当使用单位剩余备用金低于某一限额时，如 5 000 元，可以再行借支固定金额。在具体使用上，须符合备用金使用范围，但可以不局限于单一业务和事项。

定额管理模式适用于日常零星支出非常频繁的单位，如行政部。该部门通常负责企业日常业务招待，办公用品采买，车辆加油、维修等，如果执行逐笔借支，业务量会很大，借支不及时还可能影响工作的正常开展。

在定额的确定上，可以参考使用单位上年备用金借支的月平均值。如果是新的使用单位，那么有参照单位的可以按参照单位执行，或初设一个金额，并根据使用反馈情况予以调整。如有明显盈余，则应降低定额；如存在不足，则要调高定额，满足需要。

3.2.2 备用金的借支流程

企业备用金的借支审签流程，通常会根据借支金额的不同而有所不同，比如，甲企业设定借支 1 万元以内，由主（分）管领导终审，财务总监和总经理不用再进行审核（审批）。

备用金借支的一般流程：借款人填制备用金借支单→车间/部门负责人审核→财务负责人审核→主（分）管领导审核→财务总监审核→总经理审批→借款人到财务部领款（见表 3-1）。

表 3-1 备用金借支流程

序号	流程名称	流程要求
1	借款人填制备用金借支单	备用金借支单的填写应包括借款人姓名、车间/部门、事由、返还时间、金额（大、小写）等
2	车间/部门负责人审核	车间/部门负责人主要审核借款人的事由是否真实可靠，金额是否合理。有部门印章的单位，审核合格后应加盖部门印章
3	财务负责人审核	财务负责人的审核主要是确认借款人是否存在未返还的借支，并提前做好资金的安排。对于定额备用金借支，要审核结余金额是否低于约定金额

续 表

序号	流程名称	流程要求
4	主（分）管领导审核	主（分）管领导的审核主要是对车间/部门负责人签字业务的进一步把关
5	财务总监审核	财务总监的审核是对总经理的审批进行预审，提高了总经理的审批效率，有利于财务总监掌握企业资金的开支情况
6	总经理审批	总经理通常是整个组织里经营管理职务最高的管理者与负责人，对借支起到终审的效果
7	借款人到财务部领款	经办人将签章完备的手续交给财务部，财务部根据借支要求支付现金，或者通过银行转账汇款给借款人

3.3 备用金的返还与核算

借款人要保存好原始使用票据，及时履行返还手续。财务部门也要做好备用金借支、返还的统计核算工作。

3.3.1 备用金返还的时间要求

备用金的借支返还时间有以下两点要求。

（1）企业应约定备用金在经济业务或事项完成后多少天内完成返还工作。

例 3-4

甲企业规定备用金在经济业务或事项完成后 5 个工作日内完成返还工作。小李出差回来为 2018 年 2 月 1 日，扣除周六、周日，小李应在 2 月 8 日前完成备用金的返还。如果发生领导外出等客观原因，不能完成审签工作，那么可以适当延期。

（2）部分企业按照季度进行财务报表的填报并披露，因此要求季度末备用金借支清理为零，即借支的备用金已经使用的要履行完审签程序，财务部计入相关费用或成本；尚未支出的则应返还给企业。避免财务账面为资产（其他应收款——备用金）的，实际上已经支出形成了费用或成本，进而导致账实不符。对于存在客观原因，确实无法按照季度节点完成返还的，借款人应出具书面的情况说明，并经审核人员签字同意。

例 3-5

12月31日，小李接到一项紧急任务，出差去哈尔滨协助处理一批产品的法律诉讼问题，并打算借支差旅费5 000元。为保证企业业务的正常开展，经相关审核人员同意，小李的行为是可以的。如果该业务符合披露条件，则应在企业财务报表附注部分予以披露说明。

3.3.2 备用金返还的注意事项

对于借支的备用金，如果刚好等于开支，那么报销之后借支余额就平了。然而更多的情况是借支与开支不相等，这就要"多退少补"。

（1）借支金额小于开支金额（超支）。小李借支6 500元，实际支出6 800元，如果支出均符合企业规定，且履行完审签手续，超支的300元由企业以报销形式补付。

（2）借支金额大于开支金额（结余）。小李借支6 500元，实际支出6 300元，审签程序已完成，小李应将结余的备用金200元返还给企业。

（3）借支人完成借支返还，财务部应出具借支回执单，一式两份，一份给借支人，一份用作财务部门留存入账。

（4）对未按期返还且无正当理由的借款人，财务部门有权从其工资里扣除对应金额。

（5）对于员工离职，离职前如存在备用金借支，则应清理完毕；如未清理，企业应及时告知借款人并暂缓办理离职手续。

3.3.3 备用金借支的会计核算

备用金的使用通过"其他应收款"核算，在报销备用金时，往往要根据用途具体列支。如果是企业管理部门的开支，往往对应"管理费用"；如果是生产车间的支出，则通常对应"制造费用"。

例 3-6

借支备用金。1月26日，成本部小李借支6 500元到上海出差，审签手续完成，款项已支付。

借：其他应收款——备用金——小李 6 500
贷：库存现金/银行存款 6 500

例 3-7

返还备用金，存在超支。承"例 3-6"，2 月 5 日，小李完成报销审签手续，实际支出 6 800 元，企业补付 300 元。

借：管理费用——差旅费——成本部 6 800
贷：其他应收款——备用金——小李 6 500
   库存现金 / 银行存款 300

例 3-8

返还备用金，存在结余。承"例 3-6"，2 月 5 日，小李完成报销审签手续，实际支出 6 300 元，小李已返还企业 200 元。

借：管理费用——差旅费——成本部 6 300
   库存现金 / 银行存款 200
贷：其他应收款——备用金——小李 6 500

例 3-9

扣工资，冲销借支。承"例 3-8"，结余的 200 元，经催要，小李迟迟不予返还，财务部门按规定从其工资里扣除。

借：管理费用——差旅费——成本部 6 300
   应付职工薪酬——工资（小李）200
贷：其他应收款——备用金——小李 6 500

专家支招

01：前账不清，后账不借

在备用金非定额管理模式下，备用金管理要求"专款专用、一事一了"。但俗话说"借钱容易，还钱难"，在实际的财务工作中，为了规范备用金的管理，避免个人借支越来越多，就有了"前账不清，后账不借"的管理要求。

在备用金定额管理模式下，当备用金低于约定金额时，借款人即可进行备用金借支，限额之下通常不需要清理。

例 3-10

小李因到上海出差借支备用金 6 500 元,迟迟未履行报销审签手续。此次小李要去北京出差准备再借支备用金 5 000 元,因为是非定额管理模式,所以财务部有权拒绝支付。如果已履行完审签手续,但还应返还企业 200 元,那么应在返还后才可重新借支。

02:合理确立有权借款人

对于备用金借支人员众多,借支金额大,且长期挂账不归还的情况,财务部门要变被动等待借支人返还为借支人积极主动上门返还,合理确定有权借款人是一个行之有效的方法。

(1)各单位报送有权借支备选人至财务部门,财务部门通过账目比对,将借支按时返还的备选人确定为有权借款人。有权借款人可以进行备用金借支,而未得到授权的人,则不得进行备用金借支,即非有权借款人出差,要自行垫付相关费用,报销审签后才能收回垫付的资金。

(2)有权借支人可以按年考核。已确立为有权人借支人的,如果不能按时返还备用金,财务部门有权取消其有权借款人资格,必要时还可以纳入企业员工考核的指标(诚信)范围;未被确立为有权借支人的,经车间/部门负责人推荐,可增立为有权借支人。

高效工作之道

01:用 Word 制作备用金借支单

在借支备用金的时候需要填制备用金借支单,借支单的要素包括借款人姓名、车间/部门、备用金管理模式、借还款时间、相关领导签字等。备用金借支单样式参考如下:

备用金借支单

借款人：_____　　　　　　　　车间/部门：_____

管理模式：□ 非定额管理模式　　　□ 定额管理模式

借款金额（人民币大写）：_____　　¥：_____

借款事由：_____　　　　　　　　借款日期：_____

返还日期：_____　　　　　　　　车间/部门负责人：_____

主（分）管领导：_____　　　　　财务负责人：_____

财务总监：_____　　　　　　　　总经理：_____

制作借支单的具体步骤如下。

步骤 1　启动 Word，新建"备用金借支单"文档，在文档中输入相应的内容，将标题字号设置为"二号"，在标题上单击鼠标右键，在弹出的快捷菜单中选择"段落"命令，打开"段落"对话框。将对齐设置为"居中"，将行距设置为"多倍行距"，行距值设置为"2.25"，如图3-1所示，然后单击"确定"按钮。

步骤 2　选择正文内容，将其字体设置为"宋体"，字号设置为"四号"，行距为"多倍行距"，行距值为"2.25"。选择需要添加下划线的空格符，选择"开始"→"下划线"→"下划线"，为选择的空格符添加下划线，如图3-2所示。

步骤 3　插入特殊符号"□"。将光标定位到"非定额管理模式"文本前，选择"插入"→"符号"→"其他符号"命令，在打开的对话框中设置"子集"为"几何图形符"，在出现的图形中选中对应图形（见图3-3），然后单击"插入"按钮即可在光标处插入符号。使用相同的方法在"定额管理模式"文本前插入相同的符号。

步骤 4　画分隔线。连续输入3个"*"，按"Enter"键即可输入分隔线，将分隔线上部的内容复制粘贴到分隔线下部即可。

第 3 章 备用金借支管理

图 3-1

图 3-2

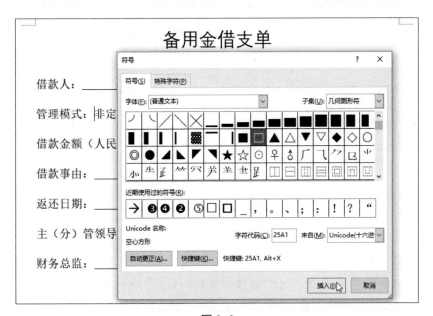

图 3-3

02：用 Excel 制作备用金借支回执单

借款人完成备用金的返还后，财务部门应出具备用金借支回执单，如图 3-4 所示。回执单一式两份，一份给借支人，一份财务部门留存入账。

备用金借支回执单

			财务部门留存	
借支金额	人民币（大写）：		￥：	
报销金额	人民币（大写）：		￥：	
差额	人民币（大写）：		￥：	0.00
现金退还	人民币（大写）：		￥：	0.00

会计（主管）：　　　　借款人：　　　　办理日期：　年　月　日

图 3-4

备用金借支回执单一般是通过 Excel 进行制作的，具体操作步骤如下。

步骤 1 打开素材文件"备用金借支回执单"，如图 3-5 所示。

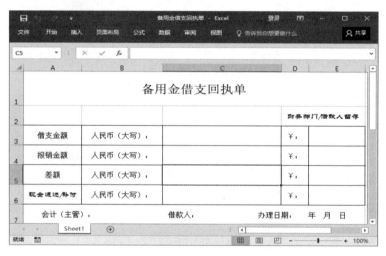

图 3-5

步骤 2 设置 B 列、D 列右对齐，C 列、E 列左对齐（从书写习惯上讲，金额都要求顶格写）。按住"Ctrl"键选中 B 列和 D 列，选择"开始"→"右对齐"，如图 3-6 所示；按住"Ctrl"键选中 C 列和 E 列，选择"开始"→"左对齐"，如图 3-7 所示。

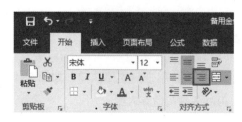

图 3-6

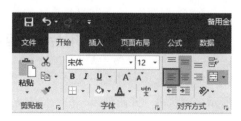

图 3-7

步骤3 设置D2、E2合并后的单元格的选项内容:"财务部门留存"或者"借款人留存"。选中D2、E2合并后的单元格,选择"数据"→"数据工具"→"数据验证"命令,如图3-8所示。打开"数据验证"对话框,在"允许"下拉列表框中选择"序列",在"来源"组合框中输入"财务部门留存,借款人留存",注意二者中间用英文的逗号,单击"确定"按钮,如图3-9所示。设置后的效果如图3-10所示。

图3-8

图3-9

图3-10

步骤4 设置A6单元格中的选项内容:"现金返还"或者"现金补付"。选中A6单元格,打开"数据验证"对话框,将允许条件设置为"序列",并在"来源"组合框中输入"现金返还,现金补付",然后单击"确定"按钮,如图3-11所示。

步骤5 设置公式,"E5=E3-E4""E6=ABS(E5)"("ABS"为绝对值函数),如图3-12所示。

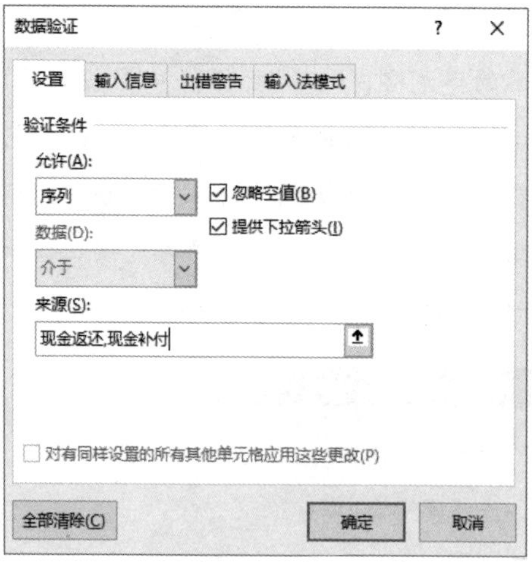

图 3-11

图 3-12

步骤 6 设置公式将小写的货币金额自动转换为大写的货币金额。选中 C3 单元格，输入"=IF(E3=0,"",IF(E3<0," 负 ",""))&SUBSTITUTE(SUBSTITUTE(SUBSTITUTE (SUBSTITUTE(TEXT(INT(ABS(E3)),"[DBNum2]")&"元"&TEXT(RIGHT(TEXT(E3,".00"),2),"[DBNum2]0角0分"),"零角零分","整"),"零分","整"),"零角","零"),"零元零",""))"，如图 3-13 所示。

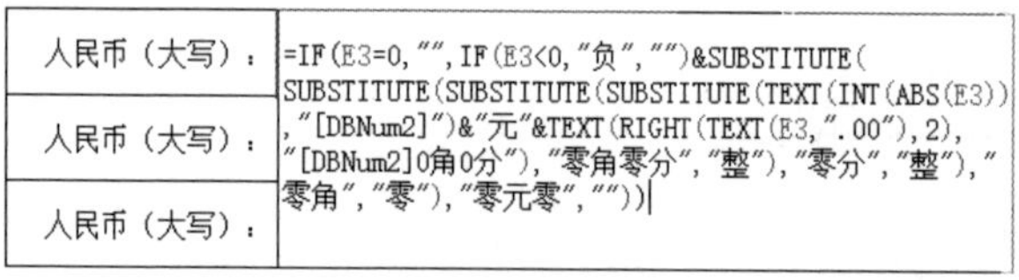

图 3-13

提示

公式"=IF(E3=0,"",IF(E3<0," 负 ",""))&SUBSTITUTE(SUBSTITUTE(SUBSTITUTE(SUBSTITUTE(TEXT(INT(ABS(E3)),"[DBNum2]")&" 元 "&TEXT(RIGHT(TEXT(E3,".00"),2),"[DBNum2]0角0分"),"零角零分"," 整 ")," 零分 "," 整 ")," 零角 "," 零 ")," 零元零 ",""))"表示，如果 E3 单元格等于 0，C3 单元格中就返回空白；如果 E3 单元格小于 0，就返回 C3 单元格中前面带"负"文本的值；如果 E3 单元格大于 0，就返回 C3 单元格中的值，并且 E3 单元格小于或大于 0 返回的值都将带元、角、分单位。

步骤 7 设置 C4、C5、C6 单元格的转换公式。选中 C3 单元格，在其右下角出现黑色十字叉时，垂直向下拉动光标至 C6 单元格，如图 3-14 所示。

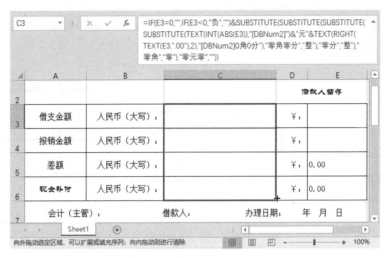

图 3-14

步骤 8 案例检验。沿用"例 3-6"，小李借支 6 500 元，实际支出 6 800 元，审签程序已完成，会计小张核验之后于 2018 年 2 月 5 日，向小李支付 300 元，并为小李开具了回执单。

输入基础数据借支金额 6 500（元）和报销金额 6 800（元）。注意选择"借款人留存""现金补付"，效果如图 3-15 所示。

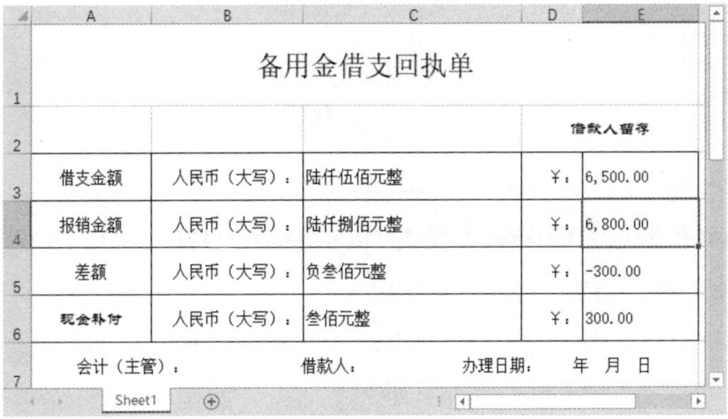

图 3-15

03：用 Visio 制作简单的灵感触发图

当需要将某件事、某个主题的中心内容用简单的框架图展示出来时，可以使用 Visio 来制作。图 3-16 所示为使用 Visio 制作的备用金报销的灵感触发图效果。绘制步骤如下。

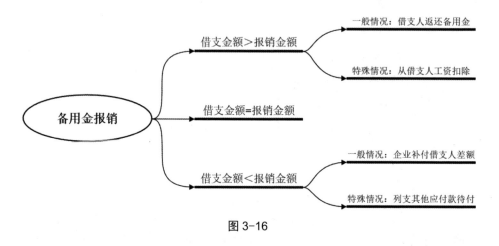

图 3-16

步骤① 启动 Visio 软件，选择"灵感触发图"→"创建"，然后关闭大纲窗口，如图 3-17 所示。

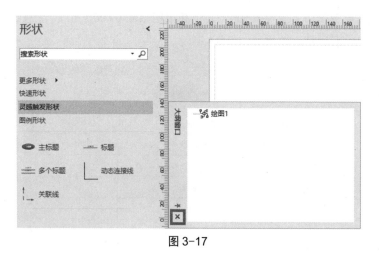

图 3-17

步骤② 选中"视图"选项卡"显示"组中的"网格"复选框，单击"折叠功能区"按钮（见图 3-18），隐藏上方明细工具栏。

图 3-18

步骤 3 画正文标题。按住"Ctrl"键，向前滚动鼠标滚轮，调整绘图区域比例为"50%"。将左侧图例形状"主标题"拖动至绘图区域，单击绘图区"主标题"图形，向右拉动右侧中间的小圈使其宽度约为 6 格，向上拉动上方中间的小圈，使其高度大约为 2 格，如图 3-19 所示

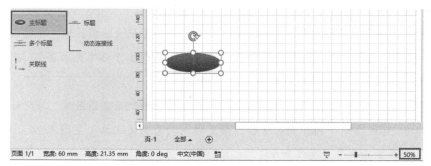

图 3-19

步骤 4 画第一个二级标题。拖动左侧图例形状"标题"至绘图区域，并设置其为水平方向与一级"主标题"对齐（以绿色虚线为准），水平间距约为 2 格，宽度约为 5 格，如图 3-20 所示。

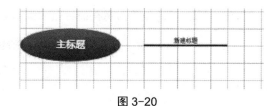

图 3-20

步骤 5 画第二个二级标题。拖动左侧图例形状"标题"至绘图区域（见图 3-21），拉动其右侧中间的小圈调整大小，垂直方向与第一个二级"标题"对齐（以水平绿色双向箭头为准），垂直间隔略大于 3 格。

步骤 6 画第三个二级标题并使其左侧与第一个二级"标题"对齐（以绿色虚线为准），设置三个二级"标题"上下高度一致（以垂直绿色双向箭头为准），

如图 3-22 所示，然后调整第三个二级"标题"大小与第一个二级"标题"一致。

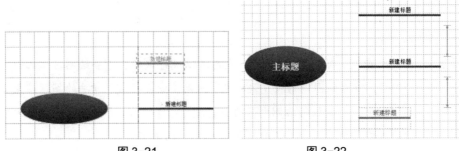

图 3-21　　　　　　　　　图 3-22

步骤 7　画第一个三级标题。拖动左侧"标题"图例形状至绘图区域，与对应二级"标题"水平间距约为 2 格，垂直间隔约为向上 1 格（见图 3-23），然后设置其水平宽度约为 6 格。

步骤 8　画第二个三级标题。拖动左侧"标题"图例形状至绘图区域，与对应二级"标题"水平间距约为 2 格，垂直间隔约为向下 1 格（见图 3-24），然后设置其水平宽度约为 6 格。

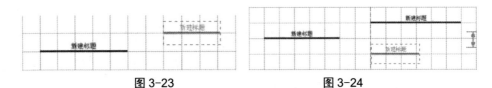

图 3-23　　　　　　　　　图 3-24

步骤 9　重复"步骤 7"和"步骤 8"的操作画剩余的一组三级标题，效果如图 3-25 所示。

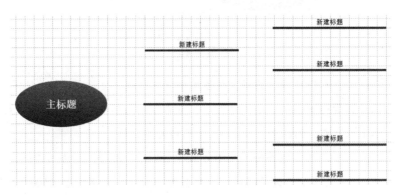

图 3-25

步骤⑩ 画连接线。拖动左侧"动态连接线"图例形状至一级标题右侧端点（以绿色小方框为准），如图3-26所示。拖动连接线另一个端点至二级标题左侧端点（以绿色小方框为准），如图3-27所示。

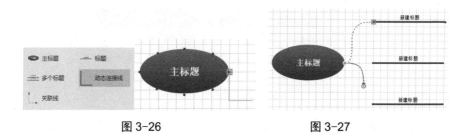

图3-26　　　　　　　　　图3-27

步骤⑪ 重复"步骤10"的操作画剩余连接线，效果如图3-28所示。

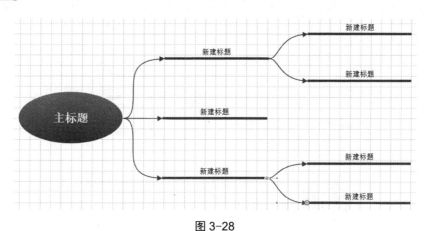

图3-28

步骤⑫ 双击各图例形状，输入对应内容，如图3-29所示。

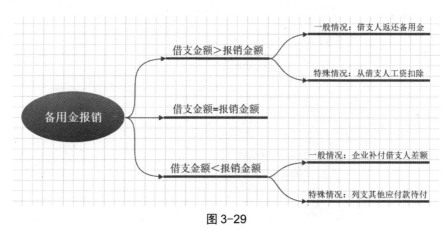

图3-29

步骤 ⑬ 调整字体和对齐方式。依次选中一、二、三级标题,字号分别设置为"16pt""14pt""12pt",字体、颜色统一为"宋体""黑色"(见图3-30),一级标题加粗,各级标题居中对齐。

图 3-30

步骤 ⑭ 设置线条颜色。按"Ctrl+A"组合键全选,单击"开始"→"线条",选择黑色,如图3-31所示。

步骤 ⑮ 设置图形填充。按"Ctrl+A"组合键全选,单击"开始"→"填充",选择"无填充"选项,如图3-32所示。

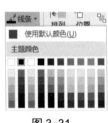

图 3-31

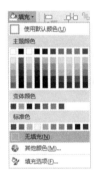

图 3-32

步骤 ⑯ 保存。选择"文件"→"另存为"→"浏览"→选择保存路径→修改"文件名"为"备用金报销(灵感触发图)"→选择"保存类型"→单击"保存"按钮,如图3-33所示。

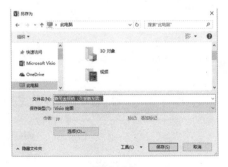

图 3-33

第4章

资金管理
——"账房先生"的第一要务

古装电视剧中经常会出现这样一个人：站在柜台后边埋着头，一边专注地打着算盘，一边做着记录，这个人就是传统的"账房先生"。虽然计算器已取代了算盘，但资金管理（管钱）的职责依然是财务管理工作的第一要务。资金从哪里来，会用在何处，日常资金怎么管？这就是本章要介绍的内容。

4.1 资金的来源与使用

资金的收支贯穿于企业经营的始终，企业成立之初需要资金的投入，如购买厂房、添置设备、发放工资等；企业随着自身的不断成长，需要用资金不断购置原材料、进行技术研发、开拓新市场等，进而产生收入，资金不断流入；即便进入破产清算程序，企业依然存在清算资金收入和相关的债务性支出。

4.1.1 资金的来源

资金的来源并不局限于销售商品和提供劳务，其形式上是多种多样的。

（1）投资者投入。对于初创企业，投资者的资金投入是启动资金的重要来源。

> **提示**
> 2013年12月28日，第十二届全国人民代表大会常务委员会第六次会议，对《中华人民共和国公司法》做出修改，自2014年3月1日起施行注册资本认缴制。

（2）债权人借入。这里的债权人包括银行、信托机构、外部企业等。

（3）主营业务资金收入。比如，销售家电的企业取得的货款，建筑施工企业取得的工程款，房地产企业取得的售楼款等。

（4）收取押金。比如，共享单车企业一般会收取消费者的押金，消费者停止使用时，再申请退回押金。

（5）预收账款，包括预收货款、预收设备款等。

（6）收取保证金，包括履约保证金、质量保证金、农民工工资保证金等。

（7）其他资金收入，如资产处置收入、闲置厂房出租收入、银行存款利息收入、政府补贴资金、罚款收入、清算资金收入等。

4.1.2 资金的使用

（1）材料费用支出，包括材料的购置费（不含增值税）、运输费、保险费等。

（2）机械设备采购（租赁）支出。

（3）工人工资支出。

（4）制造费用支出。

（5）期间费用支出，包括管理费用、财务费用、销售费用。

（6）缴纳税费，如增值税、企业所得税、房产税等。

（7）偿还借款（利息）及经营活动中的应付款项。

（8）利润分配。

（9）其他资金支出，如罚没支出、捐赠支出、保证金支出、押金支出、安全生产费用支出、研发支出等。

4.2 日常资金的管理

日常资金的管理主要体现在现金的管理和银行存款的管理两个方面。第2、3章已经介绍了企业通过资金支付进行报销和借支，本节主要介绍通过合理的资金管理，保障企业资金的安全。

4.2.1 现金的提取

（1）现金的提取应填制现金提取审批单，注明提取的时间、金额，经财务负责人签字同意后填制现金支票，加盖企业财务章和法定代表人（单位负责人）名章。

（2）现金提取金额≤提取当日计划使用金额＋库存现金限额。库存现金限额由开户银行根据企业实际需要核定，原则上为企业3天至5天的日常零星开支。边远地区和交通不发达地区的企业的库存现金限额可以适当放宽，但最多不得超过15天的日常零星开支。库存现金限额通常每年核定一次，企业经营需要增加或减少库存现金限额时，可向开户银行申请调整。

例 4-1

企业日均现金使用为 3 000 元,提款频率拟为间隔 5 个工作日,库存现金限额即为 15 000 元(3 000 元×5)。假定企业当日计划现金使用 4 000 元(假定前一日无现金结余),则现金提取额应不超过 19 000 元(4 000 元+15 000 元)。

(3)一旦执行库存现金限额管理,财务人员便应严格遵守,因为如果发生意外损失,超库存限额部分的现金损失由出纳和财务负责人承担赔偿责任。

例 4-2

经财务负责人同意,出纳提取现金 20 000 元,扣除当日现金使用 4 000 元,结余现金为 16 000 元。超过企业库存现金限额(15 000 元)的部分为 1 000 元,如果当晚现金被盗,那么出纳和财务负责人应承担这 1 000 元的赔偿责任。

(4)收支两条线,严禁坐支现金。企业收到的现金应于当日送存银行,确实无法当日送存的,经企业负责人或企业负责人指定人员同意,次日(或指定时间)送存银行。不得将收到的现金直接用于现金支付。

例 4-3

企业准备当日提取现金 19 000 元,正好收到客户交来现金(押金)30 000 元。企业首先应将 30 000 元存入企业银行账户,再提取现金 19 000 元。不得将 30 000 元直接用于现金支付,也不得只存 11 000 元,将剩余 19 000 元用于现金支付。

(5)为保证现金安全,现金的提取和送存应安排一人以上协同出纳办理,必要时还应配置车辆和安保人员。

(6)随着企业和个人网银的推广,建议企业尽可能减少现金的使用,不仅直接杜绝了收到假币的可能性,而且有利于资金使用的监管。

4.2.2 现金的保管

随着企业网银的使用及微信、支付宝等移动支付工具的普及,库存现金在企业资金中的比重大幅下降,导致一些财务人员疏于现金的管理。本节主要介绍如何保管现金。

1. 配备现金保管的硬件设施

(1)保管现金的房间应有防盗窗、防盗门、保险柜。相应钥匙要妥善保管,钥匙使用完毕要注意及时拔出单存,必要时还可以在进出口位置安装监控设备。

（2）保险柜钥匙、密码一旦丢失或发生故障，出纳人员应立即报告给财务负责人处理，不得随意找人修理或修配。

（3）出纳人员应牢记保险柜密码，并严格保密。出纳人员发生岗位变动，新的出纳人员应及时更换保险柜密码。出纳人员如果将密码记录在本子上以防忘记，那么记录的本子应妥善保管。

2．现金账实要一致

（1）出纳人员要每日清点现金并登记现金日记账。会计人员应每月定期、不定期进行现金日记账的抽查核对并签章。

（2）每月定期、不定期进行现金盘点，并编制现金盘点表。现金盘点表至少应由出纳人员、监盘人签章确认。

（3）现金出现盘亏、盘盈时，应及时查明原因，并按企业相关规定进行责任追究和账务处理。

（4）现金应由出纳放置于保险柜内，不得随意放置于办公桌内或私自带出，严禁公款私存、公款私用。

例 4-4

出纳小 F 按照相关领导的要求提取现金 10 万元，准备用于周末大型业务接待。客人临时调整行程，来访时间待定，小 F 请示相关领导后，得到指示：该款暂放保险柜保管。小 F 心想，该款暂时也不用，于是擅自带出并存入了自己的余额宝账户收取利息，准备在企业需要时再提出来。从过程来看，小 F 的行为并没有给企业带来损失，但已经违背企业严禁公款私存的规定，同样会受到企业的处罚。

（5）严禁白条抵库，即用不符合企业财务制度要求的字条与单据，顶替现金，使现金实际数与账面数据不符。

例 4-5

王总要临时出差一趟，准备借支 1 万元差旅费。考虑到借支审签手续办理较慢，于是王总写了一张收条给出纳小 F，小 F 将 1 万元现金交给了王总，小 F 的这种行为就属于"白条抵库"。虽然王总出差可能比较紧急，但还是应该填写备用金借支单并履行正常的借支审签手续。对于确实无法马上在借支单上签字的审核人，出纳人员可以通过电话逐一请示，并做好记录，审核人同意补签，方可先行付款。

3．现金保管的其他注意事项

（1）出纳人员应根据现金票面金额，整齐有序地存放现金，保持保险柜的清洁、干燥，防止现金出现潮湿霉烂、虫蛀等问题。

（2）已经完成现金收支的单据，出纳人员应立即加盖"现金收讫""现金付讫"印章，防止票据的重复使用或列账。

例 4-6

出纳小 F 所在的企业规定，普通员工可在次月 5 日前报销上月通信费，报销标准统一为 200 元/人。小 F 将通过现金付完的票据，及时加盖了"现金付讫"印章，这样就避免了重复付款；相反，如果不及时加盖"现金付讫"印章，因为大家报销标准相同，单据又多，很容易忘记谁付了，谁没有付，即便倒查现金也很难查出来。

提示

出纳应及时将付完款的票据加盖印章并交给会计，会计原则上应在当天完成现金及银行收付款凭证的登记。票据积压不入账，不仅会导致账实不符，而且补录过程中发现的错误，很可能因为票据堆积较多、间隔时间较久，难以查明原因进行弥补而导致企业及个人利益受损。目前一些大型企业已经推出网上支付审批系统，审批之后会自动生成付款凭证，很好地解决了签字和凭证录入的及时性问题。

（3）现金盘盈、盘亏的账务处理。

出现现金盘盈或盘亏的情况时，首先应将盈亏现金转入待处理财产损溢，并根据查明的原因，进行不同的账务处理。

① 现金盘盈，即实存现金＞账面现金。原因无法查明的，经企业批准应计入营业外收入；原因查实，经批准应返还给其他单位和个人的，计入其他应付款。

例 4-7

甲企业 2 月盘盈现金 200 元，未能查明原因。
借：库存现金 200
　　贷：待处理财产损溢——待处理流动资产损溢 200
借：待处理财产损溢——待处理流动资产损溢 200
　　贷：营业外收入 200

例 4-8

甲企业盘盈现金 200 元，经查明应支付给小王。

借：库存现金 200
贷：待处理财产损溢——待处理流动资产损溢 200
借：待处理财产损溢——待处理流动资产损溢 200
贷：其他应付款——小王 200

② 现金盘亏，即实存现金 < 账面现金。原因无法查实的，经企业批准应计入管理费用；原因查实，经批准应由责任人承担的，计入其他应收款。

例 4-9

甲企业 9 月盘亏现金 500 元，其中 200 元无法查明原因，另外 300 元因出纳小蒋过失造成，由小蒋承担。

借：待处理财产损溢——待处理流动资产损溢 500
贷：库存现金 500
借：管理费用——其他 200
其他应收款——小蒋 300
贷：待处理财产损溢——待处理流动资产损溢 500

4.2.3 银行账户的管理

关于银行账户的管理，财务人员首先应清楚企业有几个银行账户、账户性质是什么，其次要规范使用银行账户，最后要实时核对，保证银行账户资金账实相符。

（1）银行账户的类型：基本存款账户、一般存款账户、临时存款账户、专用存款账户、保证金账户等（见表 4-1）。

表 4-1 银行账户类型

序号	种类	用途	个数	备注
1	基本存款账户	企业的主办账户，是开立其他银行结算账户的前提，可用于转账结算和现金收付	一个	企业日常经营活动的资金收付应通过基本账户办理
2	一般存款账户	可用于办理企业借款转存、借款归还和其他结算的资金收付；可以办理现金缴存，但不得办理现金支取	多个	不能在基本存款账户的开户银行（指同一营业机构）开立

续表

序号	种类	用途	个数	备注
3	临时存款账户	可用于设立临时机构,例如,设立工程指挥部、筹备领导小组、摄制组等;异地临时经营活动,例如,建筑施工及安装单位等异地的临时经营活动;注册验资(注册验资的临时存款账户在验资期间只收不付)等	多个	临时存款账户的有效期最长不得超过2年;如超过2年,应向银行申请展期
4	专用存款账户	可用于党、团、工会设在单位的组织机构经费,社会保障基金,住房基金等资金的管理和使用	多个	同一证明文件只能开立一个专用存款账户
5	保证金账户	银行为企业开立的一类专门存放信用保证金的结算账户,企业通过银行办理贷款、银行承兑汇票、信用证等业务,作用类似于担保	多个	担保事项了结之前,账户资金不得提前支取或挪作他用,可作为银行存款计息

 提示

目前施行注册资本实缴登记制的27类公司:采取募集方式设立的股份有限公司,商业银行,外资银行,金融资产管理公司,信托公司,财务公司,金融租赁公司,汽车金融公司,消费金融公司,货币经纪公司,村镇银行,贷款公司,农村信用合作联社,农村资金互助社,证券公司,期货公司,基金管理公司,保险公司,保险专业代理机构、保险经纪人,外资保险公司,直销企业,对外劳务合作企业,融资性担保公司,劳务派遣企业,典当行,保险资产管理公司,小额贷款公司。

(2)建立银行账户管理台账,妥善保管银行开销户及展期资料、印鉴卡、密码支付器、贷款卡、回单卡。

(3)银行账户的开立应履行企业的审批程序,任何人不得私自开立银行账户。

(4)不得将企业银行账户用于出租、出借,不得代收、代付与本企业经营活动无关的资金。

(5)妥善保管银行票据,包括现金支票、转账支票、电汇凭证、商业承兑汇票、银行承兑汇票等。银行票据如有遗失,应及时向开户银行办理挂失手续,并登报声明。

(6)财务人员不得出具空白银行票据,不得签发空头支票(没有资金支付保障的支票)及没有真实交易和债权债务的票据。

> **提示**
>
> 根据《中国人民银行关于取消企业银行账户许可的通知》(银发〔2019〕41号)规定,自2019年2月25日起,取消企业银行账户许可地区范围由江苏省泰州市、浙江省台州市扩大至江苏省、浙江省。其他各省(区、市)、深圳市在2019年年底前完成取消企业银行账户许可工作。

(7) 银行存款的账项登记应序时登记,即根据业务发生时间逐笔依次登记。

(8) 出纳人员应建立银行存款日记账,会计人员每月应定期、不定期根据银行对账单对银行存款余额和明细进行核对并签章。如有不符,应编制银行余额调节表,调节之后仍然不符的,应根据银行对账单再次逐笔核对,查明原因并做相应账务处理。

4.2.4 银行U盾及印鉴的管理

目前企业网上银行已经很大程度上取代支票和电汇凭证,财务人员坐在电脑前就可以完成款项收付、打印银行回单、网上对账等工作。银行U盾是开启企业网上银行的"钥匙",因此要妥善保管。

(1) 企业银行U盾通常为2~3个,1个制单U盾,1~2个审核(审批)U盾。制单U盾和审核(审批)U盾应分开保管。如果是3个,那么通常由出纳保管制单U盾,会计保管审核U盾,财务负责人保管审批U盾;如果是2个,那么通常由出纳和财务负责人分别保管制单U盾和审核(审批)U盾。

(2) 财务人员收到新的U盾后,应立即进行初始密码的更改,并注意保密;财务人员调离工作岗位,应交接U盾和密码,返回工作岗位要重新设立U盾密码;U盾密码不建议采用如"12345678""88888888""66666666"这类有规则的纯数字,可以在数字中间增加字母、符号或改变字母大小写等,以增加密码的复杂度。

(3) 银行印鉴章有3个:财务章、法定代表人(单位负责人)名章、公章。通常由财务负责人保管财务章、出纳人员保管名章。不同企业可能会有所差异,比如,名章由法定代表人(单位负责人)自行保管,公章则通常由行政部或总经理指定人员保管。

> **提示**
>
> 财务印鉴章（财务章+名章）和银行 U 盾，都可以实现企业资金的支出，财务印章还具有法律效力。因此，财务印鉴章和银行 U 盾的保管一定要符合内控要求，即不能由一个人同时保管财务章和名章，或者同时掌握制单 U 盾和审核（审批）U 盾。信任而不放任，信任但不能代替监督。避免犯错最好的措施就是不给犯错的机会。

例 4-10

> 小 G 是甲企业的出纳，保管企业名章，与财务负责人老关私下是好朋友。某日，老关外出办事，出于信任，老关将锁财务章的钥匙交给了小 G。小 G 的老同学 X 是乙企业的老板，乙企业正准备从丙企业借款 50 万元，但是丙企业要求有第三方担保。X 找到小 G 帮忙，并私下承诺小 G：该款半年就到期，肯定能还上，不会给小 G 所在的甲企业造成损失，而且会给小 G2 000 元报酬。小 G 没有抵挡住诱惑，在借款合同的担保人处加盖了企业财务章和名章。小 G 很快就忘了这件事，半年后甲企业收到法院传票，因为乙企业未能按期偿还 50 万元，甲企业作为担保人应承担连带责任。最终，小 G 也受到了法律的处罚，老关也因此被企业降了职。

4.3 资金的筹集渠道

在发展的道路上，资金不足会严重制约企业的前进。常用的筹资方式包括民间借款、银行借款、融资租赁、发行债券（股票）等形式。

4.3.1 民间借款

民间借款门槛最低，对于小微型企业而言往往会作为首选。利率是民间借贷的核心问题，根据《最高人民法院关于审理民间借贷案件适用法律若干问题的规定》，借贷双方约定的利率未超过年利率 24%，出借人有权请求借款人按照约定的利率支付利息；但如果借贷双方约定的利率超过年利率 36%，则超过年利率 36% 部分的利息被认定无效。

民间借款作为企业的一项经济活动，应签订书面的民间借贷合同，其格式参考如下：

民间借贷合同

甲方(借款人)：_____

住址：_____

乙方(贷款人)：_____

住址：_____

甲乙双方就下列事宜，经平等协商达成一致意见，签订本合同。

一、乙方贷给甲方人民币（大写）：_____ ¥：_____

二、贷款利息：_____

三、借款期限：_____

四、还款日期：_____

五、还款方式：_____

六、违约责任：_____

七、争议解决方式：_____

八、本合同自签订之日生效，一式两份，甲乙双方各执一份。

甲方（签字、盖章）：_____   合同签订日期：_____

乙方（签字、盖章）：_____   合同签订日期：_____

民间借贷资金的主要缺点是规模较小，要获取更多的资金支持，还需要更多的融资渠道，如银行借款。

4.3.2 银行借款

银行借款的资金相对民间借款金额更高，但银行的审核程序更严格，小微企业通过银行借款相对困难。通过银行借款的具体流程通常分为三步。

1. 企业进行贷款申请

企业需要贷款时可向主办银行或者其他银行的经办机构直接申请。企业应当填写包括借款金额、借款用途、偿还能力及还款方式等主要内容的《借款申请书》(参考如下) 并提供相关资料。相关资料包括企业营业执照、章程、法定代表人身份证件、贷款卡、审计报告等，这些资料通常为复印件并加盖企业签章。

```
                          银行借款申请书
        _____银行：
        我公司因_____（原因），现向贵行申请贷款____万元，现将企业具体
    情况报告如下：
        （一）企业基本情况
        企业成立时间、资产规模、盈利能力、发展前景等。
        （二）借款期限
        （三）借款的抵押担保
        （四）企业承诺
        ……
                                        申请企业（签章）：_____
                                        申请日期：_____
```

2．银行受理审查

（1）银行接到企业提交的《借款申请书》及有关资料后，对企业情况进行核实，对照银行贷款条件，判别其是否具备建立信贷关系的条件。

（2）对企业的信用等级进行评估。根据企业的经济实力、资金结构、履约情况、经营效益和发展前景等因素，评定借款人的信用等级。评级可由银行独立进行，内部掌握，也可由有权部门批准的评估机构进行。

（3）贷款调查。银行受理企业借款申请后，对企业的信用等级以及借款的合法性、安全性、盈利性等情况进行调查，核实抵押物、质物、保证人情况，测定贷款的风险度。银行审查人员对调查人员提供的资料进行核实、评定，复测贷款风险度，提出意见，按规定权限报批。

3．签订借款合同

如果银行对企业借款申请审查后，认为企业符合贷款条件同意贷款，则应与企业签订《借款合同》。借款合同应当约定借款种类、用途、金额、利率、期限、还款方式，借贷双方的权利、义务，违约责任和双方认为需要约定的其他事项。

4.3.3 融资租赁

融资租赁较银行借款要灵活，企业之间可以面对面地商谈相关事宜，如租赁资产要求、偿付方式、利率条件等。不足之处是融资租赁的利率通常较银行利率高。融资租赁与一般租赁不同，应至少满足以下 5 个条件之一：

（1）在租赁期届满时，租赁资产的所有权转移给承租人；

（2）承租人有购买租赁资产的选择权，且所订立的购价预计将远低于行使选择权时租赁资产的公允价值，因而在租赁开始日就可以合理确定承租人将会行使这种选择权。比如，租赁双方约定，承租人有权以 500 元的价格在租赁期满时购买租赁资产，该资产届时的公允价值预计为 3 万元，因此可以确定承租人将行使购买权；

（3）租赁期占租赁资产可使用年限的大部分（通常 ≥ 75%）；

（4）租赁开始日最低租赁付款额的现值几乎相当于（通常 ≥ 90%）租赁开始日租赁资产的公允价值。所谓现值，是未来的一笔或多笔资金，按给定的利息率计算得到的现在的价值；

例 4-11

丙企业急需从丁企业处购买一台价值 1 000 万元的设备，但丙企业资金不足，于是与丁企业协商，丙企业于 1 月 1 日首付 300 万，其余款项分 5 年支付，每年年末支付 200 万，取得该设备 5 年内的使用权，租赁期满，设备直接归丙企业所有。假设折现率为 12%。

租赁付款现值合计 =300+200×（P/A，12%，5）=1 020.96（元）

1 020.96÷1 000=102.10% ＞ 90%，该租赁行为为融资租赁。

 提示

（P/A，12%，5）为利率 12%、期限 5 年的年金现值系数，经查年金现值系数表为 3.6048。

（5）租赁资产性质特殊，如果不做重新改制，则只有承租人才能使用。

 提示

通过融资租赁租入的固定资产，承租人应视为自有资产进行折旧计提，并进行日常的维修保养；融资租赁出租人不得计提折旧。

4.3.4 发行债券

企业发行债券筹资应符合《证券法》《公司法》和《公司债券发行试点办法》的有关规定。

（1）股份有限公司的净资产不低于人民币3 000万元，有限责任公司的净资产不低于人民币6 000万元。

例 4-12

> 蓝天股份公司资产总额为1.5亿元，负债总额为1.3亿元，净资产为2 000万元，小于3 000万元，不符合债券发行条件；白云股份公司资产总额为10亿元，负债总额为6亿元，净资产为4亿元，大于3 000万元，符合债券发行条件。

提示

净资产≠总资产，净资产 = 总资产－总负债。

（2）本次发行后，累计公司债券余额不超过最近一期期末净资产额的40%；金融类公司的累计公司债券余额按金融企业的有关规定计算。

例 4-13

> 白云股份公司资产总额为10亿元，负债总额为6亿元，净资产为4亿元，此前白云股份公司已发行债券1亿元，因此新增债券发行的上限为6 000（40 000×40%-10 000）万元。

（3）公司的生产经营符合法律、行政法规和公司章程的规定，募集的资金投向符合国家产业政策。

（4）最近三个会计年度实现的年均可分配利润不少于公司债券1年的利息。

例 4-14

> 大海股份公司计划在2018年年初发行债券1亿元，债券利息率为9%，即年利息900万元。大海股份公司2015—2017年的可分配利润分别为800万元、1 500万元、3 700万元，三年平均可分配利润为2 000万元，大于900万元，符合本条债券发行条件。

（5）债券的利率不超过国务院规定的利率水平。

（6）公司内部控制制度健全，内部控制制度的完整性、合理性、有效性不存在重大缺陷。

（7）经资信评估机构评级，债券信用级别良好。

> **提示**
>
> 公司存在下列情形的，不得发行公司债券：
>
> （1）前一次公开发行的公司债券尚未募足；
>
> （2）对已发行的公司债券或其他债务有违约或者迟延支付本息的事实，仍处于继续状态；
>
> （3）违反规定，改变公开募集公司债券所募资金的用途；
>
> （4）最近36个月内公司财务会计文件存在虚假记载，或公司存在其他重大违法行为；
>
> （5）本次发行申请文件存在虚假记载、误导性陈述或重大遗漏；
>
> （6）严重损害投资者合法权益和社会公共利益的其他情形。

4.3.5 发行股票

首次公开发行股票，对公司的要求非常严格。根据《首次公开发行股票并上市管理办法》的规定，发行主体应为股份有限公司，且公司成立后持续经营时间应当在3年以上（经国务院批准的方可除外）。

> **提示**
>
> 有限责任公司按原账面净资产值折股整体变更为股份有限公司的，持续经营时间可以从有限责任公司成立之日起计算。

《首次公开发行股票并上市管理办法》第二十六条规定，公司在财务与会计方面应具备以下条件：

（1）最近3个会计年度净利润均为正数且累计超过人民币3 000万元，净利润以扣除非经常性损益前后较低者为计算依据；

例 4-15

长河股份公司近3年的净利润分别为700万元、800万元、1 600万元，近3年净利润均为正且合计为3 100万元，大于3 000万元，但最近一期净利润中包含了长河股份公司出售闲置厂房获利的200万元，扣除非经常性损益后，长河股份公司的净利润为2 900万元，小于3 000万元，不符合本条发行条件。

提示

非经常性损益是指与公司正常经营业务无直接关系，以及虽与正常经营业务相关，但由于其性质特殊和偶发性，影响报表使用人对公司经营业绩和盈利能力做出正常判断的各项交易和事项产生的损益。

（2）最近3个会计年度经营活动产生的现金流量净额累计超过人民币5 000万元，或者最近3个会计年度营业收入累计超过人民币3亿元；

（3）发行前股本总额不少于人民币3 000万元；

（4）最近一期末无形资产（扣除土地使用权、水面养殖权和采矿权等后）占净资产的比例不高于20%；

（5）最近一期末不存在未弥补亏损。

提示

股份公司上市后，还可以通过配股或股份增发的形式进行股权再融资。

专家支招

01：资金集中管理——实现内部资金互补效益（往往针对大型企业）

资金补给对企业发展的重要性是不言而喻的，对于大型集团类企业，往往采用资金集中管理来实现内部资金的互补。

例 4-16

某集团企业下设10家子/分公司，其中有7家公司存在资金盈余，共计5 000万元，有3家公司存在资金短缺，缺口资金2 000万元。所谓资金集中管理，即存在盈余的公司将资金上存至集团层面，集团层面再将集中的资金下放给资金短缺的公司。否则，存在资金短缺的企业就需要通过外部融资来满足资金需求，资产负债率将增加，产生的相应资金利息支出，将直接减少企业的净利润。假设外部贷款年利率为5%，相应的年利息支出则为100万元，资金集中管理将这部分利息留存在了集团企业内部。集团报表层面通过将内部资金往来对冲抵消，保持资产负债率不变。

资金集中管理要明确，集中后并不改变子/分公司原资金的所有权，资金上存的公司如果出现额外的资金需求，可以申请集团层面进行资金返还。对资金上存的盈余公司，集团层面可给予适当的奖励，以调动这些单位上存的积极性。

如果盈余资金不足以弥补短缺，则仍需要外部融资，融资主体建议为集团层面，因为集团层面规模更大，在与外部贷款机构的谈判上往往更具有优势，取得的贷款利息率相对更低。

02：资金使用党政联签——强化资金内控管理（往往针对国有企业）

在企业的资金管理中，总经理通常作为行政最高领导，起到"终审"的作用，然而总经理也可能有疏漏，甚至会有假公济私的行为，此时该怎么办？

在国有企业，通过设立党委书记一职，对总经理起到监督作用，对重大资金的支出问题实行党政联签，从而降低了资金管理决策失误的可能性，同时，对总经理而言也是一种责任分担。至于重大资金的界定，根据企业规模、行业特点、管理模式等具体情况而定，可以是10万元，也可以是100万元。

作为一般的企业，是否设置类似的监督岗位，除了考虑内控因素，还要结合成本效益原则。如果单独设置这个岗位的成本企业不能承受，或带来的效益达不到预期，则不必设置。

03：担保有风险，签订须谨慎

在企业资金的借贷过程中，常需要有担保人担保，如果企业作为担保人并承担保证责任，则应注意以下两点。

1. 明确保证的形式

（1）一般保证：当事人在保证合同中约定，债务人不能履行债务时，由保证人承担保证责任。

例 4-17

> 保证担保合同金额为500万元，合同到期，债务人未还。如果债务人存在偿还200万元的能力，债权人应首要求债务人清偿200万元，剩余300万元再找一般保证的担保人清偿。债权人不得直接找一般保证的担保人清偿500万元。

（2）连带责任保证：当事人在保证合同中约定，保证人与债务人对债务承担连带责任。当事人对保证方式没有约定或者约定不明确的，按照连带责任保证承担保证责任。

例 4-18

保证担保合同金额为 500 万元，合同到期，债务人未还。尽管债务人存在清偿 200 万元的能力，但债权人依然有权直接找连带责任保证的担保人清偿 500 万元。

2. 明确保证的范围

（1）保证担保范围：主债权及利息、违约金、损害赔偿金和实现债权的费用。保证合同中当事人如约定了保证范围，则按约定执行。当事人对保证担保的范围没有约定或者约定不明确的，保证人应当对全部债务承担保证责任。

（2）同一债务有两个以上保证人时，保证合同约定了保证份额的，保证人应当按照约定承担保证责任。没有约定保证份额的，保证人承担连带责任，债权人可以要求任何一个保证人承担全部保证责任，保证人都负有担保全部债权实现的义务。

例 4-19

保证担保合同金额为 1 000 万元，合同到期，债务人无力清偿。保证担保人为甲企业和乙企业，并约定各自承担 500 万元，债权人仅能找甲企业承担 500 万元的保证责任；如果未约定，则债权人有权找甲企业承担 1 000 万元。

提示

同一债务有两个以上保证人的，保证合同未约定保证份额，但保证人之间有单独的合同约定保证份额时，保证人之间的保证份额约定对债权人无法律约束力。

01：用 Excel 制作现金日记表

出纳进行现金日记账的登记有助于及时掌握实存现金余额，从出纳向会计过渡，登记现金日记账是很好的锻炼。现金日记账样式如图 4-1 所示。

图 4-1

使用 Excel 制作现金日记账的主要步骤如下。

步骤 1 打开素材文件"现金日记账"，如图 4-2 所示。

图 4-2

步骤 2 设置公式。H5=F5-G5，H6=H5+F6-G6，选中 H6 单元格，在其右下角出现黑色十字叉时，垂直向下拖动鼠标至 H11 单元格，生成 H7:H11 单元格区域的公式；H12=F12-G12（见图 4-3）；F12=SUM(F5:F11)；G12=SUM(G5:G11)。H11 与 H12 的金额应当相等。

步骤 3 设置金额格式。选中 \$F\$5:\$H\$12 区域，选择"开始"→"格式"命令，打开"设置单元格格式"对话框，将"分类"设置为"数值"，"小数位数"设置为"2"，选中"使用千位分隔符"复选框，如图 4-4 所示，然后单击"确认"按钮。

借方	贷方	余额
		0
		0
		0
		0
		0
		0
		0
0	0	=F12-G12

图 4-3

图 4-4

例 4-20

甲企业于2017年3月2日提取现金10 000元。3月2日，小李报销差旅费5 000元；3月4日，小张报销招待费1 000元，小何报销电话费200元；3月5日，小刘报销办公费2 500元；3月6日，小赵报销汽车油费300元，小严报销水费600元。

步骤 ④ 根据例 4-20 的介绍，在现金日记账表格中输入相应的数据，得出的效果如图 4-5 所示。

现金日记账

单位：甲企业

2017年		凭证		摘要	借方	贷方	余额	备注
月	日	种类	顺号					
3	2	现金收款	1	提取现金	10,000.00		10,000.00	
3	2	现金付款	1	小李报销差旅费		5,000.00	5,000.00	
3	4	现金付款	2	小张报销招待费		1,000.00	4,000.00	
3	4	现金付款	3	小何报销电话费		200.00	3,800.00	
3	5	现金付款	4	小刘报销办公费		2,500.00	1,300.00	
3	6	现金付款	5	小赵报销汽车油费		300.00	1,000.00	
3	6	现金付款	6	小严报销水费		600.00	400.00	
		合计			10,000.00	9,600.00	400.00	

图 4-5

 提示

银行日记账的编制可以参考现金日记账的编制方法执行。

02：用 Excel 制作现金盘点表

现金盘点是财务人员的一项日常工作，可以是定期的，也可以是不定期的。现金盘点完毕，应编制现金盘点表，并跟账面现金余额比较，核查账实是否相符。现金盘点表的样式如图 4-6 所示。

现金盘点表

单位：		盘点日期：
面值	实存张（枚）数	实存金额（元）
100元		
50元		
20元		
10元		
5元		
2元		
1元		
5角		
2角		
1角		
5分		
2分		
1分		
合 计		
备注 账面库存现金余额：	账实相符□	账实不符□
会计（主管）：	监盘：	出纳：

图 4-6

使用 Excel 制作现金盘点表的主要步骤如下。

步骤① 打开素材文件"现金盘点表"，设置如图 4-7 所示的公式。

> **例 4-21**
> 甲企业 2017 年 6 月 30 日进行了现金盘点，实存金额 10 352.70 元，其中 100 元 102 张，50 元 1 张，20 元 2 张，10 元 4 张，5 元 3 张，1 元 7 张，5 角 1 张，1 角 2 枚（硬币），账面金额为 10 352.70 元。

现金盘点表

	A	B	C
1		现金盘点表	
2	单位：		盘点日期：
3	面值	实存张（枚）数	实存金额（元）
4	100元		=B4*100
5	50元		=B5*50
6	20元		=B6*20
7	10元		=B7*10
8	5元		=B8*5
9	2元		=B9*2
10	1元		=B10*1
11	5角		=B11*0.5
12	2角		=B12*0.2
13	1角		=B13*0.1
14	5分		=B14*0.05
15	2分		=B15*0.02
16	1分		=B16*0.01
17	合　计	=SUM(B4:B16)	=SUM(C4:C16)

图 4-7

步骤② 按照例 4-21 的说明在现金盘点表中输入相应的数据，得出的效果如图 4-8 所示。

现金盘点表

单位：甲企业		盘点日期：2017年6月30日
面值	实存张（枚）数	实存金额（元）
100元	102	10,200.00
50元	1	50.00
20元	2	40.00
10元	4	40.00
5元	3	15.00
2元		0.00
1元	7	7.00
5角	1	0.50
2角		0.00
1角	2	0.20
5分		0.00
2分		0.00
1分		0.00
合　计	122	10,352.70
备注 账面库存现金余额：10,352.70元	账实相符■	账实不符□
会计（主管）：XXX	监盘：XXX	出纳：XXX

图 4-8

第 5 章

实物资产管理
——财务人员同样要会管

衡量一个人的财富,不仅要看他拥有多少金钱,还要看他的投资、房子、车子等资产的价值。对于企业的资产而言,不仅包括资金,还包括很多实物资产。企业的实物资产有哪些,如何进行实物资产的日常管理和核算,就是本章所要介绍的内容。

5.1 实物资产的管理

企业成立之初需要购置厂房、设备,形成生产条件后,再购买原材料,通过对原材料的加工生产,形成产(半)成品。厂房、设备、原材料等大都是企业用资金换来的,是企业实物资产的一部分。

5.1.1 实物资产的范围

实物资产主要包括固定资产、原材料、在产品、产(半)成品等。对于企业自建的固定资产,比如,企业自行修建的办公楼,在达到资产预定使用状态前,为在建工程;对于房地产企业购入的材料、投入的机械和人工成本,应计入开发成本,待条件具备后转入开发产品。

(1)固定资产:企业为生产产品、提供劳务、出租或者经营管理而持有的,使用时间超过12个月的,价值达到一定标准的非货币性资产,包括房屋、建筑物、机器、机械、运输工具以及其他与生产经营活动有关的设备、器具、工具等。固定资产的界定对资产的金额并没有明确要求,但要注意使用年限和用途,**同一项资产,用途不同,会有不同的划分。**

> **例 5-1**
> 甲企业购置了一台笔记本电脑,如果用于办公,则该笔记本电脑计入固定资产;如果用作奖励企业员工,则应计入管理费用(职工福利)。

> **提示**
> **不同类型的企业,固定资产的比重会存在较大差异,比如,钢铁厂、造船企业的固定资产比重往往较大,零售企业、服务企业的固定资产比重往往较小。**

(2)原材料:企业在生产过程中经加工改变其形态或性质并构成产品主要实体的各种原料及主要材料、辅助材料、燃料、包装材料、修理备用件、外购半成品等。

原材料按其存放地点可分三类：在途物资、库存材料、委托加工物资。通常所说的原材料是指库存材料。

（3）在产品：企业正在制造尚未完工的生产物，包括正在各个生产工序加工的产品和已经加工完毕但尚未检验或已检验但尚未办理入库手续的产品。

（4）半成品：经过一定的生产过程并已检验合格交付半成品仓库保管，但尚未制造完工成为产成品，仍须进一步加工的中间产品。

> **例 5-2**
>
> 甲企业生产某种商品，需两道工序加工完成。现有一批产品已完成第 1 道工序并验收入库，这批产品称为半成品；另外还有一批产品处于第 2 道工序生产过程中，则称为在产品。

（5）产成品：企业内已完成全部生产过程并按规定标准检验合格，可以按照合同交付订货单位或者对外销售的产品。

5.1.2 实物资产的账务管理

财务部门在实物资产管理中的主要职责是进行账务的管理。本节将系统介绍固定资产的账务管理，以及存货和产品的账务管理。后者侧重于介绍存货发出的账务管理和辅助类产品成本的分摊，其实质是成本的管理在财务管理中的体现。

1. 固定资产的账务管理

（1）外购固定资产。

企业外购固定资产的成本包括购买价款、相关税费（不含可抵扣的增值税进项税额），以及使固定资产达到预定可使用状态前，所发生的可归属于该项资产的运输费、装卸费、安装费和专业人员服务费等。

> **例 5-3**
>
> 甲企业于 2018 年 5 月 1 日购入一台生产设备，设备价款为 200 万元，增值税进项税额为 32 万元，发生运输费 6 000 元，装卸费 900 元，款项通过银行转账一次性付清。
>
> 借：固定资产——生产设备 2 006 900.00
> 　　应交税费——应交增值税（进项税额）320 000.00
> 　　贷：银行存款 2 326 900.00

> **提示**
>
> 根据《财政部 税务总局关于调整增值税税率的通知》，自2018年5月1日起，纳税人发生增值税应税销售行为或者进口货物，原适用17%税率的，税率调整为16%。

例 5-4

甲企业于2018年1月1日，通过分期付款方式购置了一台型号为SK2000的精密电子测量仪，期数为5期，每期期末支付100万元，利率为10%，财务人员通过计算，得到如表5-1所示的数据。

表 5-1 测量仪账务数据

单位：元

日期 ①	分期付款额 ②	财务利息 ③ = 期初⑤ × 10%	应付本金减少额 ④ = ② - ③	应付本金余额 期末⑤ = 期初⑤ - ④
2018/1/1				3 790 800.00
2018/12/31	1 000 000.00	379 080.00	620 920.00	3 169 880.00
2019/12/31	1 000 000.00	316 988.00	683 012.00	2 486 868.00
2020/12/31	1 000 000.00	248 686.80	751 313.20	1 735 554.80
2021/12/31	1 000 000.00	173 555.48	826 444.52	909 110.28
2022/12/31	1 000 000.00	90 889.72	909 110.28	0.00
合计	5 000 000.00	1 209 200.00	3 790 800.00	0.00

备注：3 790 800.00＝1 000 000.0×（P/A，10%，5）；尾数调整 90 889.72＝(1 000 000.00−909 110.28)，909 110.28 为最后一期的应付本金余额。

① 2018年年初购置该固定资产，资产的入账价值应按照分期付款的现值来确认，差额计入未确认融资费用。

借：固定资产——电子设备 3 790 800.00

未确认融资费用 1 209 200.00

贷：银行存款 5 000 000.00

② 2018年年底确认财务费用（如按月计息，则要除以12），逐年冲销未确认融资费用。

借：财务费用——利息支出 379 080.00
　　贷：未确认融资费用 379 080.00

（2）自建固定资产。

自行建造的固定资产，按该项资产达到预定可使用状态前所发生的必要支出，作为入账价值。其工程成本计入在建工程，工程完成达到预定可使用的状态时再转入固定资产。

例 5-5

乙企业自建办公楼，发生建筑工程成本 5 000 万元，期间形成可抵扣的进项税额 200 万元，款项通过银行转账全部付清。

借：在建工程——办公楼 50 000 000.00
　　应交税费——应交增值税（进项税额）2 000 000.00
　　贷：银行存款 52 000 000.00
借：固定资产——办公楼 50 000 000.00
　　贷：在建工程——办公楼 50 000 000.00

（3）固定资产的后续账务管理——折旧。

固定资产的折旧方法通常有三种：直线折旧法、加速折旧法、工作量法，其中直线折旧法是最常用的折旧方法。

根据《中华人民共和国企业所得税法实施条例》的规定，除国务院财政、税务主管部门另有规定外，固定资产计算折旧的最低年限如表 5-2 所示。

表 5-2　固定资产计算折旧年限

序号	资产类别	折旧年限
1	房屋、建筑物	20 年
2	飞机、火车、轮船、机器、机械和其他生产设备	10 年
3	与生产经营活动有关的器具、工具、家具等	5 年
4	飞机、火车、轮船以外的运输工具	4 年
5	电子设备	3 年

企业应当自固定资产投入使用月份的次月起计算折旧；停止使用的固定资产，应当自停止使用月份的次月起停止计算折旧。比如，甲企业于 2018 年 1 月购入一项固定资产，从 2 月开始计提该资产折旧；2018 年 12 月处置一项固定资产，于 2019 年 1 月停止计提该资产折旧。

企业应当根据固定资产的性质和使用情况，合理确定固定资产的预计净残值。固定资产的预计净残值一经确定，不得变更。残值的设定可以是一个常数，也可以是一个以固定资产原值为基数的比例。

① 直线折旧法。

年折旧额 =（成本－残值）÷ 预计折旧年限

例 5-6

甲企业购置了一台检测仪器，入账价值为 108 000 元，设备的预计使用年限为 5 年，设备残值预计为 8 000 元。

年折旧额 =（108 000-8 000）÷5=20 000（元）

② 加速折旧法。折旧额将逐年递减，常用的加速折旧法有双倍余额法和年数总和法。

 提示

可采用加速折旧的固定资产范围：由于技术进步，产品更新换代较快的固定资产；常年处于强震动、高腐蚀状态的固定资产。

承"例 5-6"，运用双倍余额法计算折旧，年折旧率 =2÷ 预计的折旧年限 ×100%，年折旧额=固定资产期初账面价值 × 年折旧率，最后两年每年折旧额=(固定资产原值－累计折旧－预计净残值)÷2。

第 1 年的折旧额 =108 000×2÷5=43 200（元）

第 2 年的折旧额 =（108 000-43 200）×2÷5=25 920（元）

第 3 年的折旧额 =（108 000-43 200-25 920）×2÷5=15 552（元）

第 4、5 年的折旧额 =（108 000-43 200-25 920-15 552-8 000）÷2=7 664（元）

承"例 5-6"，运用年数总和法计算折旧，年折旧额 =（成本－预计净残值）×（资产剩余年限 ÷ 资产折旧年限总和）。

第 1 年的折旧额 =（108 000-8 000）× [5÷（1+2+3+4+5）]=33 333.33（元）

第 2 年的折旧额 =（108 000-8 000）× [4÷（1+2+3+4+5）]=26 666.67（元）

第 3 年的折旧额 =（108 000-8 000）× [3÷（1+2+3+4+5）]=20 000（元）

第 4 年的折旧额 =（108 000-8 000）× [2÷（1+2+3+4+5）]=13 333.33（元）

第 5 年的折旧额 =（108 000-8 000）× [1÷（1+2+3+4+5）]=6 666.67（元）

③ 工作量法。年折旧额 =（成本－预计净残值率）×（年产量 ÷ 总产量）。使用工作量法计算的折旧与固定资产的使用年限无关。

例 5-7

甲企业购置了一台生产设备,入账价值为 55 000 元。该设备用于生产水杯,预计设备寿命期内能生产 50 万个水杯,设备残值率预计为 5%。

假设当年生产水杯的个数为 10 万,则当年折旧 =55 000×(1-5%)×(100 000÷500 000)=10 450(元)。

提示

以下固定资产不得计提折旧:

(1)已足额提取折旧,仍继续使用的固定资产;

(2)以经营租赁方式租入的固定资产;

(3)以融资租赁方式租出的固定资产;

(4)与经营活动无关的固定资产。

---

(4)固定资产的后续账务管理——处置。

固定资产的处置,首先应将固定资产、累计折旧、固定资产减值准备转入固定资产清理,再根据处置情况冲销固定资产清理。

例 5-8

甲企业的一台生产设备已不具备使用价值,将进行报废处理。设备原价为 58 万元,已使用 8 年,计提折旧 45 万元,以银行存款支付清理费用 2 000 元,出售价格为 6 万元,收到价款存入银行。

① 固定资产转入清理。

借:固定资产清理 130 000.00

累计折旧——生产设备 450 000.00

贷:固定资产——生产设备 580 000.00

② 支付相关清理费用。

借:固定资产清理 2 000.00

贷:银行存款 2 000.00

③ 收取资产销售收入。

借:银行存款 60 000.00

贷:固定资产清理 60 000.00

④ 计算固定资产清理余额。

固定资产清理（余额）=130 000+2 000-60 000 = 72 000（元），账面价值与清理费用之和高于清理收入，固定资产清理结果为损失（72 000元）。

⑤ 经审批，结转固定资产清理。

借：固定资产清理 72 000.00

贷：营业外支出——非流动资产处置损失 72 000.00

2. 存货发出的账务管理

原材料、在产品、半成品、产成品都是企业存货的一部分，存货发出的成本计价是一项非常重要的财务核算工作。计价方法主要包括个别计价法、先进先出法、月末一次加权平均法和移动加权平均法。计价方法的选择可根据存货的性质、用途、流动形式、企业管理要求来确定。

 提示

我国发出存货的成本计价方法不包括后进先出法；

对于性质和用途相同的存货，应当采用相同的发出存货的成本计价方法。

（1）个别计价法。通常每一项存货都是不可替代的，因此，每一项存货的成本都要具体明确。个别计价法多适用于特殊的、贵重的物品的核算，如珍贵珠宝、稀有字画、名贵古董等。

（2）先进先出法是基于存货先购入则先发出的流动假设为前提的，并据此确定发出存货的成本和期末存货成本的方法。先进先出法，核算简单，企业可及时掌握存货的情况，是大多数制造企业采用的核算方法。

例 5-9

甲企业2018年1月存货收发明细如表5-3所示。

表5-3　存货收发明细

2018年		摘要	收入		发出		结存	
月	日		数量（个）	单价（元）	数量（个）	单价（元）	数量（个）	单价（元）
1	1	期初余额					200	300
1	5	购入	350	310				
1	9	发出			300			
1	20	购入	400	290				
1	28	发出			500			

使用先进先出法核算的步骤如下：

① 月末库存存货数量 =（200+350+400）-（300+500）=150（个）

月末库存存货成本 =150×290=43 500（元）

② 本月发出存货数量 =300+500=800（个）

本月发出存货成本 =（200×300+100×310）+（250×310+250×290）=241 000（元）

（3）月末一次加权平均法，是以本月全部进货成本加月初存货成本之和除以本月全部进货数量加月初存货数量之和，计算存货的加权平均单位成本，并以此为基础计算本月发出存货的成本和期末存货的成本。

月末一次加权平均法，核算较为简单，工作量较小，但不利于企业实时掌握库存存货的单价和总价。

承"例 5-9"，采用月末一次加权平均法核算。

① 月末库存存货单位成本 =（200×300+350×310+400×290）÷（200+350+400）≈299.47（元）

② 本月发出存货成本 =800×299.47=239 576（元）

③ 月末库存存货成本 =（200×300+350×310+400×290）-239 576=44 924（元）

或者 =（200+350-300+400-500）×299.47=44 920.50（元）（因单价保留两位小数，所以计算结果有 3.5 元的差异。）

（4）移动加权平均法，是指以每次进货的成本加上原有库存存货的成本的和，除以每次进货数量加上原有库存存货数量的和，据此计算加权平均单位成本，作为在下次进货前计算各次发出存货成本依据。

移动加权平均法可以使企业及时了解存货的结存情况，但每次收货都要计算一次平均单位成本，计算工作量较大。

承"例 5-9"，采用移动加权平均法核算。

① 1 月 5 日库存存货的数量 =200+350=550（个）

库存存货的单价 =（200×300+350×310）÷550≈306.36（元）

② 1 月 9 日发出存货的成本 =300×306.36=91 908（元）

库存存货的数量 =550-300=250（个）

③ 1 月 20 日库存存货的数量 =250+400=650（个）

库存存货的单价 =（250×306.36+400×290）÷650≈296.29（元）

④ 1 月 28 日发出存货的成本 =500×296.29=148 145（元）

库存存货的数量 =650-500=150（个）

⑤ 本月发出存货成本 =91 908+148 145=240 053（元）

月末库存存货的成本 =（200×300+350×310+400×290）-240 053=44 447（元）

或者 =150×296.29=44 443.50（元）

计算结果如表 5-4 所示。

表 5-4　计算结果

2018年		摘要	收入		发出		结存	
月	日		数量（个）	单价（元）	数量（个）	单价（元）	数量（个）	单价（元）
1	1	期初余额					200	300
1	5	购入	350	310			550	306.36
1	9	发出			300	306.36	250	306.36
1	20	购入	400	290			650	296.29
1	28	发出			500	296.29	150	296.29

3．辅助类产品成本的分摊

要准确核算企业的产品成本，首先要将辅助类产品的生产成本（费用）分摊给产品，然后将总的生产成本在完工产品和在产品之间进行分摊。半成品可视为某道工序的完工产品。

（1）辅助成本（费用）的分摊。企业的辅助成本（费用）要分摊至企业产品，才能更准确地核算产品的总成本。常用的分摊方式有按产量分摊和按产品价值分摊。

例 5-10

甲企业的检测部门负责对 A、B、C 三种产品的日常检测工作。本月三种产品的产量分别是 1 000 件、1 500 件、2 500 件，对应价值分别为 100 万元、50 万元、150 万元。检测部门本月发生的费用为 15 万元。

① 按产量分摊检测费用。

A 产品 =15÷（1 000+1 500+2 500）×1 000=3（万元）

B 产品 =15÷（1 000+1 500+2 500）×1 500=4.5（万元）

C 产品 =15÷（1 000+1 500+2 500）×2 500=7.5（万元）

② 按产品价值分摊检测费用。

A 产品 =15÷（100+50+150）×100=5（万元）

B 产品 =15÷（100+50+150）×50=2.5（万元）

C 产品 =15÷（100+50+150）×150=7.5（万元）

（2）完工产品和在产品的成本分摊。生产成本在完工产品和在产品之间的分摊方法种类比较多，总结起来主要分为公式法和约当产量法。

① 公式法。根据公式，月初在产品成本＋本月发生的生产费用＝本月完工产品的成本＋月末在产品的成本，知三求四。比如，已知月初在产品的成本为10 000 元，本月发生生产费用 150 000 元，本月完工产品成本为 148 000 元，可得月末在产品的成本 =10 000+150 000−148 000=12 000（元）。

② 约当产量法，即根据在产品的完工程度折合成完工产品的产量，再依据约当产量比例分摊发生的生产成本。

例 5-11

> 甲企业生产某种产品，本月完工 900 件，月初无在产品，月末在产品 200 件，在产品的完工率为 50%，本月发生的生产费用为 50 000 元。

将在产品折合成完工产品：200×50%=100（件）

在产品的成本 =50 000÷（900+100）×100=5 000（元）

完工产品的成本 =50 000÷（900+100）×900=45 000（元）

运用约当产量法的核心在于确定完工程度，如果无法直接判断产品的完工程度，则通常根据产品的已用工时除以完工工时来确定。比如，产品完工所需工时为 10 小时，已加工 6 小时，则完工程度 =6÷10×100%=60%。

5.2 账外资产的管理

账外资产是指应由企业所拥有，但没有在财务账面上反映的资产。这类资产将影响企业资产统计的准确性，往往难以监管，容易流失，给企业造成损失。因此财务人员应当予以充分的注意。

5.2.1 账外资产的形成

账外资产的形成主要有两方面原因：资本性支出与费用性支出划分标准不明确；实际发生的交易或事项没有如实反映在财务账面上。

（1）资本性支出与费用性支出划分标准不明确。

从固定资产的定义可以看出，虽然规定了使用年限，但并没有明确界定金额，比如，企业购入一批文件拉杆夹，共花费100元（20个，5元/个），如果很爱惜地使用，用12个月是没有问题的。这批文件夹应该按照固定资产进行管理，并按月计提折旧，可能大多数企业都没有这么做，而是直接计入了管理费用，因为文件夹成本低，管理起来工作量大。一年之后文件夹还在用，但财务账面数据并没有文件夹这项资产，这样就形成账外资产。

例 5-12

甲企业为营销总监买了一把价值1 000元的办公椅，营销总监脾气很火爆，每次发火都会用力地拍椅子，基本上每个季度都要拍坏一把。会计"理所当然"地将办公椅的成本一次性计入了办公费用。年底甲企业决定就办公环境进行升级，购入了50把新的办公椅（均价800元/把）替换原来的旧办公椅，如果再直接计入办公费用，显然是不合理的。财务人员应当根据办公椅的预计使用年限，进行合理的费用摊销，动态反映办公椅的价值变化。

（2）实际发生的交易或事项没有如实反映在财务账面上。

实物资产不记载或虚假记载的形式多样，主要形式有以下三种。

① 实物资产少入账，即将应该计入实物资产的相关成本，一次性进行了费用列支。

例 5-13

甲企业按照当年预算可以购置一台价值25万元以内的办公车辆，通过性价对比，采购部门准备采购别克商务车M，总价算下来需要26万元。为了避免修改预算的麻烦，财务部门人员按照裸车价24万元进行了固定资产组建，其他相关成本2万元未组固，作为费用一次性报销了，这2万元就形成了账外资产。

② 虚列支出。通过虚列支出，减少账面的资产。

例 5-14

甲企业年底采购了一批原材料，价值600万元。按照甲企业聘用的会计事务所的审计要求，存货价值在500万元以上的，事务所要进行现场盘点。为避免事务所现场盘点，增加相应的费用，甲企业做了一张虚假的材料领用单，金额为100万元，财务人员据此减少了100万元的账面原材料。

③ 截留收入。将应计入企业的收入，不纳入财务账面核算体系。

例 5-15

生产部门将一批废弃的边角料进行了变卖,得到收入 1 500 元。该款本应上交公司并入账,但生产经理考虑到工人们近期加班辛苦,便直接用该款组织大家进行了聚餐,以鼓舞士气。生产经理的心意是好的,但程序上不合规,根据企业相关规定,应承担相应的赔偿责任。

5.2.2 账外资产的管理要求

账外资产的管理关键在于应将账外资产查出来,这个过程需要企业各部门共同参与,然后按照正规的核算程序入账。

(1)为避免账外资产的形成,企业可结合管理成本和资产监管的平衡,从内部明确各项资产的核算金额标准。比如,固定资产的核算标准为 ≥ 1 000 元,而对于 500~1 000 元的办公桌椅、文件柜、点钞机等可以通过低值易耗品核算;如果是 500~1 000 元的生产类扣件、脚手架、模板,则可以通过周转材料进行核算。低值易耗品和周转材料的摊销,要结合实际使用年限(次数)逐月(次)进行费用(成本)的摊销。

(2)资产盘点。通过盘点实物资产,再与账面资产做比对,核查账实是否相符。比如,定期或不定期对原材料仓库进行盘点,并形成资产盘点表。对于账实不符的情况,应查明原因,并追究相应责任人的责任。

(3)资料核查。对资产收支单据进行核查,从而发现问题。比如,核查购置车辆的组固资料是否包含车辆购置税发票,如果没有,则说明企业未将购置税计入固定资产的成本;又比如,查看企业发料单,发现年底存在集中大规模的材料支出,此时就有必要调查是否存在虚列支出、增加成本的情况。

(4)关联查询。可以通过询证函、电话、邮件等形式,也可以通过对关联人员当面问询的方式去发现问题。

例 5-16

生产部门将一批废弃的边角料进行了变卖,得到收入 2 万元,但实际上交公司 5 000 元,财务人员据此入账。监察人员针对该事项,可以直接问询参与边角料变卖的员工,也可以电话询问废品收购点的工作人员了解情况。

5.3 实物资产盘盈(亏)的账务处理

当实物资产实存数与账面数存在差异时,实存数>账面数即为盘盈;实存数<账面数即为盘亏。无论是盘盈还是盘亏,都需要通过账务处理进行调整。实物资产的类别不同、盘盈(亏)的原因不同,账务处理的方法是不一样的。

5.3.1 固定资产盘盈(亏)的账务处理

(1)固定资产盘盈。企业在资产清查中盘盈的固定资产,将作为前期差错处理。在企业按管理权限报经批准处理前,应按重置成本入账,转入以前年度损益调整,待批准后转入留存收益,留存收益包括盈余公积和未分配利润。

> **提示**
> 重置成本是指企业重新取得与其所拥有的某项资产相同或与其功能相当的资产所需要支付的价款。

例 5-17

甲企业于 2017 年 12 月 31 日进行年度资产盘点,发现一台账外生产设备。经相关部门评估,重置成本为 60 000 元,甲企业按照净利润的 10% 提取法定盈余公积。

① 盘盈固定资产时。

借:固定资产——生产设备 60 000

贷:以前年度损益调整 60 000

② 经审批,结转待处理财产损益。

借:以前年度损益调整 60 000

贷:盈余公积——法定盈余公积 6 000

利润分配——未分配利润 54 000

> **提示**
> 固定资产账面净值 = 固定资产原价(成本)- 累计折旧
> 固定资产账面价值 = 固定资产账面净值 - 固定资产减值准备

(2)固定资产的盘亏。对于企业在资产清查中盘亏的固定资产,应将其原值、折旧、减值准备一并转入待处理财产损溢。待查明原因后，能追回的赔偿计入其他应收款，确实无法收回的计入营业外支出。

> **例 5-18**
> 甲企业于 2017 年 12 月 31 日进行年度资产盘点，发现账面上工会部门使用的一台打印机丢失。打印机账面原值为 2 000 元，已计提折旧 1 500 元，经审批，工会部门承担 200 元赔款。

① 盘亏固定资产时。

借：待处理财产损溢——待处理固定资产损溢 500

累计折旧 1 500

贷：固定资产——打印机 2 000

② 经审批，结转待处理财产损溢。

借：其他应收款——工会部门 200

营业外支出——盘亏损失 300

贷：待处理财产损溢——待处理固定资产损溢 500

5.3.2 存货盘盈（亏）的账务处理

（1）存货盘盈多数是由于企业日常收发计量或计算上的差错所造成的。按照盘盈存货的估计成本，调整存货账面数，并计入待处理财产损溢。经查明原因并批准后，盘盈的存货冲减当期的管理费用。

> **例 5-19**
> 甲企业于 2017 年 12 月 31 日进行年度资产盘点，发现仓库中规格为 10cm×90cm 的木材数量比账面多出 20 根，价值为 1 000 元。

① 盘盈原材料时。

借：原材料——木材（10cm×90cm）1 000

贷：待处理财产损溢——待处理流动资产损溢 1 000

② 经审批，结转待处理财产损溢。

借：待处理财产损溢——待处理流动资产损溢 1 000

贷：管理费用 1 000

（2）存货盘亏，在减去过失人或者保险公司等赔款和残料价值之后，计入当期管理费用；属于非正常损失的，计入营业外支出。

> **提示**
>
> （1）根据《中华人民共和国增值税暂行条例》第十条第（二）项规定，非正常损失的购进货物，进项税额不得从销项税额中抵扣。
>
> （2）根据《中华人民共和国增值税暂行条例实施细则》第二十四条规定，非正常损失是指因管理不善造成被盗、丢失、霉烂变质的损失。

例 5-20

> 甲企业于 2017 年 12 月 31 日进行年度资产盘点，发现库存的油漆较账面少了一桶，价值 500 元。经核查，属于企业管理不善造成毁损。

① 盘亏原材料时。

借：待处理财产损溢——待处理流动资产损溢 585

贷：原材料——油漆 500

应交税费——应交增值税（进项税额转出）85

② 经审批，结转待处理财产损溢。

借：营业外支出——盘亏损失 585

贷：待处理财产损溢——待处理流动资产损溢 585

专家支招

01：分期付款购置资产——等额本金或等额本息

分期付款购置大型资产，在企业经营管理过程中是一种常见的经济活动，通常销售方会给出两个偿还方案：等额本金或等额本息。

例 5-21

> 2018 年 1 月 1 日，甲企业与置业公司签订了一项 2 000 ㎡办公楼的购买合同。办公楼现价全款为 2 800 万元，甲企业准备首付 800 万元，余款分期支付，利率为 10%，还款期限为 5 年。企业总经理对选择哪种偿还方式还有犹豫，财务负责人便将等额本金和等额本息两种偿还方式的偿还金额计算了出来（见表 5-5 和表 5-6），供总经理选择。

(1)等额本金偿还,即每期偿还的本金数相同。

表 5-5 等额本金的计算结果

单位:万元

日期 ①	当期偿还本金 ②	当期偿还利息 ③=期初⑤×10%	当期偿还本息 ④=②+③	应付本金余额 期末⑤=期初⑤-④
2018/1/1	800.00		800.00	2 000.00
2018/12/31	400.00	200.00	600.00	1 600.00
2019/12/31	400.00	160.00	560.00	1 200.00
2020/12/31	400.00	120.00	520.00	800.00
2021/12/31	400.00	80.00	480.00	400.00
2022/12/31	400.00	40.00	440.00	0.00
合计	2 800.00	600.00	3 400.00	0.00

注:每月应还固定本金=(2 800-800)÷5=400(万元)

(2)等额本息偿还,即每期的偿还的本息金额相同。

表 5-6 等额本息的计算结果

单位:万元

日期 ①	当期偿还本金 ②=④-③	当期偿还利息 ③=期初⑤×10%	当期偿还本息 ④	应付本金余额 期末⑤=期初⑤-④
2018/1/1	800.00		800.00	2 000.00
2018/12/31	327.59	200.00	527.59	1 672.41
2019/12/31	360.35	167.24	527.59	1 312.05
2020/12/31	396.39	131.21	527.59	915.66
2021/12/31	436.03	91.57	527.59	479.63
2022/12/31	479.63	47.96	527.59	0.00
合计	2 800.00	637.97	3 437.97	0.00

注:每月应还固定本息=(2 800-800)÷(P/A,10%,5)=527.59(万元)

财务负责人结合表 5-5 和表 5-6 的数据进行了对比分析：

① 两种偿还方式下，本金的支付总额相同，均为 2 800 万元，但等额本金条件下偿还利息合计为 600 万元，等额本息偿还利息为 637.97 万元，高出等额本金的利息 37.97 万元。因此，企业要节约利息支出，应选择等额本金偿还方式。

② 等额本金方式下，第 1 年年底须偿付 600 万元，第 2 年偿还 560 万元……直到第 5 年偿还 440 万元，还款金额逐年递减，但前期偿付压力大；等额本息方式下，每年年末的还款均为 527.59 万元。企业如果前期资金紧张，则可选择等额本息的偿还方式。

02：实物资产的核算方法——可能隐藏着对利润的调节

固定资产有不同的折旧方法，存货也有不同的发出计价方法，个别企业便利用这些方法的差异，人为地调控利润。这些行为是不符合会计制度要求的，财务人员应当有效鉴别，避免被人为调节的利润所蒙蔽。

（1）利用固定资产的折旧方法调节利润。当需要增加利润时，则选择折旧额少的折旧方法；反之，当需要减少利润时，则选择折旧额多的折旧方法。

例 5-22

某建筑企业于 2014 年底购置了一台价值 5 000 万元的隧道盾构机，该设备由于处于强震环境下运作，企业采用双倍余额法折旧，设备预计残值为 500 万元，使用年限为 10 年。2017 年该企业效益大幅下滑，按原资产核算方法计算，预计亏损 300 万元，为"扭亏为盈"，企业决定采用直线法折旧。

① 2015 年双倍余额法折旧 =5 000×2÷10=1 000（万元）

② 2016 年双倍余额法折旧 =（5 000-1 000）×2÷10=800（万元）

③ 假如 2017 年采用双倍余额法折旧，折旧额 =（5 000-1 000-800）×2÷10=640（万元），即企业 2017 年因为该资产的折旧，对应减少利润 640 万元。

④ 2017 年企业调整为直线法折旧，折旧额 =（5 000-500）×3÷10-（1 000+800）=-450（万元）。2017 年因为该资产的折旧，对应增加利润 450 万元。企业预计利润调整为 790（640+450-300）万元。

（2）利用库存发出计价方法调节利润。

例 5-23

甲企业于 2017 年 2 月 1 日购入 S 型材料 100 吨，单价为 5 万元 / 吨；5 月 5 日再次购入 S 型材料 100 吨，单价为 6 万元 / 吨；12 月 20 日领用并消耗 S 型材料 150 吨。甲企业原采用先进先出法核算材料发货成本，2017 年企业利润明显上升，为减少 2017 年账面利润，进而减少当年所得税的支出，甲企业企图采用移动加权平均法核算材料的发出成本。

① 使用先进先出法计算发出材料成本 =（100×5+50×6）=800（万元）

② 使用移动加权平均法计算发出材料成本 =（100×5+100×6）÷（100+100）×150=825（万元），成本增加 25 万元，对应将减少企业当年净利润和应纳所得税。

高效工作之道

01：用 Word 制作固定资产验收单

企业外购固定资产或者自建固定资产，达到预定可使用状态时，应由主责部门编制固定资产验收单。财务人员根据固定资产验收单及相应票据，列支固定资产。固定资产验收单的样式如图 5-1 所示。

固定资产验收单

单位：					
固定资产名称					
计量单位			数量		
规格/型号			编号		
建造单位					
固定资产原价（元）					
固定资产组成	名称	规格/型号	计量单位	数量	原价（元）
	（可增减行）				
预计使用年限			预计净残值		
验收记录			验收人员		
验收部门（盖章）			验收日期		
存放地点			保管人员		
备注					

图 5-1

使用 Word 制作固定资产验收单的具体操作步骤如下。

步骤 1 启动 Word，新建"固定资产验收单"文档，输入"固定资产验收单"和"单位："文本，并对字体和字号进行设置，将标题设置为"居中"，如图 5-2 所示。

图 5-2

步骤 2 选择"插入"→"表格"→"插入表格"，打开"插入表格"对话框，将"列数"设置为"2"，"行数"设置为"11"，然后单击"确定"按钮，如图 5-3 所示。

步骤 3 在表格第 1 列中输入相应的文本，然后选择第 2 列的第 2 个和第 3 个单元格，选择"表格工具/布局"→"合并"→"拆分单元格"命令，如图 5-4 所示。

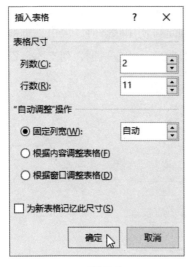

图 5-3

图 5-4

步骤 4 打开"拆分单元格"对话框，将拆分列数设置为"3"，拆分行数设置为"2"，然后单击"确定"按钮，如图 5-5 所示。

步骤 5 使用相同的方法对表格中其他需要拆分的单元格进行拆分，拆分后的效果如图 5-6 所示。

步骤 6 在单元格中输入相应的文本，然后选中整个表格，选择"表格工具/布局"→"对齐方式"→"水平居中"（见图 5-7），使单元格中的文本水平居中。

图 5-5

图 5-6

步骤 7 选择"开始"→"段落"→"边框"→"边框和底纹"命令，打开"边框和底纹"对话框，根据需要对边框进行自定义设置，完成后单击"确定"按钮，如图 5-8 所示。

步骤 8 固定资产验收单编制完后，就要进行内容的填制了。

图 5-7

图 5-8

例 5-24

甲企业于 2018 年 12 月 5 日购置了一台联想笔记本电脑,行政部安排小明进行验收,并由小王进行保管。笔记本电脑的具体验收情况如图 5-9 所示。

固定资产验收单

单位:

固定资产名称		笔记本电脑			
计量单位	台		数量		1
规格/型号	Ideapad520		编号		2017-15
建造单位		联想(Lenovo)			
固定资产原价(元)		5108			
固定资产组成	名称	规格/型号	计量单位	数量	原价(元)
	笔记本主机	Ideapad 520	台	1	4999
	数据线	联想	条	1	随主机赠送
	手提包	联想	个	1	随主机赠送
	无线鼠标	联想	个	1	109
	鼠标垫	联想	个	1	随鼠标赠送
预计使用年限	5		预计净残值		5%
验收记录	合格		验收人员		小明
验收部门(盖章)	行政部		验收日期		2018年12月5日
存放地点	行政部		保管人员		小王
备注		无备注事项			

图 5-9

提示

固定资产编号可由年份 + 资产购买顺序号组成,比如,2018-01 表示 2018 年购置的第一项固定资产。

02：用 Excel 制作固定资产折旧表

固定资产通常按月计提折旧并入账，入账的附件为固定资产折旧表。注意，根据固定资产折旧的方法，设置每月固定资产折旧的计算公式。固定资产折旧表的样式如图 5-10 所示。

固定资产折旧表

单位：　　　　　　　　　　　　　　　　日期：

资产名称	规格/型号	资产类别	入账日期	原值（元）	预计使用期间（月）	预计残值（元）	每月折旧（元）	已提折旧（月）	已提折旧（元）	净值（元）
合计										

会计（主管）：　　　　　　复核：　　　　　　计算人：

图 5-10

具体操作步骤如下。

步骤 1 打开素材文件“固定资产折旧表”，在表格的单元格中输入相应的公式，公式如下：

E7 单元格公式“=SUM(E4:E6)”；

G7 单元格公式“=SUM(G4:G6)”；

H4 单元格公式“=(E4-G4)/F4，向下填充至 H6 单元格”；

J4 单元格公式“=H4*I4，向下填充至 J6 单元格”；

K4 单元格公式“=E4-J4，向下填充至 K6 单元格”；

H7 单元格公式“=SUM(H4:H6)”；

J7 单元格公式“=SUM(J4:J6)”；

K7 单元格公式“=SUM(K4:K6)”。

步骤 2 各单元格中的公式的计算结果如图 5-11 所示。

K7　=SUM(K4:K6)

	A	B	C	D	E	F	G	H	I	J	K
1	固定资产折旧表										
2	单位：									日期：	
3	资产名称	规格/型号	资产类别	入账日期	原值（元）	预计使用期间（月）	预计残值（元）	每月折旧	已提折旧（月）	已提折旧（元）	净值（元）
4								#DIV/0!		#DIV/0!	#DIV/0!
5								#DIV/0!		#DIV/0!	#DIV/0!
6								#DIV/0!		#DIV/0!	#DIV/0!
7	合计				0.00		0.00	#DIV/0!		#DIV/0!	#DIV/0!
8	会计（主管）：					复核：			计算人：		

固定资产折旧表　案例

图 5-11

提示

在 Excel 中，除数不能为“0”，当除数为“0”时，结果将返回错误值“#DIV/0!”。由于 H4 单元格公式中的除数 F4 单元格为空值，默认以 0 进行处理，所以结果为错误值“#DIV/0!”，且凡公式中引用 H4 单元格的，都将返回错误值“#DIV/0!”。

步骤③ 根据“例 5-25”在表格中填写相应的数据，并显示计算结果，如图 5-12 所示。

例 5-25

以甲企业的部分固定资产为例。甲企业采用直线法折旧，除房屋、建筑物外，其他固定资产的残值率为 5%。固定资产数据承接本章案例：“例 5-4”（测量仪）、“例 5-21”（办公楼）、“例 5-24”（笔记本电脑）。

固定资产折旧表

单位：甲企业　　日期：2018/12/30

资产名称	规格/型号	资产类别	入账日期	原值（元）	预计使用期间（月）	预计残值（元）	每月折旧	已提折旧（月）	已提折旧（元）	净值（元）
笔记本电脑	Ideapad 520	办公设备	2018/9/25	5,108.00	48	255.40	101.10	3	303.29	4,804.71
测量仪	SK2000	电子设备	2018/10/1	3,790,800.00	120	189,540.00	30,010.50	2	60,021.00	3,730,779.00
办公楼	2000平	房屋建筑物	2018/10/1	28,000,000.00	480	5,000,000.00	47,916.67	2	95,833.33	27,904,166.67
合计				31,795,908.00		5,189,795.40	78,028.26		156,157.62	31,639,750.38

会计（主管）：　　复核：　　计算人：

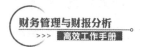

图 5-12

03：用 Word 制作资产盘盈（亏）审批表

盘点资产之后，通过与账面进行对比，如果存在盘盈（亏）情况，则应编制资产盘盈（亏）审批表，注明盈亏原因和处理建议。资产盘盈（亏）审批表样式如图 5-13 所示。

资产盘盈（亏）审批表

单位：

资产名称	规格/型号	计量单位	数量	金额（元）
（可增减行）				
盈（亏）原因				
处理建议				
上报单位		经办人		
审批单位		审批人		

图 5-13

第5章 实物资产管理

> **提示**
>
> 如果盘亏固定资产，则应注明固定资产的原值、折旧、减值准备；如果盘盈固定资产，应注明资产的重置成本。

使用 Word 制作资产盘盈（亏）审批表的具体操作步骤如下。

步骤 1 启动 Word，新建"资产盘盈（亏）审批表"文档，输入"资产盘盈（亏）审批表"和"单位："文本，并对字体和字号进行设置，将标题设置为"居中"，如图 5-14 所示。

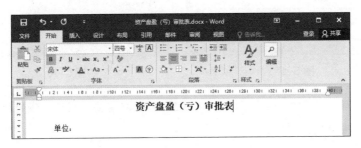

图 5-14

步骤 2 选择"插入"→"表格"→"绘制表格"命令，如图 5-15 所示。

步骤 3 在文档中拖动光标绘制表格的边框，如图 5-16 所示。

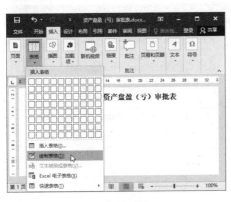

图 5-15

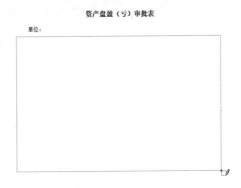

图 5-16

步骤 4 在表格边框里横向和竖向拖动鼠标，绘制表格的行线和列线，绘制完成后，单击"表格工具/布局"→"绘图"→"橡皮擦"（见图 5-17），此时鼠标指针变成 形状，在需要删除的表格线上单击即可删除不需要的线。

步骤 5 使用"橡皮擦"删除表格左右两条列线，然后选择"表格工具/设计"→"边框"→"边框样式"→"单实线 1 1/2 pt",如图5-18所示。

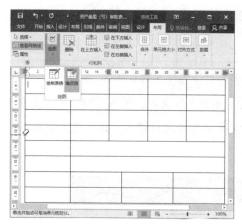

图5-17

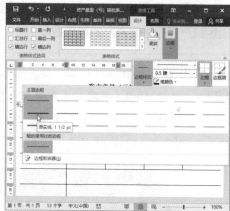

图5-18

步骤6 鼠标指针变成"✐"形状（见图5-19），在需要应用边框线的行线或列线上拖动鼠标即可。

步骤7 使用边框刷为表格最下方的行线应用设置的边框样式，然后在表格中输入需要的文本，并将表格中文本的对齐方式设置为"水平居中"，效果如图5-20所示。

图5-19

图5-20

第 6 章
往来账目的管理
——早收晚付，定期签认

往来账目的有效管理对于企业早日回笼资金、避免呆账坏账、形成资金沉淀、提高资金使用效率是非常重要的。往来账目分为两大类：应收款项和应付款项。作为企业的管理者，总是希望尽早收回应收的款项，做到"落袋为安"；对于外欠的应付款项，则希望在不逾期的情况下延迟支付。同一笔款项，债权人要早收，而债务人要晚付，这显然是矛盾的，应该如何解决呢？本章将从应收款项的管理和应付款项的管理两个方面分别作介绍。

6.1 应收款项的管理

常见的应收款项包括应收账款、预付账款、其他应收款,其中应收账款所占比重最大,其管理也尤为重要。

6.1.1 应收账款的管理

应收账款是指企业在经营过程中通过销售商品、提供劳务等主营业务,形成对购买单位的债权,包括应由购买单位负担的货款、税费、代购买单位垫付的各种运杂费等。不同企业应收账款占总资产(收入)的比重会有较大的差异,比如,以现金销售为主的零售超市,应收账款的比重通常很小,传统的加工制造业,应收账款的比重较高。

例 6-1

某小型家电销售企业,平均销售净利率为10%,2016—2018年资产总额、营业收入、应收账款的指标如表6-1所示。

表6-1 资产总额、营业收入、应收账款指标

单位:元

指标	2018-12-31	2017-12-31	2016-12-31	平均
资产总额 ①	1 898 598.33	1 432 765.42	1 137 679.40	1 489 681.05
营业收入 ②	1 623 491.45	1 313 165.31	1 081 421.55	1 339 359.44
应收账款 ③	176 569.64	129 665.27	101 594.77	135 943.23
应收账款占资产总额比 ④=③÷①	9.30%	9.05%	8.93%	9.13%
应收账款占营业收入比 ⑤=③÷②	10.88%	9.87%	9.39%	10.15%

从表 6-1 可以看出：

① 随着企业销售收入的增长，应收账款也在增长，平均赊销的比重为 10.15%，即 100 元的销售收入中有 10.15 元是赊销收入；

② 应收账款占资产总额的平均比重为 9.13%，即 100 元的资产中有 9.13 元是应收账款；

③ 如果 10.15% 的赊销收入不能如期全额收回，将直接降低企业的平均净利润，甚至导致企业净利润出现负数。

应收账款与销售收入既矛盾又统一。一方面，应收账款可以促进企业产品的销量，增加销售收入，增强竞争能力，比如，放宽信用条件，对原购买方的信用期由 10 天放宽到 20 天，企业销售量将有所增加。另一方面，应收账款会占用企业资金，因为其不能像货币资金一样直接流通，会降低企业资金流动性，形成的呆账坏账，还可能侵蚀企业的利润。加强应收账款的管理，可以从事前、事中、事后三个方面入手。

1. 应收账款的事前管理

加强对购货方或者劳务接收方的资信调查，需要签订合同的，应在合同中明确约定还款期限、违约责任、争议处理方式等。

（1）查看购买方经事务所审计的财务报表，通过报表内容了解对方单位的偿债能力。具体指标包括：购买方的资金余额、销售额、净利润额、负债规模等。比如，购买方报表净利润项目显示存在亏损、经营活动现金流入不敷出、负债规模明显高于同行业，对于这样的企业要适当控制赊销金额。

（2）通过网络查询。比如"天眼查"（https://www.tianyancha.com/），登录该网站后，输入对方单位名称，就可以看到其企业背景、发展历程、司法风险等公开内容。尤其是司法风险，如果对方单位存在违背合同条款而被诉讼的情况，则应慎重与其合作。

（3）实地考察购买方的办公场所、厂房设备、人员配置等。比如，实地考察某家建筑单位后，发现其办公地点是一套租用的居民房，办公人员只有 3 人，没有机械设备，一旦发生债权债务纠纷，这样的单位通常难以抵抗风险，甚至可能会直接逃走。

（4）通过购买方的关联单位（人员）了解购买方的基本情况。比如，向与购买方有过合作的单位问询购买方以往的履约情况。现在部分大型集团企业已建立内部的"黑名单"，一旦发现外部失信单位，集团内所有企业都将得到信息，进而降低合作风险。

（5）签订合同应经企业相关的业务部门共同评审，尽可能将各项风险考虑在内，并明确违约责任和争议处理方式。

> **提示**
>
> 企业资信标准——5C 理论，即品质（Character）、能力（Capacity）、资本（Capital）、抵押（Collateral）和条件（Condition）。
>
> **品质：** 企业信誉，履约或违约的可能性。
>
> **能力：** 企业的偿债能力，主要体现在企业流动资产与流动负债的比例上。
>
> **资本：** 企业的财务实力和财务状况。
>
> **抵押：** 企业拒付款项或无力支付款项时能被用作抵押的资产。
>
> **条件：** 可能影响企业付款能力的经济环境。

2. 应收账款的事中管理

（1）建立应收账款台账，并计提应收账款坏账准备。坏账准备是企业对预计可能无法收回的应收账款、预付账款、其他应收款等应收款项所提取的坏账准备金。计提方法有 4 种：余额百分比法、账龄法、销售百分比法和个别认定法。方法的选择由企业自行决定。

① 余额百分比法是指按照期末应收账款余额的一定比例估计坏账损失的方法。

当期应计提的坏账准备 = 期末应收账款余额 × 坏账准备计提百分比 +（或 -）期初坏账准备账户借方余额（或贷方余额）

例 6-2

> 甲企业采用余额百分比法计提坏账准备，2018 年年末应收账款余额为 50 万元，坏账准备计提比例为余额的 2%。2018 年年初，甲企业应收账款的坏账准备余额为 2 000 元（贷方）。

2018 年应计提坏账准备 =500 000 × 2%-2 000=8 000（元）

编制会计分录：

借：资产减值损失——应收账款 8 000

贷：坏账准备——应收账款 8 000

② 账龄法是指按照应收账款账龄的长短来估计坏账损失的方法。通常应收账款的账龄越长，发生坏账的可能性越大，坏账准备计提的比例越高。

当期应计提的坏账准备 =∑（期末各账龄组应收账款余额 × 各账龄组坏账准备计提百分比）+（或－）期初坏账准备账户借方余额（或贷方余额）

例 6-3

乙企业采用账龄法计提坏账准备，对账龄为 1 个月内、1~3 个月、3~6 个月、6 个月以上的应收账款分别按 1%、2%、3%、5% 计提坏账准备。2018 年年末，账龄在 1 个月内、1~3 个月、3~6 个月、6 个月以上的应收账款分别为 30 万元、2 万元、1 万元、6 000 元。2017 年年初，乙企业坏账准备余额为 2 000 元（贷方）。

2018 年应提坏账准备 =300 000 × 1%+20 000 × 2%+10 000 × 3%+6 000 × 5%-2 000=2 000（元）

编制会计分录：

借：资产减值损失——应收账款　2 000

贷：坏账准备——应收账款　2 000

③ 销售百分比法是指根据企业销售总额（或赊销额）的一定百分比估计坏账损失的方法。

当期应计提的坏账准备 = 本期销售总额（或赊销额）× 坏账准备计提百分比

例 6-4

丙公司采用销售百分比法计提坏账准备，计提比例为销售额的 0.5%。2018 年丙企业的销售额为 500 万元。

2018 年应提坏账准备 =5 000 000 × 0.5%=25 000（元）

编制会计分录：

借：资产减值损失——应收账款　25 000

贷：坏账准备——应收账款　25 000

> **提示**
>
> **余额百分比法和账龄法都考虑了期初已计提的坏账准备，销售百分比法不需要考虑期初坏账准备，因此使用销售百分比下计提的坏账准备要及时根据收款情况进行调整。**

④ 个别认定法是指针对每项应收款项对应的客户的信用状况和偿还能力单独估计坏账损失的方法。

例 6-5

丁公司的一般应收账款采用余额百分比法计提坏账准备,计提比例为应收账款余额的 0.2%。2018 年年末,丁企业的应收账款余额为 20 万元,其中 1 万元应收 M 公司。经调查,M 公司已经进入破产清算程序,预计只能收回一半,丁企业决定对 M 公司的应收账款采用个别认定法计提坏账准备,计提比例为 50%,2018 年年初坏账准备余额为 3 000 元(贷方)。

2018 年应提坏账准备 =190 000×0.2%+10 000×50% − 3 000=2 380(元)

编制会计分录:

借:资产减值损失——应收账款 2 380

贷:坏账准备——应收账款 2 380

(2)定期进行书面的应收账款签认,明确债权金额,避免对方单位遗忘或故意拖延。不能书面签认的,也可以通过邮件、电话、信息等方式对账确认,并保留相应的对账记录(痕迹)。

3. 应收账款的事后管理

应收账款的事后管理主要体现在对逾期债权的处理上,总体原则是先协商、后诉讼。

(1)出现应收账款到期但未能收回的情况时,本着合作共赢的宗旨,可以先了解对方未还款的原因,以协商解决为首选。如果对方单位虽有逾期,但存有客观原因,而且不影响本企业的正常运营,那么可以适当放宽信用期。

(2)对于无法通过协商处理的逾期账款,应及时阻止债权的进一步扩大,并诉诸司法程序。

债权的有效诉讼时效为 3 年,时点从债权人"知道或者应当知道"权利被侵害时起算,超过诉讼时效,债权人丧失胜诉权。比如,甲企业应收乙企业 20 万元,到期日为 2017 年 12 月 31 日,如果债权到期乙企业未还款,甲企业知晓但未理会,2021 年 1 月 1 日,甲企业见乙企业仍未还款,于是对乙企业提起诉讼,乙企业有权以超过诉讼时效为由,请求法院驳回甲企业的诉讼。但如果在 2018 年 12 月 31 日,甲乙企业就 20 万元债权(债务)有签认记录,那么诉讼时效从 2018 年 12 月 31 日起算,2021 年 1 月 1 日甲企业对乙企业的债权依然在诉讼时效内。

(3)对于确实无法收回的应收账款,要通过坏账准备予以冲减。

例 6-6

甲企业 2018 年年初应收账款的坏账准备余额为 1 万元，1 月 25 日甲企业发现客户 Z 公司已破产，人民法院出具了破产公告，对其应收账款 1 200 元已无法收回。

借：坏账准备——应收账款 1 200
贷：应收账款——Z 公司 1 200

提示

根据《企业资产损失所得税税前扣除管理办法》第二十二条规定，企业应收及预付款项坏账损失应依据以下相关证据材料确认：

（一）相关事项合同、协议或说明；

（二）属于债务人破产清算的，应有人民法院的破产、清算公告；

（三）属于诉讼案件的，应出具人民法院的判决书或裁决书或仲裁机构的仲裁书，或者被法院裁定终（中）止执行的法律文书；

（四）属于债务人停止营业的，应有工商部门注销、吊销营业执照证明；

（五）属于债务人死亡、失踪的，应有公安机关等有关部门对债务人个人的死亡、失踪证明；

（六）属于债务重组的，应有债务重组协议及其债务人重组收益纳税情况说明；

（七）属于自然灾害、战争等不可抗力而无法收回的，应有债务人受灾情况说明以及放弃债权申明。

6.1.2 预付账款的管理

预付账款是指企业按照约定，预先以货币资金或货币等价物支付给供应单位的款项，如预付的材料款、工程款、设备款等。

为了减轻企业的流动资金压力，应尽可能减少预付账款的支出。如果确实需要预付，则应签订书面的合同，并明确预付账款是在后期予以返还，还是直接冲抵应付账款。如果是返还，企业应按约定时间敦促供应单位还款；如果是冲抵应付账款，企业应及时进行账务处理，避免形成超付。

例 6-7

2018年5月8日，甲企业与乙企业签订合同，合同约定由乙企业为甲企业修建一座厂房，预算造价为200万元，甲企业须在开工前，预付乙企业工程款20万元，后期直接冲抵应付乙企业的工程款。甲企业于5月9日支付了预付款，乙企业于5月10日开始施工生产。5月31日双方签认的月造价（成本）计量为15万元，6月30日签认的月造价（成本）计量为40万元。

① 支付预付账款。

借：预付账款——乙企业 200 000

贷：银行存款 200 000

② 5月31日造价计量。

借：在建工程——厂房 150 000

贷：预付账款——乙企业 150 000

③ 6月30日造价计量。

借：在建工程——厂房 400 000

贷：预付账款——乙企业 50 000

应付账款——乙企业 350 000

在本例中，假设甲企业因管理疏忽，未将预付账款冲抵应付账款，那么因为工程造价计量而最终形成200万元的应付账款。甲企业按应付账款支付，就会导致付款合计数超支20万元，即预付账款金额。

6.1.3 其他应收款的管理

其他应收款主要包括应收的包装物租金、各种赔款（罚款）、保证金、备用金（第3章已做具体介绍）、押金等。

其他应收款的核算项目较多，应根据具体类别分别列示，建立必要的催收机制，促进其他应收款及时回笼。

例 6-8

2018年10月10日，甲企业应乙企业要求，将一批用于包装的木箱临时出租给乙企业，租期20天，租金1万元，增值税为1 600元，均由乙企业承担，货已发出，款未收到。

借：其他应收款——乙企业 11 600

贷：其他业务收入——出租包装物 10 000

应交税费——应交增值税（销项税额）1 600

根据《国务院办公厅关于清理规范工程建设领域保证金的通知》规定，对建筑业企业在工程建设中需缴纳的保证金，除依法依规设立的投标保证金、履约保证金、工程质量保证金、农民工工资保证金外，其他保证金一律取消，并指出，建筑业企业可以银行保函方式缴纳。

> **提示**
>
> 银行保函是指银行应申请人的要求，向受益方开出用以担保申请人将履行义务的书面证明。这样申请人不用再向受益方缴纳保证资金，只需要给予银行少量的保函费用，便有利于增强企业资金的流动性。

6.2 应付款项的管理

对于应付款项的管理，很多企业并不是很重视，有的企业甚至故意拖欠已到期的应付款项。从长远来看，这将有损企业的信誉，不利于企业的长远发展。如果债权方集中行权，甚至可能导致企业因无法及时偿还短期债务而破产。因此，应付款项的管理同样要引起企业的重视。

6.2.1 应付账款的管理

应付账款通常是企业因购买商品、接受劳务等行为形成的债务，是企业流动负债的重要组成部分。应付账款的存在使企业免于立即用现款支付材料费、劳务款、机械费等，相当于企业在短期内获得了一笔无息的贷款，在一定程度上缓解了企业的资金压力。

例 6-9

某汽车零配件生产企业2016—2018年的营业成本、流动负债、应付账款指标如表6-2所示。

表 6-2 营业成本、流动负债、应付账款指标

单位：万元

指标	2018-12-31	2017-12-31	2016-12-31	平均
营业成本①	74 672.85	84 667.63	74 123.02	17 821.17
流动负债②	21 407.15	18 030.08	18 483.09	19 306.77
应付账款③	4 142.30	4 038.71	3 522.09	3 901.03
应付账款占营业成本比 ④=③÷①	5.55%	4.77%	4.75%	5.02%
应付账款占流动负债比 ⑤=③÷②	19.35%	22.40%	19.06%	20.27%

从上表可以看出，该汽车零配件生产企业连续 3 年应付账款占营业成本的比重平均约为 5.02%，即 100 元的成本中约有 5.02 元赊购；应付账款占流动负债的比重为 20.27%，即 100 元的流动负债中有 20.27 元是应付账款。

不同企业的应付账款的比重会有所差异，但通常不低于流动负债的 10%。管理好应付账款将降低企业风险，有利于企业的稳定发展。

（1）应付账款的管理应从供应商的选择做起。同等条件时，应选择具有较强垫资实力的企业合作，并形成长期战略伙伴关系。

例 6-10

红风建筑企业与一家大型的材料供应商 H 签订了购货协议，约定信用期为 30 天。2018 年 5 月 10 日，红风企业从 H 处采购了一批材料，价值 50 万元。期间红风企业与业主在工程量的结算上出现了争议，预计 7 月中旬才定量并将 5—6 月的工程款拨下来，在这之前红风企业必须自行垫资保证工期。鉴于该情况，红风企业与供应商 H 进行了协商，待业主拨款后再支付其材料款。供应商 H 了解详情后，不仅同意红风企业延迟支付计划，而且承诺继续供货，最终红风建筑顺利按照工期完成了施工任务。

（2）合同管理。合同中应明确付款的方式、比例、日期、双方的银行账户信息等。收付款的银行账户应与合同主体单位一致。对一些后期可能出现质量问题的产品，应保留一定比例的质量保证金，待质保期满且无质量问题，方才予以支付。

（3）明确付款程序和要求。财务人员应根据收货单据、发票、结算单据等，形成对供应商的应付账款，并结合业务部门出具的拨款单据，进行款项的支付。如果手续不完备，财务人员有权拒绝付款。

（4）建立应付账款管理台账，对于即将到期的债务，提前做好统筹安排，保证还款。如果确实到期不能偿还，应制订新的还款方案，并与对方单位沟通协商，减少不必要的冲突和法律纠纷。

6.2.2 预收账款的管理

预收账款是企业按照合同（交易）约定，在发出商品或提供劳务前，向购买单位或接受劳务的单位预收的款项。预收账款的期限一般不超过 1 年，通常应作为一项流动负债反映在企业资产负债表上。

例 6-11

2018 年 12 月 1 日，甲、乙企业签订合同，约定 12 月 10 日甲企业向乙企业销售货物一批，货款为 10 万元、增值税为 1.6 万元；12 月 5 日乙企业向甲企业支付预付款 2 万元，该款可直接冲抵货款；12 月 15 日乙企业支付余款。

① 12 月 5 日甲企业收到预收账款 2 万元。

借：银行存款　20 000

贷：预收账款——乙企业　20 000

② 12 月 10 日甲企业发出货物。

借：应收账款——乙企业　96 000

预收账款——乙企业　20 000

贷：主营业务收入　100 000

应交税费——应交增值税（销项税额）16 000

③ 12 月 15 日甲企业收到余款。

借：银行存款　96 000

贷：应收账款——乙企业　96 000

收到的预收账款作为企业的一项流动负债，在处理上通常有两种方式：一是原数退回给购买方；二是作为货款或劳务款，冲抵应收账款。

6.2.3 其他应付款的管理

其他应付款是指企业除应付账款、预收账款、应付职工薪酬、应交税费等以外的应付、暂收其他单位或个人的款项。比如，租入固定资产（或包装物）的租金、收取的保证金、押金等。

对于一些日常流动资金比较紧张的企业，通常会将应付的报销款列示在其他应付款下，待企业资金回笼后再行支付。

例 6-12

甲企业最近资金非常紧张，2018 年 6 月 29 日，小王报销差旅费 3 300 元，为保证中期决算成本的真实性，该费用已列账但未支付。7 月 15 日甲企业收到部分商品款，将前期拖欠小王的报销款进行了支付。

① 6 月 29 日小王报销差旅费。

借：管理费用——差旅费　3 300

贷：其他应付款——小王　3 300

② 7 月 15 日支付小王差旅费。

借：其他应付款——小王　3 300

贷：银行存款　3 300

其他应付款的管理相对简单，但要注意建立辅助科目，明确付款的对象。比如，个别企业的账面，把收取的几个外部单位的押金均放在了其他应付款下，但没有区分单位，从科目余额表上看不出欠哪家的，时间一久查起来很不方便，容易造成账目混乱。

提示

对于涉及合并报表，需要进行对冲的企业，关联双方不仅要金额一致，而且科目也要对应。比如，集团企业下拨 50 万元给下属分公司，集团企业列其他应收款（50 万元），分公司则应列其他应付款（50 万元）。

专家支招

01：如何早日收到应收账款？

企业都希望早日收回应收账款，但在实际工作中可能效果并不好，以至于经常出现拖欠应收账款的情况。

早日收回应收账款，降低企业债权风险，需要提前做好筹划，必要时需要顾全大局，有所放弃，比如提供一定的现金折扣。

（1）合同是源头，合同中要明确收款的时限，避免争议，并约定违约责任。如果合同只约定30天内付款，那么至少有4种说法：合同签订之日起30天内、发出货物之日起30天内、收到货物之日起30天内、购买方售完货物之日起30天内，作为购买方，肯定会选择对自己更有利的付款时间，这样便会对销售方收款造成不利影响。明确违约责任，逾期越长，责任越重，促使购买方按期履约。

例6-13

大庆公司是一家大型的家电销售企业，公司秉承"走出去"战略，积极拓展海外市场，很快M国的Bily公司成为大庆公司最大的海外销售客户，双方约定的信用期（偿还期限）为60天。然而除了前两次的合作Bily公司正常履约外，之后的款项，信用期满时Bily公司的平均付款比例不到约定的80%。大庆公司考虑到如果放弃Bily公司这个大客户，那么大庆公司将形成大量库存积压，收入也会随之下降，形成较大的负面影响。因此，继续对Bily公司供货，同时压缩对上游供应商的付款。3年后，大庆公司的资产负债率从65%上升至89%，逼近企业资产负债率90%的自定红线。大庆公司被迫中止与Bily公司的合作，经协商无果，大庆公司将Bily公司告上了法庭。原来Bily公司将大量资金投资于交易性金融资产，但因为巨额亏损，资金被套。经过一年多的努力，大庆公司方才陆续收回Bily公司的欠款。

（2）产品质量是保证。供应方应提供符合合同要求的产品和劳务，避免后期购买方因为产品不合格而拖延（或扣减）应收账款。作为产品销售方也可以在合同中注明，购买方签收即视为产品合格。对于后期需要由供货方提供维修保养的，应注明费用是否单独收取。

（3）拓宽销售渠道，避免对个别大客户的过度依赖。如果企业销售渠道过窄，那么一旦客户违约欠款，企业往往为留住客户，不得不做出让步，而拓宽销售渠道后，企业有更多的选择，谈判空间更宽。

（4）定期签认。签认工作有利于提醒对方偿付债务，同时，如果发生购买方违约不还的情况，签认记录是一份很好的证明材料。

（5）应收账款保理。企业为了将应收账款尽快变现，将应收账款通过保理业务，转让给商业银行。银行收取相应保理费用后，将资金转入企业。比如，甲企业有一笔6个月后到期的应收账款100万元，现甲企业亟需用钱投资新项目，故将这笔债权通过保理业务转让给中国银行，银行收取5万元保理费用后，将95万元资金转给了甲企业。

> **提示**
>
> 保理业务分为有追索权保理和无追索权保理，如果是有追索权保理，那么债权到期，银行不能从债务方收到应收账款时，银行有权找原债权企业索取；如果是无追索权保理，那么银行将自行承担不能收到应收账款的责任。

（6）现金折扣。现金折扣是指销售方为鼓励购买方在规定的期限内尽快付款，而协议许诺给予购买方的一种折扣优待，即从应支付的货款总额中扣除一定比例的金额。比如，信用期为60天，但购买方如果能在10天内付款，即可获得1%的价格优惠。本质上这是一种融资行为，因此，优惠部分应计入财务费用。

例 6-14

2018年9月10日，甲企业销售一批货物给乙企业，增值税专用发票上注明销售价款为10万元，增值税为1.6万元。合同约定条件为 1/10, $n/60$（若乙企业在10天内偿付货款，则享受现金折扣1%；10~60天内付款，没有现金折扣）。

① 9月10日，企业赊销货物。

借：应收账款——乙企业　116 000

贷：主营业务收入　100 000

应交税费——应交增值税（销项税额）16 000

② 假如9月20日乙企业付款，并享受1%的现金折扣（即100 000元×1%＝1 000元）。

借：银行存款　115 000

财务费用 1 000

　　贷：应收账款——乙企业　116 000

　　③假如 11 月 5 日乙企业付款，虽然在信用期 60 天内，但超过了 10 天，不享受现金折扣。

　　借：银行存款　116 000

　　贷：应收账款——乙企业　116 000

02：合理运用现金折扣

　　对于供货方是否提供现金折扣，购买方是否接受现金折扣，这就需要测算其中的机会成本。对于供货方，如果短期贷款成本高于机会成本，则应该提供现金折扣，反之，则不提供；对于购买方，如果短期资金投资回报低于机会成本，则应接受现金折扣，反之，则不接受。

$$放弃现金折扣的机会成本 = \frac{折扣率}{1-折扣率} \times \frac{365}{信用期-折扣期}$$

承"例 6-14"，如果乙企业放弃折扣期内付款，对应机会成本 $= \frac{1\%}{1-1\%} \times \frac{365}{60-10} = 7.37\%$。

　　（1）甲企业作为供货方，如果甲企业能够以 6% 的利率取得短期贷款，则不应该提供现金折扣，因为贷款的资金成本相对现金折扣更低；如果甲企业取得短期贷款的利率为 9%，则应该提供现金折扣，以尽快回笼资金。

　　（2）乙企业作为购买方，如果乙企业刚好有一个短期投资机会，投资回报率预计为 10%，那么乙企业应该放弃现金折扣，而用于投资；如果乙企业没有高于机会成本的投资机会，且存款利率也低于机会成本，则乙企业应接受现金折扣，在折扣期内付款。

03：运用承兑汇票——延迟资金支付时间

　　当债务到期，企业需要进行债务偿付时，通过承兑汇票进行债务偿付已经得到了广泛的运用。承兑汇票分为银行承兑汇票和商业承兑汇票两种，期限一般为 6 个月。

> **例 6-15**
>
> 2018年3月1日，甲企业从乙企业购买了一批原材料，价值50万元（不考虑税费），信用期为30天。合同约定信用期满，甲企业可以采用银行承兑汇票的方式支付，汇票期限不超过6个月。3月31日，甲企业为乙企业办理了一张期限为6个月的银行承兑汇票。

① 3月1日，收到原材料并入库。

借：原材料　500 000

贷：应付账款——乙企业　500 000

② 3月31日，开出银行承兑汇票。

借：应付账款——乙企业　500 000

贷：应付票据——乙企业　500 000

③ 9月30日，汇票到期。

借：应付票据——乙企业　500 000

贷：银行存款　500 000

从"例6-15"可以看出，通过承兑汇票的偿付方式，甲企业银行存款延迟了6个月被转出，进而减轻了企业的资金压力。对于乙企业而言，虽然未能立刻收到款项，但有了这张汇票，一是如果急需资金，可以到银行进行贴现（需要承担贴现费用）；二是可以背书转让，比如，乙企业欠丙企业50万元，乙企业可背书转让这张承兑汇票给丙企业用于偿还债务。

银行承兑汇票和商业承兑汇票的主要区别在于，银行承兑汇票是银行签发的，以银行信用为保证；商业承兑汇票是企业签发的，以企业信用为保证。因此银行承兑汇票的信用等级和安全性更高，流动性更好。银行承兑汇票到期，如果购买方不能足额支付票款，那么银行依然要履行对供货方的付款义务，但要按购货方借款处理，收取相应利息。商业承兑汇票到期，购买方没有足够的资金时，银行将不负责付款，由购销双方自行处理。因此，购货方更愿意收银行承兑汇票。

银行承兑汇票的正面票样如图6-1所示，商业承兑汇票的正面票样如图6-2所示，承兑汇票的背面票样如图6-3所示。

银行承兑汇票（票样）

出票日期（大写） 年 月 日 票号

出票人全称		收款人	全 称	
出票人账号			账 号	
付款行全称			开户银行	
出票金额	人民币（大写）			亿 千 百 十 万 千 百 十 元 角 分
汇票到期日（大写）		付款行	行号	
承兑协议编号			地址	
本汇票请你行承兑，到期无条件付款。 出票人签章		本汇票已经承兑，到期日由本行付款。 承兑行签章 承兑日期 年 月 日 备注：		复核 记账

图 6-1

商业承兑汇票（票样）

出票日期（大写） 年 月 日 票号

出票人全称		收款人	全 称	
出票人账号				
付款行全称				
出票金额	人民币（大写）			亿 千 百 十 万 千 百 十 元 角 分
汇票到期日（大写）		付款人开户行	行号	
交易合同号码			地址	
本汇票已经承兑，到期无条件支付票款。 承兑人签章 承兑日期 年 月 日		本汇票请予以承兑于到期日付款 出票人签章		

图 6-2

被背书人	被背书人
背书人签章 年 月 日	背书人签章 年 月 日

图 6-3

提示

承兑汇票的开具，应以真实的交易事项为基础。企业不得在无真实交易的情况下，利用承兑汇票套取现金。

高效工作之道

01：用 Word 制作应收账款签认单

企业进行应收账款对账，应签订应收账款签认单。应收账款签认单应妥善保管，并作为企业行使债权的重要依据。应收账款签认单样式如图 6-4 所示。

使用 Word 制作应收账款签认单的具体操作步骤如下。

步骤① 启动 Word 软件，新建"应收账款签认单"文档，在文档中输入如图 6-5 所示的文本内容。

图 6-4

图 6-5

步骤② 将标题设置为宋体、三号、加粗,其他文本设置为宋体、11号。选择冒号前的空格,选择"开始"→"字体"→"下划线"→"单实线",如图 6-6 所示。

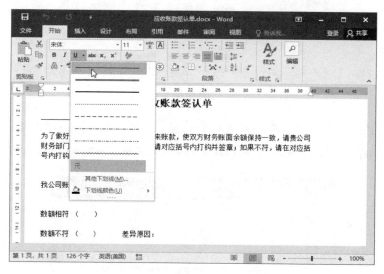

图 6-6

步骤③ 按住"Ctrl"键的同时选择需要设置首行缩进的段落,单击鼠标右键,在弹出的快捷菜单中选择"段落"命令,打开"段落"对话框,设置"特殊格式"为"首行缩进","缩进值"保持默认的"2字符",如图 6-7 所示。设置完后单击"确定"按钮。

图 6-7

步骤 ④ 选择除标题外的所有段落，打开"段落"对话框，将段前间距和段后间距均设置为"0.5 行"，如图 6-8 所示，设置完后单击"确定"按钮。

图 6-8

步骤 ⑤ 将光标定位到需要插入表格的位置，选择"插入"→"表格"→"表格"→"4×2 表格"，然后在文档中插入表格，如图 6-9 所示。

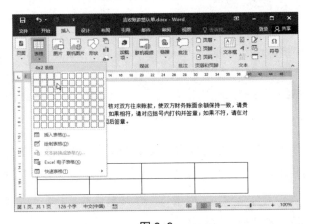

图 6-9

步骤⑥ 在插入的表格中输入文本,并将文本设置为"水平居中"。使用相同的方法在文档最后插入需要的表格,并根据例 6-16 中的内容,对表格进行填写,效果如图 6-10 所示。

例 6-16

2017 年 12 月 31 日,甲企业对乙企业的应收账款余额为 25 万元,为确保双方余额一致,甲企业向乙企业发出了签认单。2018 年 1 月 4 日,乙企业收到签认单后进行了账目核对,确认数据相符后签章。

应收账款签认单

乙企业　　　　:

为了做好财务结算工作,核对双方往来账款,使双方财务账面余额保持一致,请贵公司财务部门核对下列账款。如果相符,请对应括号内打钩并签章;如果不符,请在对应括号内打钩,注明差异原因后签章。

我公司账面数据如下:

截止日期	项目	金额(元)	备注
2017年12月31日	应收账款	250,000.00	

数额相符 (✓)

数额不符 (　　) 差异原因:

(应付账款单位盖章):乙企业(印章)	(应收到账款单位盖章):甲企业(印章)
经办人:略	经办人:略
电话:略	电话:略
传真:略	传真:略
2018 年 1 月 4 日	2017 年 12 月 31 日

图 6-10

02:用 Excel 制作应收账款账龄分析表

企业根据账龄法计提坏账准备时,划分账龄是基础,企业要根据不同账龄对应不同坏账准备比例,分别计算应计提的坏账准备。通过账龄排序可以清楚地查看企业账龄分布情况。

应收账款账龄分析表样式如图 6-11 所示。

应收账款账龄分析表

单位：元

序号	对方单位	金额	形成日期	截止日期	账龄（天数）	坏账准备比例	坏账准备金额
1							
2							
3							
……							
合计							

图 6-11

具体操作步骤如下。

步骤 1 打开素材文件"应收账款账龄分析表"（M企业），如图6-12所示。M企业对账龄（天数）为0~30、30~60、60~90、90以上的应收账款分别按1%、2%、3%、5%计提坏账准备。

	A	B	C	D	E	F	G	H
1			M企业应收账款账龄分析表					
2								单位：元
3	序号	对方单位	金额	形成日期	截止日期	账龄（天数）	坏账准备比例	坏账准备金额
4	1	甲企业	20,000.00	2017/6/9	2017/12/31			
5	2	甲企业	90,000.00	2017/8/19	2017/12/31			
6	3	甲企业	80,000.00	2017/11/6	2017/12/31			
7	4	甲企业	60,000.00	2017/12/5	2017/12/31			
8	5	乙企业	20,000.00	2017/7/5	2017/12/31			
9	6	乙企业	34,000.00	2017/10/8	2017/12/31			
10	7	乙企业	41,000.00	2017/10/7	2017/12/31			
11	8	丙企业	32,000.00	2017/11/4	2017/12/31			
12	9	丙企业	153,000.00	2017/12/25	2017/12/31			
13	合计		530,000.00					

图 6-12

步骤 2 设置账龄（天数）公式。在F4单元格中输入公式"=DATEDIF(D4,E4,"d")"，如图6-13所示。按"Enter"键计算出结果，并向下填充公式至F12单元格。

D	E	F
应收账款账龄分析表		
形成日期	截止日期	账龄（天数）
2017/6/9	2017/12/31	=DATEDIF(D4,E4,"d")

图 6-13

步骤③ 选中F3:F12单元格区域,单击"数据"→"筛选",进入筛选状态。单击F3单元格中的筛选按钮,在弹出的下拉列表中选择"数字筛选"→"小于或等于"选项,如图6-14所示。

图 6-14

步骤④ 打开"自定义自动筛选方式"对话框,在"小于或等于"后面的下拉列表框中输入"30",单击"确定"按钮,如图6-15所示。

图 6-15

步骤⑤ 根据筛选结果输入对应的坏账准备计提比例,如图6-16所示。

步骤⑥ 重复"步骤3"和"步骤4",完成坏账准备比例的输入。单击F3单元格中的筛选按钮,在弹出的下拉列表中选中"(全选)"复选框(见图6-17),然后单击"确定"按钮。

账龄（天数）	坏账准备比例
26	1%
6	1%

图 6-16

图 6-17

步骤 7 设置坏账准备金额公式。H4=C4*G4，如图 6-18 所示。向下填充公式至 F12 单元格。在 H13 单元格输入"= SUM(H4:H12)"，对坏账准备金额求和。

金额	形成日期	截止日期	账龄（天数）	坏账准备比例	坏账准备金额
20,000.00	2017/6/9	2017/12/31	205	5%	=C4*G4

图 6-18

步骤 8 按账龄长短排序。选中 F4:F12 单元格区域，单击"数据"→"升序"按钮，打开"排序提醒"对话框，选中"扩展选定区域"单选按钮（见图 6-19），然后单击"排序"按钮。即可从低到高排列账龄，效果如图 6-20 所示。

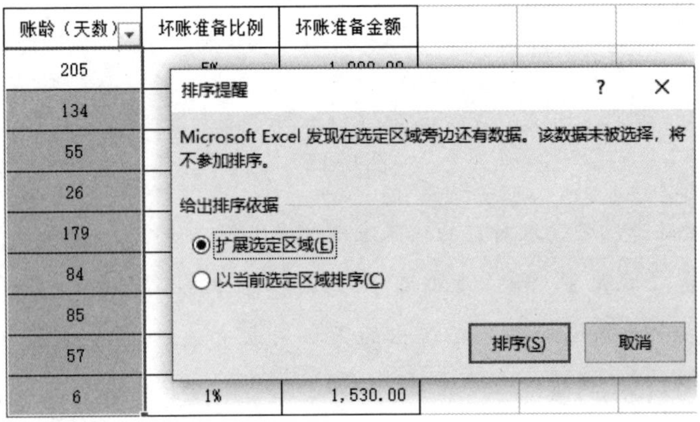

图 6-19

应收账款账龄分析表

单位:元

序号	对方单位	金额	形成日期	截止日期	账龄(天数)	坏账准备比例	坏账准备金额
9	丙企业	153,000.00	2017/12/25	2017/12/31	6	1%	1,530.00
4	甲企业	60,000.00	2017/12/5	2017/12/31	26	1%	600.00
3	甲企业	80,000.00	2017/11/6	2017/12/31	55	2%	1,600.00
8	丙企业	32,000.00	2017/11/4	2017/12/31	57	2%	640.00
6	乙企业	34,000.00	2017/10/8	2017/12/31	84	3%	1,020.00
7	乙企业	41,000.00	2017/10/7	2017/12/31	85	3%	1,230.00
2	甲企业	90,000.00	2017/8/19	2017/12/31	134	5%	4,500.00
5	乙企业	20,000.00	2017/7/5	2017/12/31	179	5%	1,000.00
1	甲企业	20,000.00	2017/6/9	2017/12/31	205	5%	1,000.00
合计		530,000.00					13,120.00

图 6-20

第 7 章

税务管理
——财务人员价值的重要体现

近年来，国家为降低企业税赋，提高征管效率，在税制方面进行了重要的改革，重要措施有：自2016年5月1日起，国家全面推开"营改增"，三大税种之一的营业税至此逐步退出历史舞台；2018年3月13日，国务院机构改革方案指出，将省级和省级以下国地税机构合并，具体承担所辖区域内的各项税收、非税收入征管等职责；2018年8月31日，新的个人所得税法颁布。

随着国家税改的深入，企业也越来越重视税务管理。财务人员和企业管理人员都需要不断学习更新税务知识，以适应新形势下，对税务管理工作的要求。

7.1 纳税主体与税种

本节主要介绍什么样的单位和个人需要缴税,以及需要缴哪些税。

7.1.1 纳税主体

纳税主体是指法律(包括但不局限于税法)中规定的具有履行纳税义务,进行税款缴纳行为的当事人。**纳税主体不仅包括纳税人,也包括扣缴义务人。**

(1)纳税人:法律规定的直接负有纳税义务的单位和个人,可以是自然人、法人或者非法人的其他组织。

 提示

法人不是法定代表人。法人是依法独立享有民事权利和承担民事义务的组织;法定代表人是代表法人(组织)的自然人,由董事长、执行董事或者经理(三选一)担任。

(2)扣缴义务人:法律规定的承担代扣代缴、代收代缴税款义务的单位和个人。比如个人所得税,收入所得人为纳税义务人,支付单位为扣缴义务人。

7.1.2 企业税种

我国现行的税种共 18 个:增值税、消费税、企业所得税、个人所得税、资源税、城市维护建设税、房产税、印花税、城镇土地使用税、土地增值税、车船税、船舶吨税、车辆购置税、关税、耕地占用税、契税、烟叶税、环保税。

 提示

2018 年 1 月 1 日,《中华人民共和国环境保护税法》正式实施,2018 年 4 月起申报缴纳环保税。

根据不同的划分标准,税种可以分为若干大类。

1. 按课税对象分类

（1）流转税，以商品流转额为课税对象的一类税，如增值税。

（2）所得税，以各种所得额为课税对象的一类税，如企业所得税、个人所得税。

（3）财产税，以纳税人拥有（支配）的财产为课税对象的一类税，如房产税。

（4）行为税，以纳税人的某种特定行为为课税对象的一类税，如印花税。

（5）资源税，向在国内从事资源开发的单位和个人征收的一类税，如耕地占用税。

2. 按税收计算依据分类

（1）从量税，这里的量包括重量、面积、件数等，如土地使用税，以土地面积为基数。

（2）从价税，以价格为依据，如企业所得税，以企业应纳税所得额为基数。

> **提示**
>
> 从价税可进一步细分为价内税和价外税。价内税指税款包含在商品价格内，如消费税；价外税的代表为增值税。

3. 按税率的形式分类

（1）比例税，如企业所得税，其税率一般为25%，符合要求的高新技术企业为15%。

（2）累进税，如土地增值税，实行4级超率累进税率（见表7-1）。

表7-1　土地增值税率表

级数	计税依据	适用税率
1	增值额未超过扣除项目金额50%的部分	30%
2	增值额超过扣除项目金额50%、未超过扣除项目金额100%的部分	40%
3	增值额超过扣除项目金额100%、未超过扣除项目金额200%的部分	50%
4	增值额超过扣除项目金额200%的部分	60%

（3）定额税，如车船税中乘用车（核定载客人数9人及以下）的车辆使用税按7个档位征收（见表7-2）。

表 7-2 乘用车车船使用税税额表

序号	乘用车排量	年基准税额
1	1.0 升（含）以下的	60 元至 360 元
2	1.0 升以上至 1.6 升（含）的	300 元至 540 元
3	1.6 升以上至 2.0 升（含）的	360 元至 660 元
4	2.0 升以上至 2.5 升（含）的	660 元至 1 200 元
5	2.5 升以上至 3.0 升（含）的	1 200 元至 2 400 元
6	3.0 升以上至 4.0 升（含）的	2 400 元至 3 600 元
7	4.0 升以上的	3 600 元至 5 400 元

各省、自治区、直辖市通常根据国家规定的税额基准，明确本地税额，比如，四川省乘用车核定载客人数 9 人（含）以下且排量在 1.0 升（含）以下的，年基准税额为 180 元。

提示

对于一般企业而言，通常只须缴纳 18 个税种中的部分税种，比如，不存在污染物排放的企业，不用缴纳环保税。同时，企业还会涉及缴纳一些零星费项，比如，残疾人就业保障金、教育费附加、工会经费等。

7.2 税务管理要求

本节主要从税务登记、发票管理、税务档案管理三个方面介绍与税务管理相关的要求。

7.2.1 税务登记

税务登记是纳税人依法履行纳税义务的法定程序，税务登记完成后，企业才能向税务机关领取发票、申报纳税、缴纳税款等。**税务登记的内容主要包括 5 类：设立（开业）税务登记，变更税务登记，停业、复业登记，外出经营报验登记，注销税务登记。**

1. 设立（开业）税务登记

（1）设立（开业）税务登记时间。

① 从事生产、经营的纳税人领取工商营业执照（含临时工商营业执照）的，应当自领取工商营业执照之日起30日内申报办理税务登记；

② 从事生产、经营的纳税人未办理工商营业执照，但经有关部门批准设立的，应当自有关部门批准设立之日起30日内申报办理税务登记。

（2）设立（开业）税务登记所需资料。

① 工商营业执照或其他核准执业证件；

② 企业章程；

③ 银行账户证明；

④ 法定代表人或负责人、业主的居民身份证、护照或者其他合法证件；

⑤ 税务部门要求的其他资料。

> **提示**
>
> （1）国家推行"三证合一"后，不再单独核发税务登记证，并通过营业执照上的"统一社会信用代码"对企业进行识别；
>
> （2）在实际的操作中，如果企业不能按30日的时间要求设立（开业）税务登记，比如，银行基本存款账户未能及时开立，应及时与税务部门进行沟通，说明情况。
>
> （3）分公司不具有法人资格，其营业执照显示为"负责人"（非"法定代表人"）。

（3）税务实名认证。

在企业设立（开业）税务登记的同时，企业的法定代表人、财务负责人、办税人员均要进行实名认证，并进行头像的采集。

对于不能到税务机关进行现场实名认证和头像采集的法定代表人、财务负责人，也可通过关注税务部门的微信公众号进行远程采集。以成都国税为例，其公众号为"成都国税蓉税通"，如图7-1所示，关注后即可根据提示信息逐步完成实名采集，如图7-2所示。

2. 变更税务登记

纳税人已在工商行政管理机关办理变更登记的，如变更企业名称，应当自工商行政管理机关变更登记之日起30日内，向原税务登记机关申报办理变更税务登记。

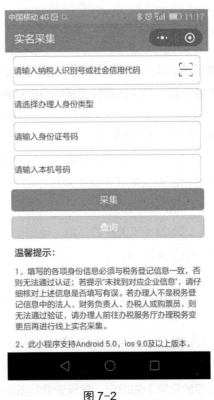

图 7-1　　　　　　　　　图 7-2

作为实名认证的企业税务人员，在岗位调整或离职时，一定要注意及时到税务局进行税务人员的变更。

> **例 7-1**
>
> 　　小王原是一家小企业的财务负责人，2018 年 3 月跳槽至 F 集团担任办税员。因上任匆忙，小王没有进行财务负责人的变更。2018 年 12 月，小王发现用自己的身份证无法进入税务系统，进行增值税专用发票的认证。经核查，原企业在小王离职后，就没有进行税务申报。由于小王在税务系统中仍显示为原企业的财务负责人，因此被纳入税务"监控"。于是小王不得不再回原企业，补办变更事宜。

3．停业、复业登记

（1）停业登记：采用定期定额征收方式的个体工商户需要停业的，应当在停业前向税务机关申报办理停业登记。纳税人的停业期限不得超过一年。

（2）复业登记：纳税人应当于恢复生产、经营之前，向税务机关申报办理复业登记。

> **提示**
>
> 纳税人停业期满未按期复业又不申请延长停业的,主管税务机关视其为已恢复营业,实施正常的税收征收管理。纳税人在停业期间发生纳税义务的,应当按照税收法律、行政法规的规定申报缴纳税款。

4. 外出经营报验登记

(1)纳税人到外县(市)临时从事生产经营活动的,应当在外出生产经营前,持外出经营合同及相关资料向主管税务机关申请开具《外出经营活动税收管理证明》(简称《外管证》)。

(2)税务机关按照一地一证的原则,即时核发《外管证》,《外管证》的有效期限一般不超过180天。

(3)纳税人外出经营活动结束,填报《外出经营活动情况申报表》,结清经营地税款以及其他未办结事项,核销《外管证》报验登记信息。

> **提示**
>
> 根据国家税务总局《关于优化〈外出经营活动税收管理证明〉相关制度和办理程序的意见》的规定,建筑安装行业纳税人项目合同期限超过180天的,《外管证》按照合同期限确定有效期限。

5. 注销税务登记

受国家宏观政策的利好影响,民众的创业热情高涨,在企业数量增加的同时,注销业务量也在上升,企业要注销,必须办理税务注销。

纳税人办理注销税务登记前,应当向税务机关提交相关证明材料,结清税款,包括税收滞纳金和罚款,缴销发票和税务相关证件。

如果企业未在规定时间内进行税务注销登记,那么企业的法定代表人可能会被纳入税务"黑名单",全国范围内三年之内将不能再注册公司,想"打一枪,换一个地方"是不行的,同时,还将影响个人信用记录。有的企业甚至冒用他人名义,进行工商(税务)登记,在企业税务注销上想"溜之大吉",一旦被税务机关查出,后果将更为严重。当今社会将让"失信者寸步难行,让守信者一路畅通"。因此,企业一定要按法律规定进行税务注销登记。

7.2.2 发票管理

本节将从发票的领购、开具、保管三个方面介绍与发票相关的业务知识，主要参考文件：《国务院关于修改〈中华人民共和国发票管理办法〉的决定》（国务院令第587号）、《国家税务总局关于修改〈中华人民共和国发票管理办法实施细则〉的决定》（国家税务总局令第37号）。

1. 发票的领购

需要领购发票的单位和个人，应当持税务登记证件、经办人身份证明、按照国务院税务主管部门规定式样制作的发票专用章的印模，向主管税务机关申请办理发票领购手续。

主管税务机关根据领购单位和个人的经营范围与规模，确认领购发票的种类、数量以及领购方式，在5个工作日内发放"发票领购簿"。

 提示

发票领购方式：批量供应、交旧购新、验旧购新等。

单位和个人领购发票时，应当按照税务机关的规定报告发票使用情况。税务机关应当按照规定进行查验。

需要临时使用发票的单位和个人，可以凭购销商品、提供或者接受的服务以及从事其他经营活动的书面证明、经办人身份证明，直接向经营地税务机关申请代开发票。

临时到本省、自治区、直辖市以外从事经营活动的单位或者个人，应当凭所在地税务机关的证明，向经营地税务机关领购经营地的发票。

临时在本省、自治区、直辖市以内跨市、县从事经营活动，领购发票的办法由省、自治区、直辖市税务机关规定。

2. 发票的开具

销售商品、提供服务以及从事其他经营活动的单位和个人，对外发生经营业务并收取款项，收款方应当向付款方开具发票。特殊情况下，由付款方向收款方开具发票。

开具发票应当按照规定的时限、顺序、栏目，全部联次一次性如实开具，并加盖发票专用章。

> **提示**
>
> 付款方向收款方开具发票，是指下列情况：
>
> （1）收购单位和扣缴义务人支付个人款项时，比如，企业直接向农民收购农副产品；
>
> （2）国家税务总局认为其他需要由付款方向收款方开具发票的。

任何单位和个人不得有下列虚开发票行为：

（1）为他人、为自己开具与实际经营业务情况不符的发票；

（2）让他人为自己开具与实际经营业务情况不符的发票；

（3）介绍他人开具与实际经营业务情况不符的发票。

安装税控装置的单位和个人，应当按照规定使用税控装置开具发票，并按期向主管税务机关报送开具发票的数据。

使用非税控电子器具开具发票的，应当将非税控电子器具使用的软件程序说明资料报主管税务机关备案，并按照规定保存、报送开具发票的数据。

国家推广使用网络发票管理系统开具发票，具体管理办法由国务院税务主管部门制定，详见《网络发票管理办法》。

任何单位和个人应当按照发票管理规定使用发票，不得有下列行为：

（1）转借、转让、介绍他人转让发票、发票监制章和发票防伪专用品；

（2）知道或者应当知道是私自印制、伪造、变造、非法取得或者废止的发票而受让、开具、存放、携带、邮寄、运输；

（3）拆本使用发票；

（4）扩大发票使用范围；

（5）以其他凭证代替发票使用。

除国务院税务主管部门规定的特殊情形外，发票限于领购单位和个人在本省、自治区、直辖市内开具。

3. 发票的保管

开具发票的单位和个人应当建立发票使用登记制度，设置发票登记簿，并定期向主管税务机关报告发票使用情况。

开具发票的单位和个人应当按照税务机关的规定存放和保管发票，不得擅自损毁。已经开具的发票存根联和发票登记簿，应当保存5年。保存期满，报经税务机关查验后销毁。

除国务院税务主管部门规定的特殊情形外，任何单位和个人不得跨规定的使用区域携带、邮寄、运输空白发票。

禁止携带、邮寄或者运输空白发票出入境。

 提示

开具发票的单位和个人应当在办理变更或者注销税务登记的同时，办理发票和发票领购簿的变更、缴销手续。

企业收取外部单位和个人的发票，应履行查验和审签（报销）手续，并作为记账凭证的附件，进行装订和保管。

7.2.3 纳税筹划管理

纳税筹划是指企业在法律允许的范围内，对企业的经营管理、投资决策、组织形式、交易方式等各项活动进行事先安排的过程，旨在降低企业税赋，增加企业利益。

一些企业误解了纳税筹划，导致的结果是偷税、漏税，触犯法律底线。纳税筹划讲求合法、合规，在实际工作要一事一议，熟练掌握各项法律、法规。这里介绍几个关于主要税种的纳税筹划案例，以供参考。

1. 企业所得税的纳税筹划

企业所得税的纳税筹划是几乎所有企业关心的话题，在实际操作中应关注以下三个方面：

（1）成本的发生要取得有效的票据；

（2）充分利用国家的优惠政策，具体参见《国家税务总局关于发布修订后的〈企业所得税优惠政策事项办理办法〉的公告》，条款摘录如表 7-3 所示；

（3）根据企业所得税纳税调整项目（见表 7-4），合理增加调减项目，减少调增项目，以降低利润总额，从而减少应纳税所得额。

表 7-3　企业所得税优惠事项管理目录（2017 年版）

序号	优惠事项名称
1	国债利息收入免征企业所得税
2	取得的地方政府债券利息收入免征企业所得税
3	符合条件的居民企业之间的股息、红利等权益性投资收益免征企业所得税
4	内地居民企业通过沪港通投资且连续持有H股满12个月取得的股息红利所得免征企业所得税
5	内地居民企业通过深港通投资且连续持有H股满12个月取得的股息红利所得免征企业所得税
6	符合条件的非营利组织的收入免征企业所得税
7	符合条件的非营利组织（科技企业孵化器）的收入免征企业所得税
8	符合条件的非营利组织（国家大学科技园）的收入免征企业所得税
9	投资者从证券投资基金分配中取得的收入暂不征收企业所得税
10	中国清洁发展机制基金取得的收入免征企业所得税
11	中国保险保障基金有限责任公司取得的保险保障基金等收入免征企业所得税
12	中央电视台的广告费和有线电视费收入免征企业所得税
13	中国奥委会取得的由北京冬奥组委支付的收入免征企业所得税
14	中国残奥委会取得的由北京冬奥组委分期支付的收入免征企业所得税
15	综合利用资源生产产品取得的收入在计算应纳税所得额时减计收入
16	金融机构取得的涉农贷款利息收入在计算应纳税所得额时减计收入
17	保险机构取得的涉农保费收入在计算应纳税所得额时减计收入
18	小额贷款公司取得的农户小额贷款利息收入在计算应纳税所得额时减计收入
19	取得铁路债券利息收入减半征收企业所得税
20	开发新技术、新产品、新工艺发生的研究开发费用加计扣除
21	企业为获得创新性、创意性、突破性的产品进行创意设计活动而发生的相关费用加计扣除
22	科技型中小企业开发新技术、新产品、新工艺发生的研究开发费用加计扣除
23	安置残疾人员所支付的工资加计扣除
24	从事农、林、牧、渔业项目的所得减免征收企业所得税

续表

序号	优惠事项名称
25	从事国家重点扶持的公共基础设施项目投资经营的所得定期减免企业所得税
26	从事符合条件的环境保护、节能节水项目的所得定期减免企业所得税
27	符合条件的技术转让所得减免征收企业所得税
28	实施清洁发展机制项目的所得定期减免企业所得税
29	符合条件的节能服务公司实施合同能源管理项目的所得定期减免企业所得税
30	线宽小于130纳米的集成电路生产项目的所得减免企业所得税
31	线宽小于65纳米或投资额超过150亿元的集成电路生产项目的所得减免企业所得税
32	投资于未上市的中小高新技术企业的创业投资企业按投资额的一定比例抵扣应纳税所得额
33	投资于种子期、初创期科技型企业的创业投资企业按投资额的一定比例抵扣应纳税所得额
34	投资于未上市的中小高新技术企业的有限合伙制创业投资企业法人合伙人按投资额的一定比例抵扣应纳税所得额
35	投资于种子期、初创期科技型企业的有限合伙制创业投资企业法人合伙人按投资额的一定比例抵扣应纳税所得额
36	符合条件的小型微利企业减免企业所得税
37	国家需要重点扶持的高新技术企业减按15%的税率征收企业所得税
38	经济特区和上海浦东新区新设立的高新技术企业在区内取得的所得定期减免企业所得税
39	民族自治地方的自治机关对本民族自治地方的企业应缴纳的企业所得税中属于地方分享的部分减征或免征
40	受灾地区农村信用社免征企业所得税
41	支持和促进重点群体创业就业企业限额减征企业所得税
42	扶持自主就业退役士兵创业就业企业限额减征企业所得税
43	符合条件的生产和装配伤残人员专门用品企业免征企业所得税
44	动漫企业自主开发、生产动漫产品定期减免企业所得税
45	新办集成电路设计企业减免企业所得税
46	国家规划布局内集成电路设计企业可减按10%的税率征收企业所得税

续 表

序号	优惠事项名称
47	线宽小于0.8微米（含）的集成电路生产企业减免企业所得税
48	线宽小于0.25微米的集成电路生产企业减按15%税率征收企业所得税
49	投资额超过80亿元的集成电路生产企业减按15%税率征收企业所得税
50	线宽小于0.25微米的集成电路生产企业减免企业所得税
51	投资额超过80亿元的集成电路生产企业减免企业所得税
52	线宽小于130纳米的集成电路生产企业减免企业所得税
53	线宽小于65纳米或投资额超过150亿元的集成电路生产企业减免企业所得税
54	符合条件的集成电路封装、测试企业定期减免企业所得税
55	符合条件的集成电路关键专用材料生产企业、集成电路专用设备生产企业定期减免企业所得税
56	符合条件的软件企业减免企业所得税
57	国家规划布局内重点软件企业可减按10%的税率征收企业所得税
58	经营性文化事业单位转制为企业的免征企业所得税
59	技术先进型服务企业减按15%的税率征收企业所得税
60	服务贸易创新发展试点地区符合条件的技术先进型服务企业减按15%的税率征收企业所得税
61	新疆困难地区新办企业定期减免企业所得税
62	新疆喀什、霍尔果斯特殊经济开发区新办企业定期免征企业所得税
63	设在西部地区的鼓励类产业企业减按15%的税率征收企业所得税
64	广东横琴、福建平潭、深圳前海等地区的鼓励类产业企业减按15%税率征收企业所得税
65	北京冬奥组委、北京冬奥会测试赛赛事组委会免征企业所得税
66	购置用于环境保护、节能节水、安全生产等专用设备的投资额按一定比例实行税额抵免
67	固定资产或购入软件等可以加速折旧或摊销（有条件限制，如常年处于强震状态的固定资产）
68	固定资产加速折旧或一次性扣除（有行业限制，如船舶、航空航天业）
69	享受过渡期税收优惠定期减免企业所得税

企业可对照表 7-3 争取符合企业条件的优惠项目。

例 7-2

> A 公司准备新设一家子公司 Q，Q 公司将从事国家重点扶持的公共基础设施项目投资经营，依据税法规定可享受企业所得税"三免三减半"的优惠政策。

总经理原计划于 2017 年 11 月成立 Q 公司并运营，2017 年 Q 公司初始运营时间短，预计收支持平，但 2018—2023 年企业预计每年盈利额依次为 200 万元、300 万元、500 万元、600 万元、800 万元、1 000 万元。财务经理建议 Q 公司推迟至 2018 年 1 月成立再运营，并解释如下。

（1）按原计划成立 Q 公司，2017—2019 年免交企业所得税，2020—2022 年减半缴纳企业所得税，2023 年正常缴纳企业所得税，因此，Q 公司将缴纳企业所得税合计：

（500+600+800）×25%×50%+1000×25%=237.5+250=487.5（万元）

（2）按财务经理的建议于 2018 年 1 月成立 Q 公司，2018—2020 年免交企业所得税，2021—2023 年减半缴纳企业所得税，因此，Q 公司将缴纳企业所得税合计：

（600+800+1 000）×25%×50%=300（万元）

（3）税差：487.5-300=187.5（万元），即采纳财务经理的建议，企业将少缴企业所得税 187.5 万元。

纳税调整项目明细如表 7-4 所示。

表 7-4　纳税调整项目明细表

行次	项　　目	账载数额	税收数额	调增数额	调减数额
		1	2	3	4
1	一、收入类调整项目（2+⋯+10）	*	*		
2	（一）视同销售收入	*			*
3	（二）未按权责发生制原则确认的收入				
4	（三）投资收益				
5	（四）按权益法核算长期股权投资对初始投资成本调整确认收益	*	*	*	
6	（五）交易性金融资产初始投资调整	*	*		*
7	（六）公允价值变动净损益		*		

续 表

行次	项 目	账载数额	税收数额	调增数额	调减数额
		1	2	3	4
8	（七）不征税收入	*	*		
9	（八）销售折扣、折让和退回				
10	（九）其他				
11	二、扣除类调整项目（12+…+30）	*	*		
12	（一）视同销售成本	*		*	
13	（二）职工薪酬				
14	（三）业务招待费支出				*
15	（四）广告费和业务宣传费支出				
16	（五）捐赠支出				
17	（六）利息支出				
18	（七）罚金、罚款和被没收财物的损失		*		*
19	（八）税收滞纳金、加收利息		*		*
20	（九）赞助支出		*		*
21	（十）与未实现融资收益相关在当期确认的财务费用				
22	（十一）佣金和手续费支出				*
23	（十二）不征税收入用于支出所形成的费用	*	*		*
24	（十三）跨期扣除项目				
25	（十四）与取得收入无关的支出		*		*
26	（十五）境外所得分摊的共同支出	*	*		
27	（十六）分摊境外总机构费用				*
28	（十七）向其他机构、场所分摊费用				*
29	（十八）分摊资源勘探开发费用	*		*	
30	（十九）其他				
31	三、资产类调整项目（32+34+35+36）	*	*		
32	（一）资产折旧、摊销				

续 表

行次	项　目	账载数额	税收数额	调增数额	调减数额
		1	2	3	4
33	其中：固定资产加速折旧（扣除）调减额[项目（减免性质代码）]	*	*	*	
34	（二）资产减值准备金		*		
35	（三）资产损失				
36	（四）其他				
37	四、特殊事项调整项目（38+…+43）	*	*		
38	（一）企业重组及递延纳税事项				
39	（二）政策性搬迁	*	*		
40	（三）特殊行业准备金				
41	（四）房地产开发企业特定业务计算的纳税调整额	*			
42	（五）合伙企业法人合伙人应分得的应纳税所得额				
43	（六）其他	*	*		
44	五、特别纳税调整应税所得	*	*		
45	六、其他	*	*		
46	合计（1+11+31+37+44+45）	*	*		

> **提示**
>
> **餐饮发票的列支，很多财务人员会直接计入业务招待费，而业务招待费只能按照发生额的60%纳入企业所得税扣除，且不得超过当年营业收入的5‰。**

例如，B企业2017年的营业收入为1 000万元，餐饮发票全额列支业务招待费，共20万元，企业适用所得税税率为25%。B企业2017年可纳入企业所得税扣除的业务招待费是多少？

① 业务招待费 ×60%=20×60%=12（万元）；

② 营业收入 ×5‰=1 000×5‰=5（万元）；

二者取其低，2017年B企业可纳入企业所得税扣除的业务招待费为5万元，对应抵减企业所得税 1.25（5×25%）万元。

然而，餐饮发票的列支科目（方式）不仅仅是业务招待费，还包括表 7-5 所示的其他项目。

表 7-5　餐饮发票的主要列支科目（方式）

级数	列支科目	适用情形
1	业务招待费	生产经营业务发生的餐费（最常见）
2	差旅费	员工出差过程中发生的合理餐费
3	职工福利费	如员工的午餐费、聚餐费、加班餐费等
4	职工教育经费	员工培训过程中发生的餐费
5	会议费	会议过程中发生的餐费
6	业务宣传费	企业在业务宣传过程中发生的餐费

鉴于此，B 企业财务人员将餐饮发票进行分类，发现其中 1 万元可列支职工教育经费（且未超过工资薪金总额的 8%）、1.5 万元应列入差旅费、2.5 万元为业务宣传费（且未超过营业收入的 15%）。

① 业务招待费 ×60%=（20-1-1.5-2.5）×60%=9（万元）；

② 营业收入 ×5‰=1 000×5‰=5（万元）；

2017 年 B 企业可纳入企业所得税扣除的餐饮发票为 10（5+1+1.5+2.5）万元，对应抵减企业所得税 2.5（10×25%）万元，较餐饮发票全额列支业务招待费节约 1.25（2.5-1.25）万元。

提示

根据《关于企业职工教育经费税前扣除政策的通知》（财税〔2018〕51 号），职工教育经费不超过工资薪金总额 8% 的部分，准予在计算企业所得税应纳税所得额时扣除。

企业发生的符合条件的业务宣传费支出，不超过当年销售收入（营业收入）15% 的部分，准予在计算企业所得税时扣除；超过部分准予在以后纳税年度结转扣除。

2．个人所得税的纳税筹划

提到个人所得税，我们首先想到的是免征额，注意不是起征点。所谓"起征点",是指一旦超过该点,收入全额纳税,而"免征额"只针对超过部分纳税。

个人所得税的征收范围,以个人的工资、薪金所得最为普遍,但并不局限于此,还包括劳务报酬所得、稿酬所得、偶然所得等。

> **提示**
>
> 个体工商户的生产、经营所得和对企事业单位的承包经营、承租经营所得,应缴纳个人所得税。

(1)根据《中华人民共和国个人所得税法》(成文:2018-08-31),国家也给予了免税优惠政策(见表7-6)。对于部分个人所得,经批准还可以减税(见表7-7),对于减免的优惠,个人可视情况予以利用。

表7-6 免征个人所得税的情况

序号	项目
1	省级人民政府、国务院部委和中国人民解放军军以上单位,以及外国组织、国际组织颁发的科学、教育、技术、文化、卫生、体育、环境保护等方面的奖金
2	国债和国家发行的金融债券利息
3	按照国家统一规定发给的补贴、津贴
4	福利费、抚恤金、救济金
5	保险赔款
6	军人的转业费、复员费
7	按照国家统一规定发给干部、职工的安家费、退职费、退休工资、离休工资、离休生活补助费
8	依照我国有关法律规定应予免税的各国驻华使馆、领事馆的外交代表、领事官员和其他人员的所得
9	中国政府参加的国际公约、签订的协议中规定免税的所得
10	经国务院财政部门批准免税的所得(国务院报全国人民代表大会常务委员会备案)

表7-7 可以减征个人所得税的情况

序号	项目
1	残疾、孤老人员和烈属的所得

续表

序号	项　目
2	因严重自然灾害造成重大损失的
3	其他经国务院批准减税的减税情形

根据《财政部税务总局关于2018年第四季度个人所得税减除费用和税率适用问题的通知》，2018年10月1日起，国家将工资、薪金所得基本减除费用从3 500元/月提高至5 000元/月，同时，拉大了前三档（低税率）的级距，普通工薪阶层是最广大的受益群体。工资、薪金所得的个税税率如表7-8所示。

表7-8　工资、薪金所得的个税税率

序号	全月应纳税所得额	税率	速算扣除数（元）
1	不超过3 000元的	3%	0
2	超过3 000元至12 000元的部分	10%	210
3	超过12 000元至25 000元的部分	20%	1410
4	超过25 000元至35 000元的部分	25%	2660
5	超过35 000元至55 000元的部分	30%	4410
6	超过55 000元至80 000元的部分	35%	7160
7	超过80 000元的部分	45%	15160

例7-3

小王是C公司的程序员，每月工资20 000元，扣除社保和公积金2 500元，税前应发工资17 500元。17 500-5 000=12 500（元），属于第三档（超过12 000元至25 000元）。个税计算如下：

方法一：采用对应税率和速算扣除数，(17 500-5 000)×20%-1 410=1 090（元）。

方法二：将12 500按三个档分为3 000、9 000、500三部分，分别计算个税，3 000×3%+9 000×10%+500×20%=90+900+100=1 090（元）。

因此，小王每月税后实发工资=17 500-1 090=16 410（元）。

引申"例7-3"，假设2018年10月C公司因为资金紧张未发工资，11月底将10、11月工资一并发放，小王交的个税是1 090×2=2 180（元）吗？

不是的，应合并计算应纳税所得额=20 000+20 000-2 500-2 500-5 000=30 000（元）（第四档）。

个税计算：30 000×25%-2 660=4 840（元），比按月发放工资多交个税 4 840-2 180=2 660（元），因此，企业即便资金紧张，也应优先保证工资按月发放，以避免合并计算个税，增加员工个税负担。

（2）为进一步深化个税改革，降低个人税赋，2019 年 1 月 1 日起，个人所得税专项附加扣除施行。**个人所得税专项附加扣除，是指个人所得税法规定的子女教育、继续教育、大病医疗、住房贷款利息、住房租金、赡养老人共 6 项专项附加扣除。**

继续引申"例 7-3"，假设小王有一个儿子在上小学，按照每个子女每月 1 000 元的标准定额扣除，小王的个税应纳税所得额为 12 500-1 000=11 500（元），属于第二档（超过 3000 元至 12 000 元）。个税计算为 11 500×10%-210=940（元）。

较专项附加扣除前个税 1 090 元，节约 1 090-940=150（元）。

> **提示**
>
> 纳税人个税专项附加扣除的填报方式有四种：一是按照各地税务局公告的渠道下载手机 App"个人所得税"并填写；二是登录各省电子税务局网站填写；三是填写电子信息表；四是填写纸质信息表。电子和纸质信息表都可以在各省税务局网站下载。其中，选择在扣缴单位办理专项附加扣除的，可以直接将纸质或者电子表提交给扣缴单位财务或者人力资源部门，也可以通过手机 App 或互联网 WEB 网页填写后推送给扣缴单位。

（3）除了日常的工资，不少企业会根据年终效益和员工的业绩发放年终奖。年终奖属于一次性奖励，如何算个税呢？

根据《财政部 税务总局关于个人所得税法修改后有关优惠政策衔接问题的通知》（财税〔2018〕164 号）规定，居民个人取得全年一次性奖金，符合《国家税务总局关于调整个人取得全年一次性奖金等计算征收个人所得税方法问题的通知》（国税发〔2005〕9 号）规定的，在 2021 年 12 月 31 日前，不并入当年综合所得，以全年一次性奖金收入除以 12 个月得到的数额，确定适用税率和速算扣除数，单独计算纳税。计算公式为：

应纳税额 = 全年一次性奖金收入 × 适用税率 − 速算扣除数

> **提示**
>
> 自 2022 年 1 月 1 日起，居民个人取得全年一次性奖金，应并入当年综合所得计算缴纳个人所得税。

例 7-4

> 小宋和小李均为 D 公司员工，每月应纳税所得额均为 15 000 元。年底，D 公司准备发放年终奖，总经理计划给小宋和小李分别发年终奖 35 000 元、37 000 元。财务经理建议将小李的年终奖按 35 000 元、2 000 元分两个月发，原因如下。

① 按总经理计划发年终奖。

小宋年终奖为 35 000 元，对应税率第一档（35 000÷12=2 916.67，2 916.67 ≤ 3 000），应纳税额 =35 000×3%=1 050（元），小宋年终奖实得 35 000-1 050=33 950（元）；

小李年终奖为 37 000 元，对应税率第二档（37 000÷12=3 080.33，3 000 < 3 080.33 ≤ 12 000），应纳税额 =37 000×10%-210=3 490（元），小李年终奖实得 37 000-3 490=33 510（元）。

最终，小宋实得年终奖反而比小李多 33 950-33 510=440（元）。

② 按财务经理的建议发年终奖。

发放 35 000 元奖金当月，二者工资实得和缴纳个税是相同的，次月 2 000 元奖金纳入小李当月工资缴纳个税。

次月，小宋工资部分缴纳个税（15 000-5 000）×10%-210=790（元），实得 15 000-790=14 210（元）；

小李工资加奖金缴纳个税（15 000+2 000-5 000）×10%-210=990（元），实得 17 000-990=16 010（元）。

这样，小李的实得工资比小宋多了 1 800（16 010-14 210）元。

3. 增值税的纳税筹划

增值税是国家近年税改的重点，2017 年 7 月 1 日，根据《财政部 税务总局关于简并增值税税率有关政策的通知》（财税〔2017〕37 号），增值税税率从 17%、13%、11%、6% 四档简并为 17%、11%、6% 三档。2018 年 5 月 1 起，根据《财政部 税务总局关于调整增值税税率的通知》（财税〔2018〕32 号），将原适用 17% 和 11% 税率的，分别调整为 16%、10%，即实行 16%、10%、6% 三档税率。

提示

（1）在一个纳税年度内，对每一个纳税人，一次性奖励计税办法只允许采用一次。

（2）雇员取得除全年一次性奖金以外的其他各种名目奖金，如半年奖、季度奖、加班奖、先进奖、考勤奖等，一律与当月工资、薪金收入合并，按税法规定缴纳个人所得税。

（3）对扣缴义务人按照所扣缴的税款，付给2%的手续费。比如，2018年企业代扣代缴个税10万元，税务部门应向企业支付2 000元的手续费。

根据《关于深化增值税改革有关政策的公告》规定，2019年4月1日起，将增值税一般纳税人原适用16%税率的，税率调整为13%；原适用10%税率的，税率调整为9%，如表7-9所示。

表7-9 增值税税率

序号	增值税应税项目	增值税税率
1	有形动产租赁服务	13%
2	销售或者进口货物	13%
3	加工、修理修配劳务	13%
4	陆路运输服务、水路运输服务、航空运输服务、管道运输服务	9%
5	邮政普遍服务、邮政特殊服务、其他邮政服务	9%
6	基础电信服务	9%
7	工程服务、安装服务、修缮服务、装饰服务、其他建筑服务	9%
8	不动产租赁服务、销售不动产	9%
9	转让土地使用权	9%
10	粮食、食用植物油	9%
11	自来水、暖气、冷气、热水、煤气、石油液化气、天然气、沼气、居民用煤炭制品	9%
12	图书、报纸、杂志	9%
13	饲料、化肥、农药、农机、农膜、农产品	9%
14	音像制品、电子出版物	9%
15	二甲醚	9%

续表

序号	增值税应税项目	增值税税率
16	增值电信服务	6%
17	贷款服务、直接收费金融服务、保险服务、金融商品转让	6%
18	研发和技术服务、信息技术服务	6%
19	文化创意服务	6%
20	物流辅助服务	6%
21	鉴证咨询服务	6%
22	广播影视服务	6%
23	商务辅助服务	6%
24	其他现代服务	6%
25	文化体育服务、教育医疗服务	6%
26	旅游娱乐服务、餐饮住宿服务	6%
27	居民日常服务、其他生活服务	6%
28	销售无形资产（土地使用权除外）	6%

增值税税率不同于增值税征收率，征收率主要针对小规模纳税人和一般纳税人简易计税方法下计税的项目。采用征收率计税的项目，进项税额不得抵扣。

提示

（1）根据《国家税务总局关于进一步明确营改增有关征管问题的公告》规定，自2017年7月1日起，增值税一般纳税人取得的2017年7月1日及以后开具的增值税专用发票和机动车销售统一发票，应自开具之日起360日内认证或登录增值税发票选择确认平台进行确认，并在规定的纳税申报期内，向主管税务机关申报抵扣进项税额。

（2）根据2019年3月5日在第十三届全国人民代表大会第二次会议上的《政府工作报告》要求，保持6%一档的增值税税率不变，但通过采取对生产、生活性服务业增加税收抵扣等配套措施，确保所有行业税负只减不增，继续向推进税率三档并两档、税制简化方向迈进。

根据《关于深化增值税改革有关政策的公告》的规定，自2019年4月1日起，增值税一般纳税人购进国内旅客运输服务,其进项税额允许从销项税额中抵扣,试行增值税期末留抵税额退税制度,但(增值税一般纳税)应同时满足如下条件:

(1)自 2019 年 4 月税款所属期起,连续 6 个月(按季纳税的,连续两个季度)增量留抵税额均大于 0,且第 6 个月增量留抵税额不低于 50 万元;

(2)纳税信用等级为 A 级或者 B 级;

(3)申请退税前 36 个月未发生骗取留抵退税、出口退税或虚开增值税专用发票情形的;

(4)申请退税前 36 个月未因偷税被税务机关处罚两次及以上的;

(5)自 2019 年 4 月 1 日起未享受即征即退、先征后返(退)政策的。

增值税的纳税筹划,在同等质量的前提下,要考虑成本、增值税抵扣、企业所得税等因素,综合分析后选择最优方案。

例 7-5

K 公司 2018 年 5 月有一沟渠开挖项目,K 公司有两个方案。甲方案:租赁挖掘机(含司机)施工,不含税成本 20 万元,增值税(进项税额 16%)3.2 万元。乙方案:发包给 H 建筑公司,不含税成本 18.5 万元,增值税(进项税额 10%)1.85 万元。(假设)两个方案工程质量无差别,所发生的成本能够在企业所得税税前扣除,进项税额能够正常抵扣。

(1)不含税成本,甲方案比乙方案高 1.5(20-18.5)万元;

(2)增值税抵扣,甲方案比乙方案多抵扣 1.35(3.2-1.85)万元;

(3)企业所得税,甲方案比乙方案少交 0.375(20×25%-18.5×25%)万元。

综上,甲方案的综合成本比乙方案低 0.225(1.35+0.375-1.5)万元,因此要选择租赁挖掘机(含司机)施工。如果只从成本单个因素考虑,将可能导致错误的决策。

7.2.4 税务档案管理

(1)需保管的税务档案资料:税务登记资料、月度(或季度、年度)纳税申报表、发票领购簿、税务稽查报告、中介机构出具的鉴证报告、向税务局报批的资料、向税务局备案的资料、税票复印件等。

(2)企业要指定专人对税务档案进行管理,税务档案管理人员发生轮岗、离岗等情况时,应认真进行税务档案的移交,并安排责任人监交。税务档案管理人员要做好税务资料收集整理工作，并分类装订成册，以便存档查阅。

（3）根据《中华人民共和国税收征收管理法实施细则》的规定，账簿、记账凭证、报表、完税凭证、发票、出口凭证以及其他有关涉税资料，应当保存10年，但是法律、行政法规另有规定的除外。

（4）一些企业之所以注销难，就在于其不按照规定保管税务档案相关资料，比如，遗失未使用的增值税专票等。

7.3 税务申报及税款缴纳

税务申报与税款缴纳，是企业财税人员的基本工作。伴随着国地税的合并，国地税的申报系统也进行了合并（有的省市个税是单独的系统），使税务申报更加方便。

7.3.1 税务申报

税务申报工作通常分为以下三步：

（1）登录（单位）申报系统，如图7-3所示；

图7-3

（2）填报申报报表；

（3）提交申报报表。

例 7-6

P 公司所在地的土地使用税的申报（缴纳）每年分两次：5 月和 11 月。2017 年 P 公司的办税员进行了变更，新的办税员小朱因业务不熟，遗漏了 5 月的申报，直到 11 月 10 日税务专管员打电话通知小朱，小朱才进行土地使用税的申报和缴纳。因 5 月的土地使用税属于补报缴纳，故须按日加收 0.05%（万分之五）的滞纳金。滞纳金属于企业成本支出，且不得在企业所得税税前扣除。

对此，P 公司应建立税款申报、缴纳的台账，明确时间要求，尤其是在企业税务人员交接工作中予以重点说明，以防漏报，避免形成税款滞纳金和不能税前扣除的情况。

> **提示**
> 如果企业不能进行网上申报，则应及时到当地税务大厅填写纸版申报资料，进行现场申报。

7.3.2 税款缴纳

税款的缴纳通常有两种：通过企业、税务机关、银行签订《委托银行划缴税（费）款三方协议书》（简称"三方协议"）的形式，在企业完成税务申报后进行税款的自动扣缴；企业通过对公银行账户或使用现金（个人银行卡）进行手动缴纳。

例 7-7

J 企业因常年亏损，经营严重困难，R 企业拟收购 J 企业后进行重组改造。S 税务师事务所受 R 企业所托，对 J 企业进行尽职调查时，发现企业账面的科目余额表及税务局的调查结果，均显示 J 企业无欠税情况。

S 税务师事务所进一步查看了企业的纳税申报记录，发现 J 企业未按房屋原值进行房产税申报，且存在向个人贷款支付利息，未进行个人所得税代扣代缴的情况。

由此可见，一个企业账面不欠税，并不代表企业真的不欠税。如果企业申报不实，将直接导致纳税不实，只有从纳税申报的源头查起，通过对比，才能保证企业税款的缴纳是正确的。

专家支招

01：如何跟税务局的人员打交道

作为企业的财务人员，跟税务局的人员打交道总是不可避免的，一些小的沟通方法，可以帮财务人员提高工作效率，更好地处理与税务人员的关系。

（1）表尊重、多沟通。首先称谓上可以使用"老师"，既通用，也表示了尊重。如果双方已经很熟悉了，称呼"叔叔""阿姨""哥哥""姐姐"等，只要对方乐意接受，都是可以的。比如，"张姐，您好，我又过来了，这次领10本5元的定额发票……"这样很快就拉近了关系。

税务大厅办事人员，每天面对大量的企业，工作繁琐。企业财税人员须排队办理，有时好不容易排到了，对方板着脸来一句"日期填错了，经办人没签字，章也没盖清楚……"这时财务人员一定要先平和一下心态，再说："李老师，我马上改一下，把字签上，章也带了，旁边补盖一个清楚的……您看可行不？"虽然对方语气可能不好，但要求还是合理的，因此，通过沟通及时提出解决方案，通常最为有效。

（2）有耐心、讲条理。税务事项的处理中往往涉及大量数据、疑难杂事，沟通过程中可适当放慢语速，厘清思路，准确地表达自己的想法，使对方快速理解其中诉求，并予以反馈。税务局人员讲解过程中，企业财务人员要耐心聆听，抓住要点。

（3）有争议、不畏惧。税务局人员的处理方式、方法，存在不适用于企业的情况时，要据理力争，有文件的，可出示相关文件，以保证企业的利益。必要时可以向其上级领导、部门反馈，以获取更多的信息支持，争取理解和帮助。在这个过程中，也需要财务人员掌握相关的法律法规知识，有扎实的专业基础，才能更好地变被动为主动。

02：小税重罚，小税种不可忽视

小税重罚的典型是印花税，印花税是对经济活动过程中订立、领受应税凭证（如购销合同、运输合同、营业账簿等）的行为所征收的一种税。

根据《中华人民共和国印花税暂行条例》第十三条规定，纳税人有下列行为之一的，由税务机关根据情节轻重，予以处罚：

（1）在应纳税凭证上未贴或者少贴印花税票的，税务机关除责令其补贴印花税票外，可处以应补贴印花税票金额 20 倍以下的罚款；

（2）违反本条例第六条第一款规定的，税务机关可处以未注销或者画销印花税票金额 10 倍以下的罚款；

（3）违反本条例第六条第二款规定的，税务机关可处以重用印花税票金额 30 倍以下的罚款。

例 7-8

L 企业与 M 企业于 2017 年 5 月签订一批钢材买卖合同，合同金额为 2 000 万元，购销合同对应 0.03%（万分之三）的印花税，即 20 000 000×0.03%=6 000（元），这是企业正常应缴纳的金额。如果企业不按规定做事，故意偷逃印花税的缴纳，按照罚款上限 20 倍计算，除了补缴正常的印花税 6 000 元外，还要承担的罚款金额为 6 000×20=120 000（元）。

因此，企业不可因为税小而不为，避免企业承担被税务部门罚款的风险。

提示

同一凭证，由两方或者两方以上当事人签订并各执一份的，应当由各方就所执的一份各自全额贴花。

高效工作之道

01：用 Excel 制作增值税计算表

例 7-9

W 企业是一家玩具销售企业，2017 年 W 企业实现销售收入（含税）为 1 025 687.00 元、产生材料购买成本（含税）559 863.22 元、运输费（含税）18 500.00 元、业务推广费（含税）20 000.00 元，那么，W 企业应交多少增值税呢？

这项工作用 Excel 就能完成，其效果如图 7-4 所示。

W企业增值税计算表				
业务内容	业务金额（元）	增值税税率	增值税税额（元）	备注
玩具销售	1,025,687.00	16%	141,474.07	销项税额
材料购买	559,863.22	16%	77,222.51	进项税额
运输费	18,500.00	10%	1,681.82	进项税额
业务推广费	20,000.00	6%	1,132.08	进项税额
应交增值税			61,437.66	

图 7-4

具体操作步骤如下。

步骤 1 打开素材文件"W 企业增值税计算表"，效果如图 7-5 所示。

	A	B	C	D	E
1			W企业增值税计算表		
2	业务内容	业务金额（元）	增值税税率	增值税税额（元）	备注
3	玩具销售	1,025,687.00			销项税额
4	材料购买	559,863.22			进项税额
5	运输费	18,500.00			进项税额
6	业务推广费	20,000.00			进项税额
7	应交增值税				

图 7-5

步骤 2 依次输入增值税税率。玩具销售：在 C3 单元格输入"16%"；材料购买：在 C4 单元格输入"16%"；运输费：在 C5 单元格输入"10%"；业务推广费：C6 单元格输入"6%"，如图 7-6 所示。

业务内容	业务金额（元）	增值税税率
玩具销售	1,025,687.00	16%
材料购买	559,863.22	16%
运输费	18,500.00	10%
业务推广费	20,000.00	6%

图 7-6

步骤 ③　依次输入增值税税额计算公式。D3=B3/(1+C3)*C3；D4=B4/(1+C4)*C4；D5=B5/(1+C5)*C5；D6=B6/(1+C6)*C6，计算结果如图7-7所示。

业务金额（元）	增值税税率	增值税税额（元）
1,025,687.00	16%	141,474.07
559,863.22	16%	77,222.51
18,500.00	10%	1,681.82
20,000.00	6%	=B6/(1+C6)*C6

图 7-7

步骤 ④　计算应交增值税。D7=D3-D4-D5-D6（见图7-8），即销项税额-进项税额。

业务内容	业务金额（元）	增值税税率	增值税税额（元）
玩具销售	1,025,687.00	16%	141,474.07
材料购买	559,863.22	16%	77,222.51
运输费	18,500.00	10%	1,681.82
业务推广费	20,000.00	6%	1,132.08
应交增值税			=D3-D4-D5-D6

图 7-8

02：用 Excel 制作工资个税计算表

企业每个月都会给员工发工资条，工资条上最难计算的莫过于个税了。接下来给大家介绍一个通过 Excel 计算个税的方法。

例 7-10

　　Y 企业招聘员工张三、李四、王五三人，月工资分别为 6 000 元、18 000 元、30 000 元，每个月个人应承担的养老保险、医疗保险、失业保险、住房公积金比例为 8%、2%、0.2%、10%。这三个人每人每月应交的个税和实得的工资，用 Excel 反映出来，效果如图 7-9 所示。

工资个税计算表

姓名	应发工资	养老保险（8%）	医疗保险（2%）	失业保险（0.2%）	住房公积金（10%）	扣款合计	应纳税所得额	个税	实发工资
张三	6,000.00	480.00	120.00	12.00	600.00	1,212.00	4,788.00	-	4,788.00
李四	18,000.00	1,440.00	360.00	36.00	1,800.00	3,636.00	14,364.00	726.40	13,637.60
王五	30,000.00	2,400.00	600.00	60.00	3,000.00	6,060.00	23,940.00	2,378.00	21,562.00

图 7-9

步骤 1 打开素材文件"工资个税计算表"，效果如图 7-10 所示。

步骤 2 根据下列公式计算养老保险、医疗保险、失业保险、住房公积金的缴纳金额，结果如图 7-11 所示。

C3=B3*8%，D3=B3*2%，E3=B3*0.2%，F3=B3*10%；

C4=B4*8%，D4=B4*2%，D4=B4*0.2%，D4=B4*10%；

C5=B5*8%，D5=B5*2%，D5=B5*0.2%，D5=B5*10%。

	A	B	C	D	E	F	G	H	I	J
1					工资个税计算表					
2	姓名	应发工资	养老保险（8%）	医疗保险（2%）	失业保险（0.2%）	住房公积金（10%）	扣款合计	应纳税所得额	个税	实发工资
3	张三	6,000.00								
4	李四	18,000.00								
5	王五	30,000.00								

图 7-10

姓名	应发工资	养老保险（8%）	医疗保险（2%）	失业保险（0.2%）	住房公积金（10%）
张三	6,000.00	480.00	120.00	12.00	600.00
李四	18,000.00	1,440.00	360.00	36.00	1,800.00
王五	30,000.00	2,400.00	600.00	60.00	=B5*10%

图 7-11

步骤 3 根据下列公式计算扣款金额，结果如图 7-12 所示。

G3=SUM(C3:F3)；G4=SUM(C4:F4)；G5=SUM(C5:F5)。

或者 G3=C3+D3+E3+F3；G4=C4+D4+E4+F4；G5=C5+D5+E5+F5。

姓名	应发工资	养老保险（8%）	医疗保险（2%）	失业保险（0.2%）	住房公积金（10%）	扣款合计
张三	6,000.00	480.00	120.00	12.00	600.00	=SUM(C3:F3)

图 7-12

步骤④ 根据下列公式计算应纳税所得额（扣减基本减除费用前），如图 7-13 所示。H3=B3-G3；H4=B4-G4；H5=B5-G5。

应发工资	养老保险（8%）	医疗保险（2%）	失业保险（0.2%）	住房公积金（10%）	扣款合计	应纳税所得额
6,000.00	480.00	120.00	12.00	600.00	1,212.00	=B3-G3

图 7-13

步骤⑤ 根据下列公式计算个税。

I3=ROUND(MAX((H3-5 000)*{3;10;20;25;30;35;45}%-{0;21;141;266;441;716;1516}*10,0),2)（见图 7-14）。或者：

I3=ROUND(IF((H3-5 000)<0,0,IF((H3-5 000)<3 000, (H3-5 000)*3%, IF((H3-5 000)<12 000,(H3-5 000)*10%-210,IF((H3-5 000)<25 000,(H3-5 000)*20%-1410,IF((H3-5 000)<35 000,(H3-5 000)*25%-2 660,IF ((H3-5000)<55 000,(H3-5 000)*30%-4 410,IF((H3-5 000)<80 000,(H3-5 000)*35%-7 160,(H3-5 000)*45%-15 160)))))))),2);

I4=ROUND(MAX((H4-5 000)*{3;10;20;25;30;35;45}%-{0;21;141;266;441;716;1516}*10,0),2);

I5=ROUND(MAX((H5-5 000)*{3;10;20;25;30;35;45}%-{0;21;141;266;441;716;1516}*10,0),2)。

住房公积金（10%）	扣款合计	应纳税所得额	个税	实发工资		
=ROUND(MAX((H3-5000)*{3;10;20;25;30;35;45}%-{0;21;141;266;441;716;1516}*10,0),2)						

图 7-14

步骤 ⑥ 根据下列公式计算实发工资,如图 7-15 所示。
J3=H3-I3;J4=H4-I4;J5=H5-I5。

图 7-15

03:用个人所得税 App 填报专项附加扣除

个人所得税专项附加扣除是国家赋予广大工薪族的一项改革红利,如何利用个人所得税 App 填报专项附加扣除呢?这里以 6 项专项附加扣除之一的"住房贷款利息"为例进行介绍。

步骤 ① 下载个人所得税 App。通过手机助手(软件)或应用商店,输入"个人所得税"→点击"搜索"→"安装",如图 7-16 所示。

图 7-16

步骤 ② 点击"个人中心"→"注册",如图 7-17 所示,按提示要求逐步完成注册。

步骤 ③ 点击"首页"→"住房贷款利息",如图 7-18 所示。

图 7-17

图 7-18

步骤 ④ 在打开的对话框中点击"准备完毕,进入填报"按钮,如图7-19所示。(按提示准备好产权证明、贷款合同等相关资料。)

步骤 ⑤ 填写基本信息。在产权证明下拉列表选择对应选项,如"房屋所有权证",然后依次输入证书号码、房屋坐落地址、详细地址,点击"下一步",如图7-20所示。

图 7-19

图 7-20

步骤 ⑥ 填写房贷信息。依次选择"选择扣除年度""贷款方式"(如"公积金贷款")→依次输入贷款银行、贷款合同编号、首次还款日期、贷款期限(月数)→点击"下一步",如图7-21所示。

步骤 ⑦ 填写配偶信息。选择"是否有配偶"(如"有")→填写配偶信息→选择"本人是否借款人"(如"是")→选择"扣除比例"(如"否")→点击"下一步",如图7-22所示。

步骤 ⑧ 填写申报方式。选择申报方式(如果选择"通过扣缴义务人申报",则须进一步选择履行扣缴义务的工作单位)→点击"提交"(见图7-23),即可完成住房贷款利息的填报。

图 7-21

图 7-22

图 7-23

第 8 章

全面预算管理
——未雨绸缪，运筹帷幄

古人云，凡事预则立，不预则废。全面预算作为企业管理的重要内容，是企业奋斗的目标，在企业成本费用控制、资源分配、业绩考核等方面发挥着越来越突出的作用。

有的大企业会单独设置预算管理部门，牵头全面预算工作，而在大多数企业，这项工作由财务部门负责。因此，财务人员对全面预算管理的总体要求、预算编制方法、编制流程都要系统地掌握，才能帮助企业未雨绸缪、运筹帷幄，本章将对预算管理做具体的介绍。

8.1 全面预算管理的总体要求

所谓"全面",**一是全员参与**,全面预算不仅是财务部门的事情,也是各相关业务部门的事情,尤其需要管理层的支持与参与;**二是全方位覆盖**,不仅包括日常经营业务,也包括投融资业务;**三是**包括预算编制、审批、执行、调整、监督、考评全过程。

8.1.1 全面预算管理的重要性

全面预算在企业管理中有未雨绸缪、运筹帷幄的作用,其重要性主要在于以下 4 个方面:

(1)企业的目标。全面预算编制,有收入预算、成本预算、利润预算等,为企业的发展确定了目标,指明了方向。

(2)沟通与协调。企业是一个整体,为了实现预算目标,如目标销售额 100 万元,需要销售部门销售足够数量的产品、采购部门购买足够的原材料用于生产,需要相应的资金和人力资源支持,只有企业内各系统坚持沟通与协调,才能实现企业的预算目标。

(3)控制的标准。通过预算目标的制定,管理者可以发现实际经营情况是否有所偏离,如有偏差,则找出差距并进行调整。这种差距可能是有利的,也可能是不利的。比如,目标单位产品成本为 20 元/件,实际单位产品成本为 21 元/件,就要查明原因,尽可能降低实际成本。

(4)考评的依据。全面预算将与业绩考核挂钩,对预算执行情况良好的单位要给予适当的奖励;对未能完成预算的单位要给予一定的处罚,形成激励约束机制。

8.1.2 全面预算管理的原则

全面预算的目标应与企业战略方向保持一致,在具体的编制和执行中要先进、可行,用一句俗话讲就是"跳起来,够得着"。预算目标一旦确定,要分解到位并贯彻落实。

（1）一致性原则。预算服务于企业战略目标，应与战略目标保持一致。比如，企业设定了五年的发展战略，其中一项是销售量进入行业前三。要实现这个战略目标，本年的销售量预算应该达到相应的目标水平。

（2）先进性原则。预算目标应通过努力才能实现，如果不用努力就能轻松实现，就失去了预算的激励作用。

（3）可行性原则。预算应以内外部客观环境和企业资源为基础，防止预算指标过高或过低，脱离企业实际，尤其要避免"拍脑门"式预算。

（4）量化分解原则。预算目标应量化，并进行层层分解，落实责任单位和人员，为后期考核打好基础。

（5）全面性原则。事前、事中、事后全程控制；企业全员参与，最好是企业"一把手"能亲自参与；在业务层面上，要尽可能将企业所有经济业务和事项纳入预算管理范围内。

（6）预算刚性原则。预算目标确认之后，不能随意更改，要保证预算的刚性，反之，则可能使企业预算流于形式。如果确实存在客观原因，需要调整预算，应重新履行相应的审签程序。

8.2　全面预算的编制方法

企业应根据自身的情况（如企业规模、管理水平、发展阶段等），结合不同的预算编制模式的特点，选择恰当的编制模式，使其服务于企业管理目标。

8.2.1　全面预算的编制模式

全面预算的编制模式分为三种：权威式预算（自上而下）、参与式预算（自下而上）、混合式预算（上下结合）。

1．权威式预算

权威式预算是由企业最高管理层直接制定并下达预算目标，业务部门只是预算的执行者，不参与预算的编制。

（1）权威式预算的优点。

① 通常能与企业战略目标保持一致。

② 可节省预算时间，快速做出决策。

③ 适用于家族式企业或产品线较少的小型（初创）企业。

（2）权威式预算的不足。

① 对企业管理者素质要求较高，一旦管理者制定的预算出错，将直接导致预算失效。

② 由于业务层面未能参与预算编制，执行过程中可能积极性不高。

2. 参与式预算

参与式预算由企业各层级共同参与预算的编制，编制完成后汇总至最高管理层进行预算审批，审批之后下达执行。

（1）参与式预算的优点。

① 各层级参与度高，激励作用明显。

② 适用于环境随时变化的企业，业务层级能够及时掌握一手的营运数据和信息，并反映在预算中。

（2）参与式预算的不足。

① 低层级的参与者不了解企业战略，制定的预算可能偏离企业战略目标。

② 由于存在信息不对称，高层管理者审批过严或过松，将可能削弱预算的可行性。

3. 混合式预算

混合式预算介于权威式预算和参与式预算之间，保留了对预算编制的控制权，使其符合企业战略目标。同时，各层级参与度高，进而可获得各层级的专业信息。

混合式预算适用于绝大多数企业，不足之处在于预算编制时间通常较长（2~4个月）。混合式预算的编制步骤如下：

（1）确定预算工作的组织结构和参与人员。参与者通常包括企业领导者和各业务部门的经理，也可能包括关键岗位的技术人员；

（2）高层管理者结合战略目标，下达预算编制指导意见，明确总体目标、编制要点、时间节点等内容；

（3）各层级依据指导意见的要求，按照时间节点和编制要求，结合本层级经营业务的数据情况，编报预算初稿；

（4）高层管理者审查各层级上报的预算初稿，对存在问题的地方进行互动沟通，形成修改意见；

（5）确定最终预算。

8.2.2 全面预算的编制方法

按照预算出发点的不同，预算方法可分为增量预算和零基预算；按预算期间的不同，预算方法可分为定期预算和滚动预算；按照业务量基础的数量特征的不同，预算方法可分为固定预算和弹性预算。

1．增量预算法与零基预算法

（1）增量预算法。预算工作以基期水平为基础，并在基期数据上进行调整，进而形成当期预算。当期预算的可靠性依赖基期数据的合理性。

> **例 8-1**
>
> 　　甲企业经过多年的发展，各项管理趋于规范，在编制 2019 年预算时，甲企业决定采用增量预算法。2018 年甲企业实现营业收入 2 000 万元，发生营业成本 1 800 万元，实现企业毛利 200 万元。2019 年甲企业以 2018 年经营情况为基础，结合企业发展的趋势，预计实现营业收入增长 10%，企业毛利增长 15%。

2019 年营业收入预算：2 000×（1+10%）=2 200（万元）

毛利预算：200×（1+15%）=230（万元）

营业成本预算：2 200-230=1 970（万元）

（2）零基预算法。预算工作不考虑基期成本费用的开支情况，完全根据预算期的需要，重新确定各项预算指标的合理性，并形成新的预算。零期预算数据相对增量预算往往更加准确，有利于各单位压缩成本费用的支出，但编制工作量也会明显增加。

 提示

　　在企业内外部环境发生重大变化时，以基期数据为基础，将不适应新的形势，此时应采用零基预算法。对于一贯采用增量预算的单位，经过 5 年左右的发展，应采用一次零基预算，重新审视各项经济业务的合理性，并进行资源的重新整合。

2．定期预算法与滚动预算法

（1）定期预算法。定期预算是以会计期间作为预算期间编制预算的方法，其优点是便于与会计报告数据进行对比分析；缺点是定期预算不利于根据实际的经营情况及时做出调整。当预算期内各项经济活动发生重大变化时，定期预算将失去指导性。

以年度为预算期间的定期预算如表 8-1 所示。

表 8-1　以年度为预算期间的定期预算

2018 年预算												
1月	2月	3月	4月	5月	6月	7月	8月	9月	10月	11月	12月

⇩

2019 年预算												
1月	2月	3月	4月	5月	6月	7月	8月	9月	10月	11月	12月

（2）滚动预算法。滚动预算又称连续预算、永续预算，滚动预算的预算期与会计期间相分离，虽然保持一个预算期间，但会随着预算执行不断延伸。其优点是可随时间推移，不断进行预算修正，使其与实际情况更加吻合；缺点是不便于与会计期间对比，编制工作量更大。

按照滚动期间的不同，滚动预算可以分为逐月滚动、逐季滚动（见表 8-2）和混合滚动（见表 8-3）。

> **提示**
>
> 混合滚动：同时以月份（近期）和季度（远期）作为预算的编制和滚动单位的方法。

表 8-2　逐季滚动

2018 年			
一季度	二季度	三季度	四季度

⇩根据执行情况调整

2018 年			2019 年
二季度	三季度	四季度	一季度

⇩根据执行情况调整

2018 年		2019 年	
三季度	四季度	一季度	二季度

表 8-3　混合滚动

2018 年					
一季度			二季度	三季度	四季度
1 月	2 月	3 月			

⇩ 根据执行情况调整

2018 年					2019 年
二季度			三季度	四季度	一季度
4 月	5 月	6 月			

⇩ 根据执行情况调整

2018 年				2019 年	
三季度			四季度	一季度	二季度
7 月	8 月	9 月			

3. 固定预算法与弹性预算法

（1）固定预算法。固定预算（静态预算）是指以预算期内某一固定的业务量（生产量、销售量等）水平作为唯一基础来编制预算的方法。比如，企业预算销售 1 000 台产品，对应的生产台数、生产成本、销售成本、管理费用等都以这 1 000 台的销售量为基础进行编制。因为其编制基础是唯一的，因此灵活性较差，适合经营情况稳定的企业。

（2）弹性预算法。弹性预算（动态预算）是指按照预算期内可能的一系列业务量（或业务量区间）水平编制的系列预算方法。

例 8-2

乙企业采用弹性预算法进行本年的营业利润的预算。乙企业正常的年销售量为 100 万袋，单价为 10 元/袋，对应的营业收入为 1 000 万元，各项成本费用与销售收入保持固定的比例关系。乙企业对预算收入的可能情况进行了计算列示（见表 8-4），以更好地应对经营过程中的变化。

表 8-4　乙企业营业利润预算

单位：万元

营业收入	700	800	900	1000	1100
占正常销售能力百分比	70%	80%	90%	100%	110%
营业成本（0.7）	490	560	630	700	770
税金及附加（0.03）	21	24	27	30	33
销售费用（0.05）	35	40	45	50	55
管理费用（0.1）	70	80	90	100	110
财务费用（0.01）	7	8	9	10	11
资产减值损失（0.005）	3.5	4	4.5	5	5.5
营业利润	73.5	84	94.5	105	115.5

8.3　全面预算的具体编制

全面预算的编制以销售预算为起点。大丰制衣厂确定了2019年销售收入目标为200万元，假定单价为100元/件，那么对应需要实现的销售量为2万件，接下来就是"以销定产"，预算为完成生产需要投入的生产要素及成本，最后汇总成一套完整的预算报表。具体流程如图8-1所示。

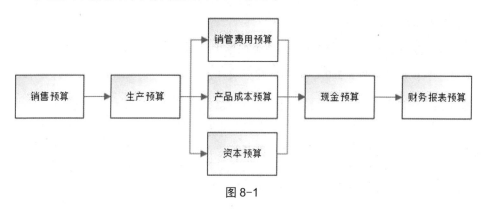

图8-1

下面结合图 8-1，将全面预算层层分解，并从各单项预算流程入手，化繁为简，逐一进行介绍。

8.3.1 销售预算

编制企业销售预算不仅要考虑企业的历史销售情况，还要考虑宏观环境、行业环境等外在因素，以实现企业战略为指引，进行合理的目标确定。由于销售价格通常由市场确定，因此销售预算的关键在于销售数量的预算，同时，要考虑企业的赊销比例情况，确认对应销售现金流入。

例 8-3

丙企业正在编制 2019 年销售预算，销售部分 50% 为现销，销售完成当季收回；50% 为赊销，于下个季度收回，2019 年一季度将收回 2018 年四季度形成的赊销货款 500 万元。2019 年一至四季度的预算销量分别为 60 万件、72 万件、75 万件、78 万件，销售单价为 25 元/件，2019 年销售预算数据如表 8-5 所示。

表 8-5　丙企业 2019 年销售预算

预算指标	一季度	二季度	三季度	四季度	全年合计
销售数量（万件）	60	72	75	78	285
销售单价（元）	25	25	25	25	25
销售金额（万元）	1 500	1 800	1 875	1 950	7 125
现销（50%）	750	900	937.5	975	3 562.5
赊销（50%）	500	750	900	937.5	3 087.5
现金流入（万元）	1 250	1 650	1 837.5	1 912.5	6 650

8.3.2 生产预算

生产预算以销售预算为基础，**预计生产量 =（预计销售量 + 预计期末产品存货数量）-（预计）期初产品存货数量**。期末产品存货数量，可以是一个确定的数量,如 2 万件,也可以按预计下期销售量的一定比例确定。

例 8-4

丙企业 2018 年年底产品存货为 5 万件,2019 年年底预计存货 6 万件,其他各期存货以下期销售量的 10% 确定。

2019 年一季度存货:72×10%=7.2(万件)
2019 年二季度存货:75×10%=7.5(万件)
2019 年三季度存货:78×10%=7.8(万件)
2019 年生产预算数据如表 8-6 所示。

表 8-6　丙企业 2019 年生产预算

单位:万件

预算指标	一季度	二季度	三季度	四季度	全年合计
预算销量	60	72	75	78	285
+期末存货	7.2	7.5	7.8	6	6
-期初存货	5	7.2	7.5	7.8	5
预算产量	62.2	72.3	75.3	76.2	286

8.3.3 产品成本预算

产品成本是直接材料成本、直接人工成本、制造费用的总和,因此产品成本的计算应以料、工、费的预算为基础。同时,结合现金支出情况,确定各期现金流出。

1. 直接材料成本预算

直接材料成本预算以生产预算为基础,并结合单位产品材料消耗,计算出材料的总体消耗。材料采购以消耗为基础,结合期初、期末材料存量,确定当期采购数量。

例 8-5

丙企业 2018 年年底材料存货为 9.5 吨,2019 年年底预计存货 10 吨,其他各期存货以下期材料生产用量的 10% 确定。现金采购材料比例为 40%,采购当季支出;赊购材料比例,于采购下一个季度支出。2018 年赊购的材料费为 400 万元,需要在一季度支出。2019 年直接材料成本预算数据如表 8-7 所示。

表 8-7　丙企业 2019 年直接材料成本预算

预算指标	一季度	二季度	三季度	四季度	全年合计
预计产量（万件）	62.2	72.3	75.3	76.2	286
单位产品消耗材料（千克）	2	2	2	2	2
材料总消耗（吨）	1 244	1 446	1 506	1 524	5 720
＋期末存货（吨）	14.46	15.06	15.24	10	10
－期初存货（吨）	9.5	14.46	15.06	15.24	9.5
采购量（吨）	1 248.96	1 446.6	1 506.18	1 518.76	5 720.5
采购单价（元/吨）	5 000	5 000	5 000	5 000	5 000
材料消耗（万元）	622	723	753	762	2 860
采购价款（万元）	624.48	723.30	753.09	759.38	2 860.25
现购（40%）	249.79	289.32	301.24	303.75	1 144.1
赊购（60%）	400	374.69	433.98	451.85	1 660.52
现金流出（万元）	649.79	664.01	735.22	755.6	2 804.62

注：1 万千克 =10 吨

2．直接人工成本预算

直接人工成本预算以生产预算为基础，并结合单位产品所需工时和工资标准，测算人工成本。

例 8-6

丙企业单位产品所需工时为 0.5 小时，单位小时工资为 15 元。2019 年直接人工成本预算数据如表 8-8 所示。

表 8-8　丙企业 2019 年直接人工成本预算

预算指标	一季度	二季度	三季度	四季度	全年合计
预计产量（万件）	62.2	72.3	75.3	76.2	286
单位产品工时（小时）	0.5	0.5	0.5	0.5	0.5
生产总工时（万小时）	31.1	36.15	37.65	38.1	143
单位小时工资（元）	15	15	15	15	15
直接人工成本（万元）	466.5	542.25	564.75	571.5	2 145

3. 制造费用预算

制造费用包括变动制造费用和固定制造费用。变动制造费用与产量保持固定的比例关系；固定制造费用不受产量的影响，金额是固定的。

例 8-7

丙企业变动制造费用包括间接人工费、间接材料费、水电费等；固定制造费用包括管理人员工资、折旧费、修理费等。2019 年制造费用预算数据如表 8-9 所示。

表 8-9　丙企业 2019 年制造费用预算

预算指标	一季度	二季度	三季度	四季度	全年合计
预计产量（万件）	62.2	72.3	75.3	76.2	286
变动制造费用					
间接人工费（万元）	31.1	36.15	37.65	38.1	143
间接材料费（万元）	18.66	21.69	22.59	22.86	85.8
水电费（万元）	6.22	7.23	7.53	7.62	28.6
其他变动制造费用（万元）	12.44	14.46	15.06	15.24	57.2
变动制造费用合计（万元）	68.42	79.53	82.83	83.82	314.6
固定制造费用					
管理人员工资（万元）	60	60	60	60	240
折旧费（万元）	12	12	12	12	48
修理费（万元）	5	5	5	5	20
其他固定制造费用（万元）	6	6	6	6	24
固定制造费用合计（万元）	83	83	83	83	332
制造费用合计（万元）	151.42	162.53	165.83	166.82	646.6
－折旧费（万元）	12	12	12	12	48
现金流出（万元）	139.42	150.53	153.83	154.82	598.6

4. 产品成本预算

产品成本的预算应以销售预算、生产预算、直接材料成本预算、直接人工成本预算和制造费用预算为基础。**产品成本 = 期初产品存货成本 + 本期投入的生产成本 - 期末产品存货成本。**

> **例 8-8**
>
> 丙企业 2019 年期初产品存货为 5 万件，单位存货成本为 20 元/件，期末产品预计存货为 6 万件，丙企业存货计量采用先进先出法核算。2019 年产品成本预算数据如表 8-10 所示。

表 8-10　丙企业 2019 年产品成本预算

预算指标	一季度	二季度	三季度	四季度	全年合计
期初产品（5 万件）存货成本（万元）					100
直接材料费（万元）	622	723	753	762	2 860
直接人工费（万元）	466.5	542.25	564.75	571.5	2 145
制造费用（万元）	151.42	162.53	165.83	166.82	646.6
生产成本合计（万元）	1 239.92	1 427.78	1 483.58	1 500.32	5 651.6
预算产量（万件）	62.2	72.3	75.3	76.2	286
单位生产成本（元）					19.76
期末产品（6 万件）存货成本（万元）					118.56
产品成本（万元）					5 633.04

8.3.4　销售费用预算

销售费用预算以销售量为基础，包括销售部门的人员工资、广告费、差旅费、业务费等。

> **例 8-9**
>
> 丙企业有销售人员 5 人，基本工资为 6 000 元/月/人，已签订广告合同 1 万元/季度，固定销售费用合计 10（5×0.6×3+1）万元/季度。另外，根据企业制度，为鼓励销售，销售人员实现销售享有的提成为 0.6 元/件。2019 年销售费用预算数据如表 8-11 所示。

表 8-11　丙企业 2019 年销售费用预算

预算指标	一季度	二季度	三季度	四季度	全年合计
固定销售费用（万元）	10	10	10	10	40
变动销售费用					
预算销量（万件）	60	72	75	78	285
单位销售费用（元）	0.6	0.6	0.6	0.6	0.6
变动销售费用合计（万元）	36	43.2	45	46.8	171
销售费用合计（万元）	46	53.2	55	56.8	211

8.3.5　管理费用预算

管理费用包括管理人员工资、差旅费、办公费、折旧费等，这些费用通常都是固定的，不受销售情况的影响。

例 8-10

丙企业管理费用预算为 105 万元/季度，其中折旧费为 2.5 万元/季度。2019 年管理费用预算数据如表 8-12 所示。

表 8-12　丙企业 2019 年管理费用预算

预算指标	一季度	二季度	三季度	四季度	全年合计
管理费用（万元）	105	105	105	105	420
－折旧费用（万元）	2.5	2.5	2.5	2.5	10
现金流出（万元）	102.5	102.5	102.5	102.5	410

8.3.6　资本预算和现金预算

资本预算又称投资预算，是企业为获取一定的期望报酬而做出的资本支出计划。

现金预算是以销售预算、产品成本预算、销管费用预算、资本预算及融资预算等为基础，结合实际的资金收支编制的预算。预算中应注意扣除折旧、摊销等非付现的成本支出。

例 8-11

丙企业预计于 2019 年一季度初、三季度初分别购置价值为 120 万元、100 万元的生产设备。如有资金短缺，企业将进行对外融资，融资在季度期初，融资利息为 8%/年，利息按季度支付，融资金额为 10 万元的整数倍，有充裕资金优先进行资金偿还，资金余额不得低于 10 万元。因购置设备而产生的融资利息，予以资本化。2019 年现金预算（含资本预算）数据如表 8-13 所示。

表 8-13 丙企业 2019 年现金预算（含资本预算）

单位：万元

预算指标	一季度	二季度	三季度	四季度	全年合计
期初现金余额	200	13.99	59.7	185.9	200
+销货现金收入（表 8-5）	1 250	1 650	1 837.5	1 912.5	6 650
可供使用现金	1 450	1 663.99	1 897.2	2 098.4	6 850
−各项支出					
直接材料成本（表 8-7）	649.79	664.01	735.22	755.6	2 804.62
直接人工成本（表 8-8）	466.5	542.25	564.75	571.5	2145
制造费用（表 8-9）	139.42	150.53	153.83	154.82	598.6
销售费用（表 8-11）	46	53.2	55	56.8	211
管理费用（表 8-12）	102.5	102.5	102.5	102.5	410
投资支出	120		100		220
+融资收入	90				90
−偿还借款		90			90
−偿还利息	1.8	1.8			3.6
期末现金余额	13.99	59.7	185.9	457.18	457.18

8.3.7 财务报表预算

财务报表的预算包括利润表的预算、现金流量表的预算、资产负债表的预算。财务报表预算是汇总预算，接下来按照本章丙企业的预算情况进行介绍。

1. 利润表预算

例 8-12

结合丙企业的预算资料,编制丙企业 2019 年利润表(简表)预算,如表 8-14 所示。

表 8-14　丙企业 2019 年利润表预算

单位:万元

预算指标	本期数(2019 年)	上期数(略)
营业收入(表 8-5)	7 125	
-营业成本(表 8-10)	5 633.04	
-销售费用(表 8-11)	211	
-管理费用(表 8-12)	420	
营业利润	860.96	

2. 现金流量表预算

例 8-13

结合丙企业预算资料,编制丙企业 2019 年现金流量表(简表)预算,如表 8-15 所示。

表 8-15　丙企业 2019 年现金流量表预算

单位:万元

预算指标	本期数(2019 年)	上期数(略)
(1)经营活动		
经营活动现金流入	6 650	
-经营活动现金流出	6 169.22	
经营活动现金净流量	480.78	
(2)投资活动		
投资活动现金流入	0	
-投资活动现金流出	220	
投资活动现金净流量	-220	

续 表

预算指标	本期数（2019年）	上期数（略）
（3）筹资活动		
筹资活动现金流入	90	
－筹资活动现金流出	93.6	
筹资活动现金净流量	－3.6	
（4）现金流量净额	257.18	
＋期初现金余额	200	
（5）期末现金余额	457.18	

3．资产负债表预算

例 8-14

结合丙企业预算资料，编制丙企业 2019 年资产负债表（简表）预算，如表 8-16 所示。

表 8-16　丙企业 2019 年资产负债表预算

单位：万元

资产	期末数	期初数（略）	负债	期末数	期初数（略）
货币资金（表 8-15）	457.18		应付账款	455.63	
应收账款（表 8-5）	975		……		
……			负债合计		
			所有者权益		
			……		
			股东权益合计		
资产合计			负债和股东权益合计		

提示

全面预算关于财务报表的预算编制顺序为利润表→现金流量表→资产负债表，而财务决算报表的填报顺序通常为资产负债表→利润表→现金流量表。

在预算三张财务报表时，期初数（上期数）通常是确定的，不作为预算内容，但依然会对当期的预算产生影响，比如，期初的货币资金金额必将影响期末的货币资金金额，因此，企业需要根据自身数据进行调整。

 专家支招

01：固定成本和变动成本的区分

（1）固定成本是指在一定期间、一定业务量范围内，保持固定不变的成本。固定成本通常可分为约束性固定成本和酌量性固定成本。

约束性固定成本：为维持企业基本经营能力而必须开支的最低成本，通常由固有决策形成。比如，固定资产的折旧费、管理人员工资、房屋租金、取暖费等。

酌量性固定成本：受管理者经营决策影响，并在预算期内保持不变，因此又称为自定性固定成本。比如，科研经费、广告费、职工培训费等。

（2）变动成本与固定成本相反，随着业务量的增加，相应成本成正比例增加，单位成本保持不变。变动成本通常可分为技术性变动成本和酌量性变动成本。

技术性变动成本：与企业业务量有明确的技术或者实物关系的成本，如直接材料费、直接人工费。

酌量性变动成本：受企业管理者影响而改变的变动成本，如销售人员基于销售量的提成。

（3）当超过一定期间或业务量时，企业的所有成本都将是变动的。比如，在一定业务量范围内的设备折旧是固定的，如果超过这个业务量，设备将超负荷运作，势必加速折旧。

02：做全面预算要打破财务部门自我界限，实现部门间的合作

全面预算需要各业务部门共同参与。财务部门作为全面预算管理的牵头部门，不能闭门造车，要积极与各部门进行沟通。

（1）财务部门要清楚，预算编制需要哪些部门的参与，每个部门需要预算哪一部分，并通过文件签发、会议纪要、即时通信等形式准确传达给各部门的预算负责人。

（2）对预算中存在的技术性问题，如预算报表格式错误、金额单位错误、编写时间错误等，财务部门要及时与业务部门沟通并更正。既要保证业务部门的预算符合企业总体要求，也要理解各部门的难处。

（3）对于预算工作的进度，要及时向预算管理委员会或主管预算工作的负责人进行汇报，并将上级要求及时传达给各业务部门。

（4）预算时间要尽可能充裕，以保证各业务部门能够充分准备，将可能的因素考虑在内，增加预算的准确性和可执行性。

高效工作之道

01：用 Excel 做一套预算表样

财务部门作为全面预算的牵头部门，要能够根据企业预算的要素，编制预算的表样，方便预算工作的开展。在前文讲解预算编制时，虽然已有所介绍，但为了便于运用，需要利用 Excel 来完成。这里结合案例选择性地介绍一些重点内容。

> **例 8-15**
> 东美公司的销售部门正在进行 A 产品 2019 年的销售预算，销售部分的 60% 为现销，销售当季收回；40% 为赊销，于下个季度收回，2019 年一季度收回 2018 年销售货款 45 000 元。

根据上面的案例制作一套预算表样，具体操作步骤如下。

步骤① 打开预算表样中的销售预算表，双击后修改左下角"Sheet1"的表名为"销售预算"，使用相同的方法修改其他工作表的名称，如图 8-2 所示。

步骤 2 录入基础数据→设置预算指标单位→设置下列表格公式→生成销售预算表，如图 8-3 所示。

F3=SUM(B3:E3)；

B5=B3*B4，C5=C3*C4，D5=D3*D4，E5=E3*E4，F5=F3*F4；

B6=B5*0.6，C6=C5*0.6，D6=D5*0.6，E6=E5*0.6，F6=F5*0.6；

C7=B5*0.4，D7=C5*0.4，E7=D5*0.4；F7=SUM(B7:E7)；

B8=SUM(B6:B7)，C8=SUM(C6:C7)，D8=SUM(D6:D7)，E8=SUM(E6:E7)；F8=SUM(F6:F7)。

	A	B	C	D	E	F
1	销售预算					
2	预算指标	一季度	二季度	三季度	四季度	全年合计
3	销售数量					
4	销售单价					
5	销售金额					
6	现销					
7	赊销					
8	现金流入					

图 8-2

销售预算					
预算指标	一季度	二季度	三季度	四季度	全年合计
销售数量（个）	2000	2500	3000	2600	10100
销售单价（元）	25	25	25	25	25
销售金额（元）	50000	62500	75000	65000	252500
现销（60%）（元）	30000	37500	45000	39000	151500
赊销（40%）（元）	45000	20000	25000	30000	120000
现金流入（元）	75000	57500	70000	69000	271500

图 8-3

步骤 3 设置预算表之间的数据引用，比如，通过下列公式，设置现金预算表中的销售现金收入直接取销售预算表中的现金流入，如图 8-4 和图 8-5 所示。

B4= 销售预算 !B8，C4= 销售预算 !C8，D4= 销售预算 !D8，E4= 销售预算 !E8，F4= 销售预算 !F8。

图 8-4

图 8-5

02：用 PowerPoint 制作财务预算数据简报

PowerPoint 是用于制作演示文稿的软件，简称 PPT，是财务人员必须掌握的办公软件之一。当财务人员需要制作财务简报或需要在会议上展示财务报告等时，就需要通过 PPT 来完成。本例是东美公司财务负责人李正按照总经理的工作部署，制作的一份 2019 年财务预算数据简报。简报主要包括营业（单项）预算和财务（汇总）预算两个部分，效果如图 8-6 所示。

图 8-6

用 PPT 制作简报的具体操作步骤如下。

步骤① 打开素材文件"工作总结 PPT 模板"，将其另存为"2019 年财务预算数据简报"，选择"视图"→"母版视图"→"幻灯片母版"，如图 8-7 所示。

步骤② 进入幻灯片母版，选择第 1 张幻灯片中白色的形状，选择"格式"→"插入形状"→"编辑形状"→"更改形状"→"矩形",如图 8-8 所示。

步骤③ 形状更改为矩形后,将矩形调整到合适的大小。将该幻灯片文本框中的文本颜色设置为白色,然后选择"插入"→"插图"→"形状"→"燕尾形",如图 8-9 所示。

步骤④ 拖动鼠标在文本框前面绘制一个"燕尾形",在"格式"选项卡"形状样式"组中为其应用"强烈效果-蓝色,强调颜色 1"样式。然后在"形状填充"下拉列表中选择"白色,背景色 1",将形状填充为白色,如图 8-10 所示。

图 8-7

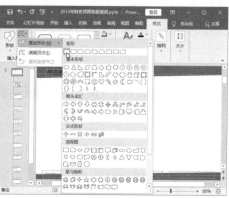

图 8-8

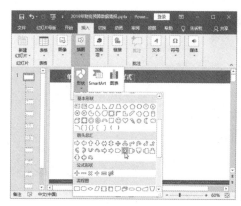

图 8-9

图 8-10

步骤⑤ 复制该形状,然后选择"插入"→"图像"→"图片",打开"插入图片"对话框,选择公司 logo 图片,然后单击"插入"按钮,如图 8-11 所示。将 logo 图片插入到幻灯片中后,将图片调整到幻灯片右上角,如图 8-12 所示。

第 8 章 全面预算管理

图 8-11　　　　　　　　　　　图 8-12

步骤 ⑥ 单击"幻灯片母版"→"关闭"→"关闭幻灯片母版",退出幻灯片母版视图。在第 1 张幻灯片中的文本框中输入相应的文本,再绘制一个圆角矩形,将形状颜色填充为白色,取消形状轮廓,然后将年份文本框移动到圆角矩形上,在"字体"组中设置字体格式,在"字体颜色"下拉列表中选择"取色器"选项,鼠标指针变成吸管工具(见图 8-13),在需要的颜色上单击,即可将吸取的颜色填充为字体颜色。

步骤 ⑦ 选择第 2 张幻灯片,删除第 2 点和第 4 点对应的文本框和形状,然后对剩余的文本内容和字体格式进行设置。选择所有的形状,按住"Shift"键的同时按住鼠标左键不放,拖动选择框右下角的小圈,等比例调整形状大小,如图 8-14 所示。

图 8-13　　　　　　　　　　　图 8-14

 提示

绘制正圆时,需要按住"Shift"键。

步骤 ⑧ 使用前面绘制形状的方法在第 3 张幻灯片中绘制正圆和圆角矩形,并对幻

215

灯片中原有的文本框中的内容进行修改，然后复制文本框，制作过渡页幻灯片中包含的内容。选择需要添加项目符号的文本框，选择"开始"→"段落"→"项目符号"→"箭头项目符号"（见图8-15），为文本框中的文本添加项目符号。

步骤 9 在第4张幻灯片中的标题文本框中输入标题"销售预算"，删除内容文本框中多余的文本，将其移动到幻灯片下方。打开预算表格，在"销售预算"工作表中选择需要复制的单元格区域，按"Ctrl+C"组合键进行复制，如图8-16所示。

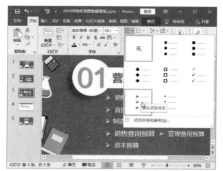
图 8-15

图 8-16

步骤 10 切换到PPT中，按"Ctrl+V"组合键，将复制的表格内容粘贴到第4张幻灯片中，然后将表格中的备注内容粘贴到幻灯片中的文本框中，如图8-17所示。

步骤 11 选择幻灯片中的表格，选择"表格工具–设计"→"表格样式"，在列表框中选择需要的表格样式，如图8-18所示。

图 8-17

图 8-18

步骤 ⑫ 对幻灯片中的文本框和表格中文本的字体格式进行设置。选择表格，在"表格工具－设计"选项卡"绘制边框"组中将边框粗细设置为"0.75磅"，边框颜色设置为"白色，背景1，深色35%"，如图8-19所示。

步骤 ⑬ 选择整个表格，选择"表格工具－设计"→"表格样式"→"边框"→"内部横框线"，如图8-20所示。

步骤 ⑭ 使用相同的方法，为表格第一列添加右框线。选择第2列至第5列，单击"表格工具－布局"→"对齐方式"→"居中"，使单元格中的数据居中对齐于单元格中，如图8-21所示。

图 8-19

图 8-20

步骤 ⑮ 选择第4张幻灯片，选择"开始"→"幻灯片"→"幻灯片版式"→"标题和内容"，如图8-22所示。

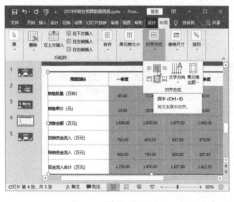

图 8-21

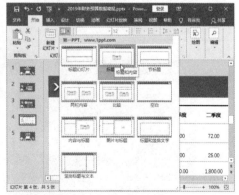

图 8-22

步骤 ⑯ 新建一张标题和内容页版式的幻灯片，使用制作第4张幻灯片的方法制作第5张幻灯片，然后使用制作第5张幻灯片的方法制作第6张至第12张幻灯片。选择第 3 张幻灯片，单击鼠标右键，在弹出的快捷菜单中选择"复制幻灯片"命令，如图 8-23 所示。

步骤⑰ 复制一张完全相同的幻灯片，然后选择复制的幻灯片，并将其拖动至结束页幻灯片前面，如图 8-24 所示。

步骤⑱ 释放鼠标左键，拖动的幻灯片将变成第 13 张幻灯片。对幻灯片中的内容进行相应的更改，效果如图 8-25 所示。

步骤⑲ 使用制作第 5 张幻灯片的方法制作第 14 张至第 17 张幻灯片的制作，效果如图 8-26 所示。

图 8-23

图 8-24

提示

幻灯片表格中需要的数据都是从"预算表格"工作簿对应的工作表中复制过来的。

图 8-25

图 8-26

第2篇 财报分析

财报分析是通过分析企业财务报告数据，对企业的财务状况、经营成果和现金流量进行评价，为财务报告的使用者提供决策相关信息的一项财务管理工作。财务报告的数据信息是企业在一定时期内生产经营情况的浓缩反映。本篇通过化繁为简的形式，探究财务报告看得见的光环和看不见的秘密。

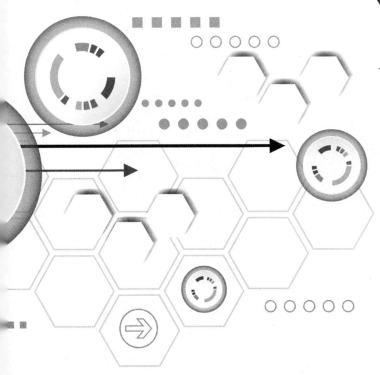

第 9 章

资产负债表
——企业财务状况的晴雨表

企业财务报告的三张主表：资产负债表、利润表、现金流量表。资产负债表排首位，被称为企业财务状况的"晴雨表"，因为通过这张表不仅可以看到企业资产的增减、负债的变动，还可以看到利润的留存等情况。

资产负债表反映了企业在某一特定时间（如12月31日）的资产、负债和所有者权益的情况，这三者之间的关系为**资产 = 负债 + 所有者权益**。公式指明了企业资产的两个来源：债权人和所有者。

企业的资产根据其流动性强弱，可进一步分为流动资产和非流动资产，流动性代表资产的变现能力或者耗用速度。负债根据其偿还期限长短，可分为流动负债和非流动负债。

9.1 流动资产

流动资产是指企业可以在一年（或者一个营业周期）内变现或者耗用的资产，是企业资产中非常重要的组成部分。主要包括货币资金、应收账款、其他应收款、预付账款、存货等。

9.1.1 货币资金

货币资金是资产负债表中的第一个流动资产项目，主要包括库存现金、银行存款，也包括其他货币资金，比如，外埠存款就属于其他货币资金。货币资金看起来很"老实"，比如说账面有100元的货币资金，那就是100元，但如果是100元的存货，那就不一定了，因为可能存在贬值，变卖的时候只值90元了，然而货币资金也是有"水分"的。

> **提示**
>
> **外埠存款主要是为方便外地采购，而在采购地建立的银行资金专户，其账户资金只付不收，付完清户。由于网上银行的推广，这种资金账户现已很少使用。**

例 9-1

> A企业是一家多元化的经营企业，2017年12月31日货币资金为1 000万元。B企业的货币资金为800万元，是不是A的货币资金情况就比B企业好呢？通过具体调查，我们发现下列情况。

（1）A企业为保证12月31日有较高的货币资金余额，将本应于12月25日支付的材料款180万元，故意延期至2018年1月支付。

（2）A企业的货币资金中有50万元为存入银行的民工工资保证金，该款必须在A企业管理的工程项目完工后，且不存在拖欠民工工资的情况下，才可以提取使用，属于受限资金。

因此，在分析资产负债表的货币资金时，不仅要看其金额的大小，还要看货币资金是否存在故意截留和使用受限的情况。

9.1.2 应收账款

应收账款是企业对客户因赊销而形成的一项债权，很大一部分企业的应收账款占总资产的比重都在 10% 以上。**报表项目中的应收账款 = 应收账款原值 - 应收账款坏账准备**。坏账准备的计提方式属于会计估计，一些企业通过在坏账准备上"下手"，严重影响了企业报表数据的真实性。

> **例 9-2**
>
> A 企业 2017 年 12 月 31 日应收账款为 800 万元，其中 A 企业应收 M 公司货款 55 万元，按照账龄法计提坏账准备金额为 5 万元，实际上 M 公司于 12 月 20 日已经破产，对应货款将无法收回。但 A 企业并未做相应的账务调整。

（1）因 M 公司已破产，A 企业无法收回款项，备抵法下应全额计提坏账准备，应收账款项目应减少 50 万元，减少后为 750 万元。

（2）2017 年 A 企业利润表中的营业收入为 2 000 万元，营业利润为 200 万元，营业利润将受增加的 50 万元坏账损失影响，减少后的营业利润为 150 万元。

因此，在分析应收账款项目时，财务人员要着重查看企业应收账款坏账准备计提的合理性。

提示

企业为了人为控制收益，往往在利润不足时，减少坏账准备（计提），以增加收益，在利润较高时，增加坏账准备（计提），以减少收益，实现报表利润的"稳定"增长，形成收益"熨平效应"。

9.1.3 其他应收款

其他应收款的核算主体既包括企业内部，也包括企业外部，内容相对烦琐、复杂。其他应收款的管理和分析要从细节入手。

> **例 9-3**
>
> A 企业的其他应收款情况如表 9-1 所示。A 企业其他应收款采用账龄法计提坏账，1 年以内计提 0.5%，1~2 年计提 5%，2 年以上计提 10%。

表 9-1　A 企业其他应收款

单位：元

款项性质	单位/人员	金额	账龄	坏账准备
备用金	李总	200 000	2 年以上	20 000
备用金	王明明（采购员）	20 000	1 年以内	100
履约保证金	国力有限责任公司	100 000	1~2 年	5 000
履约保证金	启明有限责任公司	15 000	1~2 年	750
应收押金	大发物资有限责任公司	20 000	1 年以内	100
应收押金	张缘（房东）	3 000	1 年以内	15
应收代垫款	绿色物业有限责任公司	7 577	1 年以内	37.89
应收代垫款	荣昌劳务有限责任公司	3 349	1 年以内	16.75
其他	明悦投资有限责任公司	1 000 000	1~2 年	50 000
合计		1 368 926		76 019.64

（1）李总是公司的副总，他从公司借款 20 万元，已超过 2 年仍然没有归还（报销），不符合企业的财务管理要求，该款很可能已经用于成本费用的支出，而账面（报表）依然作为一项企业资产，账实不符。我们甚至可以怀疑，李总是否将该款用于了非企业的经营活动，如炒股、购买基金、自行消费等。

（2）企业为职工租了一套宿舍，并交给房东押金 3 000 元，期间因职员用电不当，导致房东的一台微波炉损坏，房东要求赔偿 500 元，双方同意从押金中扣除，但账面并没有做相应调整。

（3）企业以民间借款的形式，借给明悦投资有限责任公司 100 万元。这项借款是否存在书面的借款协议，协议中对期限、利息等约定是否明确，如果存在借款利息，企业是否收到，对应单位是否提供了相应的担保措施等，都需要考虑。

提示

财务人员在辅助科目的设置上，如果是机构，则应使用企业全称；如果是个人，则应使用姓名全称。比如，"李总"这个辅助科目，如果企业又来一位姓李的副总，将不便于区分，或者"李总"的职位发生了变动，这样的设置就不能准确反映了。

9.1.4 预付账款

预付账款通常有合同作为依据，应重点关注预付账款（支付）的合理性、预付账款和应付账款是否进行了正确的抵销。

例 9-4

A 企业 2017 年 12 月 31 日报表中的预付账款项目为 500 万元、应付账款项目为 630 万元。A 企业资产负债表（局部）如表 9-2 所示。

表 9-2　A 企业资产负债表（局部）

单位：万元

报表项目	金额	报表项目	金额
预付账款	500	应付账款	630
其中：预付 C 公司	50	其中：应付 C 公司	100
预付 D 公司	300		

（1）按照合同约定，预付 C 公司的 50 万元与应付 C 公司的 100 万元，应进行合并填报，因 A 企业报表中未进行合并，导致同时虚增资产和负债 50 万元。

（2）经查实，D 公司是 A 企业的材料供应商，但其预付账款比例为 50%，明显高于一般材料供应商的 10%，根本原因在于 A 企业和 D 公司拥有共同的实际控制人。

①A 企业通过提高预付账款的比例，将 A 企业的资金无偿提供给 D 公司使用。

②A 企业还存在提高对 D 公司材料的采购价格，进而将 A 企业的经营利润向 D 公司输送。

这两点都将直接损害 A 企业其他投资者的利益，如果 A 企业进一步凭借无实际交易的发票和虚列的收发料单，套取 A 企业资金转移给 D 公司，其性质将更为严重。

提示

（1）《合同法》第九十九条　当事人互负到期债务，该债务的标的物种类、品质相同的，任何一方可以将自己的债务与对方的债务抵销，但依照法律规定或者按照合同性质不得抵销的除外。当事人主张抵销的，应当通知对方。通知自到达对方时生效。抵销不得附条件或者附期限。

第一百条 当事人互负债务，标的物种类、品质不相同的，经双方协商一致，也可以抵销。

（2）实际控制人是指虽不是企业的股东，但通过协议、投资关系等形式，能够实际支配公司经营管理决策的人。实际控制人可以是自然人、法人或其他组织。

9.1.5 存货

第 5 章已经介绍了企业利用变更存货发出的计量方法调节报表利润，接下来我们再介绍一下建筑企业关于存货的合同。

例 9-5

A 企业 2017 年中标一个建筑施工项目，该项目按照建造合同准则进行收入的确认。预计总收入为 1 000 万元，预计总成本为 800 万元。2017 年 12 月 31 日，A 企业为了进一步提高报表利润，将预计总成本人为调低了 100 万元，调节后的情况如表 9-3 所示。

表 9-3 A 企业 2017 年建造合同表

单位：万元

项目	实际情况①	调整后②	差额②-①
预计总收入	1 000	1 000	
预计总成本	800	700	-100
预计总毛利	200	300	100
当期发生费用	400	400	
完工百分比	50%	57.14%	7.14%
当期确认收入	500	571.40	71.40
当期确认成本	400	400	
当期确认毛利	100	171.40	71.40
累计工程结算	488	488	
存货-已完未验	12	83.40	71.40

（1）通过将工程项目的预计总成本降低100万元，对应增加了7.14%［（400÷700－400÷800）×100%］的项目完工程度，当期收入提高了71.40万元，企业毛利增加了71.40万元。

（2）这部分增加的毛利，隐藏在企业的存货－已完未验（累计确认收入－工程结算款）中。

（3）假设2018年A企业完成了该项目，实际总收入为1 022万元，实际总成本为815万元，A企业将对应调整预计总收入和总成本，并将之前人为调节的部分进行掩盖。2018年的建造合同表如表9-4所示。

表9-4　A企业2018年建造合同表

单位：万元

项目	金额	项目	金额
预计总收入	1 022	截至上年末累计确认毛利	171.40
预计总成本	815	当期确认收入	450.60
预计总毛利	207	当期确认成本	415
截至上年末实际发生成本	400	当期确认毛利	35.60
本年实际发生成本	415	累计确认收入	1 022
累计实际发生成本	815	累计确认成本	815
期末完工百分比	100%	累计确认毛利	207
截至上年末累计确认收入	571.40	累计工程结算	1 022
截至上年末累计确认成本	400	存货－已完未验	0

注：项目竣工结算后，预计的总收入（总成本、总毛利）与实际相等。

（4）更有甚者，项目已完工，比如，实际收入（工程结算）为900万元，实际成本为1 000万元，企业亏损100万元，但企业依旧保持预计总收入1 000万元不变，继续将亏损的100万元隐藏在存货中，导致企业资产和利润不实。

> **提示**
>
> **完工百分比（成本法）：合同完工进度＝累计实际发生的合同成本÷合同预计总成本×100%。**

9.2 非流动资产

非流动资产与流动资产相对应，其变现能力（耗用）超过一年或者一个营业周期。主要包括固定资产、在建工程、无形资产等。

9.2.1 固定资产

固定资产的重要性对于不同行业的企业有所不同。一些大型的建造企业，如造船厂、炼钢厂，通常需要购置大量的固定资产用以生产。对于一些服务类企业，如会计师事务所、代理销售企业，固定资产的购置比重通常较低。对企业报表中固定资产的评价，需要辩证地来看。

（1）如果企业报表显示固定资产很少，则应结合该企业的行业特点，看是否需要购置大量固定资产，必要时可参考同行业类似企业的资产数据。固定资产的数据在一定程度上可以反映该企业的经营实力，很好地将一些"皮包公司"暴露出来。

例 9-6

老张认识不少从事建筑行业的朋友，发现近几年建筑行业比较红火，老张也想揽点儿工程干，于是他找了一家中介"帮忙"，租了一间民房，成立了一家建筑公司。老张自知买不起那些工程设备，也雇不起专业人员，因此他的思路是凭借"朋友关系"把项目拿到，再转包给有能力的企业，从中收取一定的好处费。如果A企业现有一项工程要发包出去，老张的公司中标，一旦老张找的下家出现问题，如偷工减料，老张的公司又是"空壳"公司，无力承担相应责任，A企业的项目工期、工程质量都将受到影响，因此，A企业在选择中标单位时应严格筛查，让有足够能力的企业中标。

（2）拥有大量固定资产的企业也不一定就好，要看固定资产是否存在过时的风险，尤其是技术更新换代快速的行业。

例 9-7

某电视生产企业2005年购置了大量的等离子电视生产设备，以通过规模经济效应，降低成本，在激烈的市场竞争中抢占优势。但是该企业没有准确预判电视行业的发展趋势，2007年左右，液晶电视凭借着更大的尺寸和更低廉的价格很快取代了等离子电视，并成为市场主流。该电视生产企业购置的相应设备占用了企业大量资金，此时该企业转向生产液晶电视困难重重，最终被市场所淘汰。

> **提示**
>
> 规模经济：企业通过提高产品总产量，使其单位成本下降，进而提高企业总体利润水平。

9.2.2 在建工程

在建工程通常是为转为固定资产做准备，这个过程中存在企业借款购建的情况，借款的利息费用应做资本化处理，计入在建工程，但是资本化是有条件的。**如果企业在不符合资本化条件的情况下，进行利息费用的资本化，将虚增资产（在建工程）和利润。**

1. 借款费用资本化的条件

须同时满足三个条件：资产支出已经发生、借款费用已经发生、为使资产达到预定可使用或者可销售状态所必要的购建或者生产活动已经开始。

2. 借款费用资本化的暂停

符合资本化条件的资产在购建或者生产过程中发生非正常中断，且中断时间连续超过3个月的，应当暂停借款费用的资本化。相应借款利息计入利润表中的财务费用。

企业购建或者生产过程中非正常中断的情况如下：

（1）购建过程中由于资金短缺、资金周转困难导致施工中断；

（2）由于发生重大安全事故导致施工中断；

（3）由于发生劳动纠纷、质量纠纷引起施工中断；

（4）由于缺乏工程物资导致停工。

> **提示**
>
> 由于企业可以预见的不可抗力的因素（如雨季的大雨、北方冬季冰冻、沿海台风等）导致的施工中断视为正常中断。

例9-8

A企业2017年自建一库房，以增加企业仓储能力，为此从银行取得专门借款50万元，用于库房的建设，年利率为8%。2017年4月，一名工人在施工过程中掉入基坑后死亡，因各方推诿责任，5~10月项目被迫停工，11月方才复工。5~10月的借款利息应予费用化（财务费用——利息支出），不能计入在建工程。

3. 借款费用资本化的停止

购建或者生产符合资本化条件的资产达到预定可使用或者可销售状态时，借款费用应当停止资本化。其判断标准如下：

（1）符合资本化条件的资产的实体建造（包括安装）或者生产工作已经全部完成或者实质上已经完成；

（2）购建或者生产的符合资本化条件的资产与设计要求、合同规定或者生产要求相符或者基本相符，即使有个别与设计、合同或者生产要求不相符的地方，也不影响其正常使用或者销售；

（3）继续发生在购建或生产的符合资本化条件的资产上的支出金额很少或者几乎不再发生。

9.2.3 无形资产

无形资产包括专利权、商标权等，其来源一般分为外购和自主研发两种。

在对企业报表中的无形资产项目进行分析时，如果是专利技术，要看技术的先进性，如果技术是落后的，实际价值可能远低于其账面价值；如果技术很先进，能够帮助企业超越竞争对手，实际价值则很可能高于其账面价值。

在自主研发无形资产的过程中，企业通常希望将研发支出全部资本化，计入无形资产，增加无形资产价值，这是会计准则所不允许的。如果企业这么做，将虚增无形资产和当期利润。

根据《企业会计准则第6号——无形资产》的规定，自主研发无形资产所形成的研发支出成本分为两部分：研究阶段的支出应当作费用化处理（计入管理费用）；开发阶段的支出，如果满足一定的条件，可进行资本化处理（计入无形资产），如果不能满足，则依旧作费用化处理（计入管理费用）。对于无法区分研究阶段研发支出和开发阶段研发支出的，应当将其全部费用化，计入当期损益（管理费用）。

> **提示**

企业内部研究开发项目开发阶段的支出，同时满足下列条件时，才能确认为无形资产：

（1）从技术上来讲，完成该无形资产以使其能够使用或出售具有可行性；

（2）具有完成该无形资产并使用或出售的意图；

（3）无形资产产生经济利益的方式，包括能够证明运用该无形资产生产的产品存在市场或无形资产自身存在市场，无形资产将在内部使用时，应当证明其有用性；

（4）有足够的技术、财务资源和其他资源支持，以完成该无形资产的开发，并有能力使用或出售该无形资产；

（5）归属于该无形资产开发阶段的支出能够可靠地计量。

9.3 流动负债

流动负债是指在1年或者超过1年的一个营业周期内偿还的债务。主要包括应付账款、应付职工薪酬、应交税费等。

9.3.1 应付账款

应付账款使企业在一定时期内相当于无偿使用了供应商或劳务提供方的资源，在可控的范围内，对企业是有利的。如果企业应付账款过高，或存在故意拖欠应付账款的情况，则企业将面临很高的经营风险和法律诉讼风险。

例 9-9

S企业是A企业的客户，S企业一直拖欠A企业一笔到期的材料款，共计5万元。A企业多次催要，S企业业务人员要么不接电话，要么以领导不在、资金紧等借口推诿，于是A企业派人上门催收，S企业领导口头上答应一周内付款，让A企业人员先离开，但一周后S企业依然不付款。最终，A企业诉诸法律，S企业不但要按期支付材料款，还要支付相应的资金利息，同时损失的还有企业的信誉。

9.3.2 应付职工薪酬

应付职工薪酬反映了企业对职工工资的拖欠情况,如果应付职工薪酬项目的金额很大,则表明企业资金很可能出现了问题。

例 9-10

E 企业 2017 年 12 月 31 日应付职工薪酬 95 万元,较期初增长了 79 万元。E 企业的资产负债表(局部)如表 9-5 所示。

表 9-5　E 企业资产负债表(局部)

单位:万元

项目	期末金额	期初金额
应付职工薪酬	95	16

经查实,E 企业因产品质量出现问题,导致两名客户在使用其产品时产品发生爆炸,根据损伤所需费用情况,法院判处 E 企业赔款 100 万元,同系列产品随之下架接受检测。E 企业流动资金减少,销售一度停滞,导致 E 企业已拖欠职工工资 3 个月。

9.3.3 应交税费

依法纳税是企业的义务,如果企业应交税费常年挂账,而不进行缴纳,或者存在不如实反映企业应交税费的情况,那么企业将面临较高的法律风险。

例 9-11

A 企业下属一房地产开发项目,2013 年 5 月取得《建筑工程施工许可证》并开始施工,2013 年 12 月取得《预售许可证》并开始销售,2014 年 9 月开发的房地产项目竣工验收。因项目地理位置不佳,截至 2017 年年底,销售面积的比例不足 80%,A 企业一直未进行土地增值税的清算,因此报表中的应交税费(土地增值税)为 0。

2018 年 1 月,A 企业收到了税务局关于清算土地增值税的《税务事项通知书》,责令 A 企业 90 日内完成清算。经测算,A 企业应交的土地增值税为 130 万元,该税款应在报表中的应交税费项目中予以反映,并及时缴纳。

> **提示**
>
> 国家税务总局关于印发《土地增值税清算管理规程》的通知第十条规定，对符合以下条件之一的，主管税务机关可要求纳税人进行土地增值税清算。
>
> （1）已竣工验收的房地产开发项目，已转让的房地产建筑面积占整个项目可售建筑面积的比例在 85% 以上，或该比例虽未超过 85%，但剩余的可售建筑面积已经出租或自用的；
>
> （2）取得销售（预售）许可证满三年仍未销售完毕的；
>
> （3）纳税人申请注销税务登记但未办理土地增值税清算手续的；
>
> （4）省（自治区、直辖市、计划单列市）税务机关规定的其他情况。
>
> 对前款所列第（三）项情形，应在办理注销登记前进行土地增值税清算。

9.4 非流动负债

非流动负债（长期负债）是指偿还期超过 1 年（或者一个营业周期）的债务。非流动负债的主要项目有长期借款和长期应付款。

9.4.1 长期借款

长期借款通常是需要计息的，利息多数按照季度支付。长期借款的金额越高，意味着企业面临的财务风险越高。经营风险与财务风险应遵循逆向搭配原理（见表9-6），因为"双高搭配"符合风险投资人的利益，不符合债权人的要求；"双低搭配"对债权人有利，不符合权益投资人的期望。

表 9-6 经营风险与财务风险逆向搭配

企业发展阶段	经营风险	（搭配）财务风险	搭配方案
初创期	高	低	以权益融资为主，债务融资为辅
成长期	↓	↑	权益融资和债务融资结合
成熟期	↓	↑	
衰退期	低	高	以债务融资为主，权益融资为辅

作为一个初创企业，如果报表项目中的长期借款金额非常大，企业面临经营风险和财务风险"双高"，那么投资者需要谨慎选择。

9.4.2 长期应付款

长期应付款主要包括采用分期付款方式购入固定资产和无形资产发生的应付款项、应付融资租入固定资产的租赁费等。

例 9-12

> 小张和小李在城里的小吃街各开了一家餐馆。小李是本地人，餐馆的门面是祖辈们传下来的，经营餐馆的成本主要是员工的工钱和食材费用。小张属于外来的创业者，餐馆是通过银行按揭购买的，因此，对小张的餐馆来讲，除了正常开支外，还要每个月支付 8 000 元的房贷。

如果小张和小李的餐馆每个月要盈余相同的资金，小张测算每个月的营业额至少应高出小李 5 万元。这 5 万元营业额产生的利润用以支付房贷和员工的加班费，小张为此也更加努力。

（1）小张的餐馆每天早上 6 点开始卖早餐，10 点紧接着准备午餐，下午 5 点开始卖晚餐，并持续到晚上 11 点；小李的餐馆不卖早餐，每天 10 点开始营业，晚上 9 点停业。

（2）小张的餐馆节假日从不停业；小李的餐馆周末、法定节假日不营业。

对于企业而言，如果存在过高的长期应付款，企业背负的资金压力也会相对更大，财务风险会更高。

9.5 所有者权益

股东的资金（实物资产、劳务）投入形成了企业的初始所有者权益，通过经营产生的利润进一步增加了所有者权益。所有者权益主要包括实收资本（股本）、盈余公积和未分配利润。

9.5.1 实收资本（股本）

股本是股份有限公司实际收到投资人投入的资本；实收资本是非股份有限公

司（有限责任公司及其他形式的企业）实际收到的投资人投入的资本。

实收资本（股本）按照投资主体的不同可分为国有资本、集体资本、民营资本、外商资本。出资方式包括货币、实物、知识产权、土地使用权等。

> **提示**
>
> （1）合伙企业中的普通合伙人可以用劳务出资，有限责任公司和股份有限公司的股东不得以劳务出资。
>
> （2）实收资本不同于注册资本。注册资本（法定资本）是企业章程明确规定的全体股东或发起人认缴的出资额或认购的股本总额，并在公司登记机关依法登记。

对实收资本（股本）项目进行分析时，要看企业的实收资本（股本）的金额，是否与从事的业务要求相匹配。注意投资者的构成，比如，企业的投资者中有大型的国有企业、民营企业，投资这类企业的风险相对较低。

例 9-13

近年各地大力开展基础设施建设，为充分调动社会资本的参与，PPP（Public-Private-Partnership）项目运作模式应运而生。某民营投资企业实收资本为 2 000 万元，其作为联合体的唯一投资方，参与了一个 4.5 亿元项目的运作。最终，项目建设不到 1 年时间，该民营投资企业因资金链断裂，项目被迫停工，给施工主体单位造成了数百万元的直接经济损失。

9.5.2 盈余公积

企业的税后净利润通常一部分作为股利支付，一部分作为收益留存。留存的收益包括盈余公积和未分配利润。盈余公积在一定程度上体现企业的利润沉淀，盈余公积大，往往说明企业盈利能力较好。

盈余公积有以下两种形式。

（1）法定盈余公积。依据《公司法》第一百六十六条的规定，公司分配当年税后利润时，应当提取利润的百分之十列入公司法定公积金。公司法定公积金累计额为公司注册资本的百分之五十以上的，可以不再提取。

（2）任意盈余公积。任意盈余公积的提取依据股东之间的决议。

9.5.3 未分配利润

企业当年实现的利润总额,应按照一定顺序进行分配,最终留下的才是企业的未分配利润。企业利润的分配顺序如下:

(1)弥补以前年度(不得超过 5 年)的亏损。

根据财政部 国家税务总局关于延长高新技术企业和科技型中小企业亏损结转年限的通知,自 2018 年 1 月 1 日起,当年具备高新技术企业或科技型中小企业资格的企业,其具备资格年度之前 5 个年度发生的尚未弥补完的亏损,准予结转以后年度弥补,最长结转年限由 5 年延长至 10 年。

(2)缴纳企业所得税。

(3)提取法定盈余公积。

(4)提取任意盈余公积。

(5)分配优先股股利。

(6)分配普通股股利。

一个企业如果处于初创期或者拥有很好的投资机会,通常会减少股利的分配,未分配利润将相应地增加,这部分利润将用于企业的产品研发、市场推广、兼并收购等。反之,如果企业处于衰退期或者没有合适的投资项目,股利分配比例就会增加,未分配利润将相应地减少。

01:货币资金为什么能排 NO.1——资产负债项目遵循的排序原理

话说在一个阳光明媚的周末早晨,财务报表上的小伙伴因为"排座"问题争论了起来。大家都争着想坐 NO.1 的位置,以下是部分发言。

(1)应收账款:绝大多数企业在销售的时候,都会形成应收账款,而且金额大,在资产总额中的分量也是数一数二的;

(2)存货:没有存货,企业很可能就会断货、经营中断,存货的重要性是不言而喻的;

（3）固定资产：企业搬家，一定会把固定资产带上，这可都是企业多年攒下的家底；

（4）无形资产：要说企业的核心竞争力，无形资产那是功勋赫赫，尤其是在高新技术企业。

本章前面的介绍中提到了资产和负债的流动性，资产和负债项目的排序就是依据项目的流动性来定的，流动性越强，"座位"越靠前。

货币资金在资产类项目中流动性是最强的，比如，A 企业在 Q 公司买了一批货，现在要进行偿债，A 企业提出了以下几个等价方案供 Q 公司选择。

甲方案：现金偿付；

乙方案：将 A 企业对 X 公司的应收账款转移给 Q 公司；

丙方案：用 A 企业的待售商品抵债；

丁方案：用 A 企业的两台车辆抵债；

戊方案：授予 Q 公司 2 个月的产品特许经营权。

最终，Q 公司毫不犹豫地选择了甲方案。

提示

提到资金流动性的重要性，就不得不提一个概念：货币乘数。货币乘数是货币供给与基础货币的比值。假设国家存款准备金的比例为 20%，小王将现金 1 000 元存至甲银行，甲银行将 200（=1000×20%）元留做准备金，剩余 800 元贷款给小李；小李将 800 元存至乙银行，乙银行将 160（=800×20%）元留做准备金，剩余 640 元贷款给小赵；小赵将 640 元存至丙银行，丙银行将 128（=640×20%）元留做准备金，剩余 512 元继续用于贷款……

① 基础货币 =1000（元）

② 供给货币 =1000+800+640+512+……

=1000+1000×80%+1000×80%×80%+1000×80%×80%×80%+……

$= \frac{1000 \times (1 - 0.8^n)}{1 - 0.8}$（等比数列求和）

当 $n \to +\infty$，$0.8^n = 0$，供给货币 =5000（元）。

因此，货币乘数 =5000÷1000=5，1000 元的基础货币，通过不断流动，产生了 5000 元的供给货币。

2019 年 1 月 4 日，央行宣布于 2019 年 1 月 15 日和 1 月 25 日分别下调 0.5

个存款准备金率百分点。这势必将为社会带来更多的流动资金,在一定程度上(促进)降低了企业融资成本,推动了经济的发展。

02:财务报表的局限性——尽信书不如无书

《孟子》一书中指出:尽信书,则不如无书。读者对书本的知识要有怀疑的精神并进行独立的思考,在分析企业财务报表的时候也要注意,**报表项目的账面价值,并不一定是企业真实的价值**,因为财务报表有它固有的局限性。

例9-14

以多元化经营的A企业为例。

(1)A企业2017年初在H市买了一块50亩(约33333m^2)的地用于房地产的开发,成本价为200万元/亩。因为资金紧张,A企业暂未进行进一步的开发,账面依据土地取得成本计入存货1亿元。2017年H市房地产市场发展得很好,土地价格随之上升至240万元/亩,A企业拥有的土地的实际价值为1.2亿元。2017年年报中,土地的账面价值较实际价值低了2 000万元。

(2)A企业在H市发展多年,是当地的重点企业,在H市享有很高的知名度和社会信誉。A企业和当地的金融机构、税务部门、工商管理部门关系都处理得很好,这对A企业来说是一种非常重要的无形资源,但这种无形资源并不会像其他无形资产一样反映在财务报表上。

(3)A企业2017年12月19日因产品质量问题被提起法律诉讼,12月31日,法院尚未做出判决。根据企业法律部门的判断,败诉的可能性为70%。如果败诉,企业需要赔偿10万元。A企业将该金额作为企业的一项预计负债。然而,该事件的连锁反应造成的直接经济损失合计为100万元,相差的90万元没有在2017年年报中体现。

总之,一个企业财务报表的准确性受企业历史成本计价、信息披露程度、会计政策的选择、会计估计的运用等多重因素影响,往往不能完全真实地反映企业的价值,报表使用者应根据需要加以甄别。

高效工作之道

01：用 Excel 自制简易的资产负债表

从凭证登记、填制报表到报表的分析是财务人员技能升级的一个过程。资产负债表在财务软件中是现成的，但为了更好地理解这张表，现自制一份简易的资产负债表，其样式如图 9-1 所示。

图 9-1

文本输入、字体设置、颜色填充等操作不再介绍，接下来主要介绍表格中涉及的公式及文本保护。具体操作步骤如下。

步骤1 设置下列公式（灰色区域）。

B11=SUM(B6:B10)，C11=SUM(C6:C10)；

B17=SUM(B13:B16)，C17=SUM(C13:C16)；

B18=B11+B17，C18=C11+C17；（含义：资产 = 流动资产 + 非流动资产）

B25=SUM(B21:B24)，C25=SUM(C21:C24)；

B30=SUM(B27:B29)，C30=SUM(C27:C29)；

B31=B25+B30，C31=C25+C30；（含义：负债 = 流动负债 + 非流动负债）

B37=SUM(B33:B36)，C37=SUM(C33:C36)；

B38=B31+B37，C38=C31+C37；

B39=B18- B38，C39=C18 -C38。（含义：当资产 = 负债 + 所有者权益，校验值 = "0"）

步骤2 保护公式区域，防止被修改。

（1）按"Ctrl+A"组合键全选，单击鼠标右键，在弹出的快捷菜单中选择"设置单元格格式"命令，打开"设置单元格格式"对话框。选择"保护"选项卡，取消选中"锁定"复选框，如图9-2所示。然后单击"确定"按钮。

（2）按住"Ctrl"依次选中需要保护的单元格（灰色区域），打开"设置单元格格式"对话框，选择"保护"选项卡，选中"锁定"复选框，如图9-3所示。然后单击"确定"按钮。

（3）选择"开始"→"格式"→"保护工作表"选项，打开"保护工作表"对话框，取消选中"选定锁定单元格"复选框，在"取消工作表保护时使用的密码"文本框中输入密码"s"（密码自定），并在打开的对话框中确认密码输入，单击"确定"按钮，如图9-4所示。

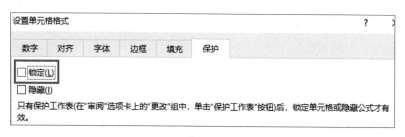

图 9-2

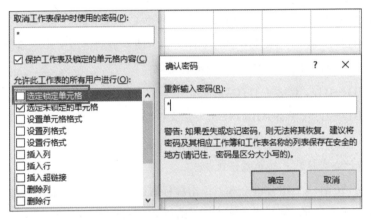

图 9-3

图 9-4

步骤 3 报表检验。

（1）依次在"期末数"列对应的货币资金、固定资产、应付账款、长期借款、实收资本（股本）单元格中输入金额 100、100、50、50、100；

（2）依次在"期初数"列对应的货币资金、固定资产、应付账款、长期借款、实收资本（股本）单元格中输入金额 100、100、50、50。

可以看到期末数列校验金额正确，期初数校验有 50 元的差额，如图 9-5 所示。

图 9-5

02：快速查询（下载）上市企业的财务报表

在分析报表或者进行投资决策时，需要了解一家上市企业的财务报告情况，可以通过三种方法进行查询（下载）。

方法一：进入证交所官网查询（下载）。

步骤 1　以在上海证券交易所上市的东方航空公司为例。进入上海证券交易所官网（http://www.sse.com.cn/），在首页右上角输入"东方航空2017年年度报告"（见图9-6），然后单击"搜索"按钮。

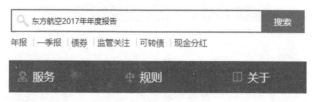

图 9-6

步骤 2　查询结果找到"东方航空2017年年度报告"，如图9-7所示。

图 9-7

步骤 3　单击找到的查询结果，打开年报并单击"下载"按钮进行下载，如图9-8所示。

图 9-8

> **提示**
>
> 股票代码以0开头的是在深圳证券交易所上市的股票；
> 股票代码以3开头的是在创业板上市的股票；
> 股票代码以6开头的是在上海证券交易所上市的股票。

方法二：通过证券交易软件查询（下载）。

步骤① 输入证券账户名和密码登录证券交易软件。以西南证券的软件为例,输入股票名称首字母或股票代码,如图9-9所示,然后按回车键。

图9-9

步骤② 单击"基本资料"→"财务分析",可以查看东航各年度的财务报告数据,如图9-10所示。如果需要保存相应的财务数据,则可以进行复制、粘贴。

图9-10

方法三:进入企业官网查询(下载)。

步骤① 以查询东航2017年年报为例,进入企业官网,单击"投资者关系"→"投资信息",如图9-11所示。

图9-11

步骤② 单击定期报告2017,如图9-12所示。

定期报告		查看更多
2018	东方航空2018年第一季度报告	2018-04-26
2017		

图9-12

步骤 3 找到东航 2017 年年报（见图 9-13）即可打开查看。

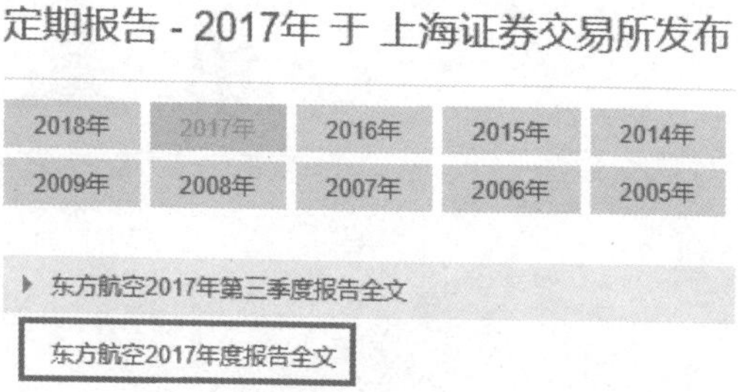

定期报告 - 2017年 于 上海证券交易所发布

2018年	2017年	2016年	2015年	2014年
2009年	2008年	2007年	2006年	2005年

▸ 东方航空2017年第三季度报告全文

东方航空2017年度报告全文

图 9-13

第10章

利润表
——企业经营成果的绩效表

利润表反映了一个企业在一定期间内的经营成果。不管是企业的管理者还是投资者,都非常关心这张表。如果投资者发现企业的利润大幅下降,甚至出现了亏损,通常会毫不犹豫地放弃对该企业的投资。一旦投资者全部退出,那么管理者将面临失业。作为一名财务人员,不管企业盈利与否,都要冷静地去分析,如何为企业减少亏损、扩大盈利,并在投资过程中甄别被投资方利润的可靠性和持久性。

10.1 营业利润

营业利润是企业在经营活动中取得的利润，是企业一定时期内获得的利润中最可靠、最稳定的来源。营业利润＝营业收入－营业成本－税金及附加－期间费用－资产减值损失＋资产处置收益（－资产处置损失）。如果存在公允价值变动损益、投资收益、其他收益，也要一并纳入营业利润的计算范围。

10.1.1 营业收入

营业收入包括主营业务收入和其他业务收入。比如，房地产企业以房产销售收入为主营业务收入，商业银行以贷款利息作为主营业务收入，劳务企业以提供劳务获得的报酬为主营业务收入，不同类型企业的主业不可一概而论。

1. 主营业务收入

（1）主营业务收入在利润表中排首位。一些企业会通过虚增（减）收入、提前（延迟）确认收入等形式，人为调节利润表。这样的例子非常多，上市公司也不例外。

例 10-1

> H公司是一家常年从事风力发电设备的开发、生产和销售的企业，受国家对新能源企业大力支持的影响，H公司迅速发展，并于2011年1月在上海证券交易所上市。就在这一年，国内风电设备市场竞争加剧，加之国家政策调整，H公司整体业绩出现大幅下滑。为美化财务数据，2011年，H公司通过制作虚假（风电机组）吊装单提前确认收入的方式，虚增营业收入24.32亿元，虚增利润总额2.78亿元，从而制造繁荣假象，误导投资者。然而"世上没有不透风的墙"，H公司的股价一路下行，从发行时的每股近90元，下降到每股不足2元，如图10-1所示。

（2）对于商品销售收入的确认有5个条件，这5个条件同时满足，才能予以确认。企业应以这5个条件为基础进行收入确认。

① 企业已将商品所有权上的主要风险和报酬转移给购货方。

在企业的销售过程中，普遍存在因产品质量、规格型号等存在问题，而导致商品退回的情况。这种情况下，商品发出后，所有权上的主要风险并没有转移，收入不能（全额）确认。

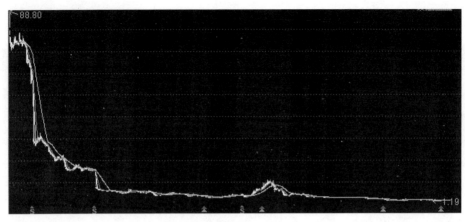

图 10-1

例 10-2

　　S 企业是一家生产绿色家电的企业。2017 年 12 月 31 日，S 企业向 Q 企业销售了一批电冰箱，总价为 100 万元，成本为 80 万元，合同约定 Q 企业收到产品后 3 日内完成验收，验收合格的部分 7 日内支付货款，不合格的部分将予以退回。S 企业对可能存在的退回情况并不能合理估计，但为了保证年度销售业绩，发出后即全部确认为收入。这种做法显然是不合理的。

　　a. 因为 Q 企业有权将不合格的产品退回，且 S 企业不能预估退货情况，因此，商品所有权上的主要风险并没有有效转移，不应确认为收入，而应作为发出商品处理。

　　b. 如果 S 企业能根据以往经验，合理估计退货率，如退货率为 10%，则可确认 90 万元的收入。

　　② 企业既没有保留通常与所有权相联系的继续管理权，也没有对已售出的商品实施有效控制。

　　③ 收入的金额能够被可靠地计量。

　　④ 相关的经济利益很可能流入企业，即商品款收回的可能性超过 50%。

　　⑤ 相关的已发生或将发生的成本能够被可靠地计量。

　　（3）为刺激销售，很多规模较大的商家（如京东商城、苏宁易购）都推出了分期付款购买的方式。在收入确认上，要以现价全款作为收入确认的金额，而不能以分期还款额乘以期数确认。比如，一部手机的现价为 5 000 元，可分 12

期支付，每期支付 437.50 元。此时应按照 5 000 元确认收入，而不能按 5 250 元（437.50×12）确认收入，差额计入未实现融资收益，逐期计算转入财务费用。

 提示

企业销售中若存在商业折扣，收入应按照扣减商业折扣后的金额确认；如果是现金折扣，不影响收入金额，折扣部分计入财务费用。

2．其他业务收入

其他业务收入是指企业主营业务以外的其他日常活动所取得的收入，比如，出租固定资产、销售材料物资及包装物、出租包装物等。一般情况下，其他业务活动的收入不大，发生频率不高，在收入中所占比重较小，但虚报、隐匿其他业务收入的情况也是存在的。

例 10-3

S 企业拥有一个闲置的双层仓库，为充分利用资源，S 企业将仓库租给了一家物流公司，租金为 10 万元/年。为减少收入少缴税，S 企业采用了现金收款方式，该收入并未在财务账面反映，导致企业报表中的其他业务收入较实际收入少列了 10 万元。

10.1.2 营业成本

营业成本包括主营业务成本和其他业务成本。主营业务成本相对其他业务成本，具有金额大、比重高、发生频率高的特点。

1．主营业务成本

在主营业务成本的（人为）调节上，一些企业是费尽心思，想出了很多办法，但必须指出，这些方法都是不合法、不合规的，举例如下。

（1）虚列材料支出。比如，M 企业 2017 年实际利润为 500 万元，为减少当期利润，M 企业将库存材料 100 万元，以虚假的材料支出单为依据计入了直接材料费，虚增主营业务成本 100 万元；或者将已出库未使用的材料，不做返库处理，而是一并计入了产品成本。

（2）应多期摊销的成本，一次性列支。比如，M 企业 2017 年购进钢模板一套，价值 20 万元。该模板可周转 10 次，因此应按照 2 万元/次进行摊销，但 M 企业一次性将 20 万元计入了成本。

（3）物质处理，不如实列账。比如，M 企业在产品生产中产生了一些边角废料，考虑到回收价值不大，企业进行了变卖处理，变卖金额为 2 万元，实际仅入账 500 元（冲减材料成本），1.95 万元形成账外"小金库"，相当于增加了企业主营业务成本（材料成本）1.95 万元。

（4）购买假发票虚增成本。

> **例 10-4**
>
> 目前代开发票的短信、小卡片几乎随处可见，S 企业为增加成本，减少利润，决定让采购员小张购买些假发票来虚增成本。小张很快找到了一家"可靠"的单位，付了 7 020 元（开票金额的 3%）手续费便买到了 23.4 万元的材料普票（没开专票，因为专票要进行认证，相对更容易"露馅"），又做了对应的材料收发料单，以实现假账真做。
>
> 次年，S 企业被当地税务局抽查，因为发票的仿真程度很高，税务人员从直观上并没有发现发票造假，但税务人员发现这是一张税率为 17% 的增值税材料普票，按常理，S 企业应该要求对方单位开具增值税专票更合算：普票 23.4 万元，只能抵减企业所得税 5.85 万元；专票 23.4 万元（含税），可抵扣 3.4 万元增值税，抵减 5 万元所得税，合计 8.4 万元。税务人员随即对该票进行查验，及时发现了 S 企业的作假行为，不仅要求企业补缴了税款，还对企业和相关责任人进行了责任追究。

2. 其他业务成本

其他业务成本包括包装物出租成本、固定资产出租对应的折旧、无形资产出租对应的摊销、原材料销售成本、投资性房地产成本模式计量下的折旧（摊销）等。

承接"例 10-3"，S 企业闲置双层仓库的出租，租金为 10 万元 / 年，计入其他业务收入，而仓库的折旧费（如为 3 万元 / 年）则对应计入其他业务成本。这种仓库出租业务并非 S 企业的主业，一旦 S 企业扩大规模、提高产能，闲置仓库将首先用于自用。

10.1.3 税金及附加

由于"营改增"的全面试行，财政部在《关于印发〈增值税会计处理规定〉的通知》中将"营业税金及附加"科目调整为"税金及附加"科目。核算内容包括消费税、城市维护建设税、资源税、教育费附加及房产税、土地使用税、车船使用税、印花税等相关税费。

在此之前，房产税、土地使用税、车船使用税、印花税是通过"管理费用"科目核算的，不少企业只注意到科目名称的变化，没有注意到核算内容的变化，应及时加以更正。

10.1.4 期间费用

期间费用包括销售费用、管理费用和财务费用，也就是我们所说的"销管财费用"。这类费用将直接计入当期损益，冲减企业利润。

1. 销售费用

销售费用管控得好与坏，从报表数字层面去评判是很困难的，必须结合市场行情和企业自身的特点。比如，2017年C市主城区的房子非常好卖，购房者需排队摇号，而中签率甚至低于10%。在这种情况下，企业如果销售费用大幅增加，显然是不合理的，数据有虚假嫌疑，因为企业根本不用大肆做广告进行宣传，就有很好的销售业绩。但如果市场行情不景气，同样位置的楼盘就需要投入较高的销售费用，以增加营业额。

对于大多数企业而言，销售费用的实际开支往往会比实际需要更大些，这体现了财务管理上的"自利原则"。通常，销售人员并不需要对整个公司的利润负责，销售收入是其唯一的考核指标。只要实现销售收入，销售人员就可兑现相应奖励，但很少因为在销售费用上节约而进行嘉奖的，这就促使销售人员在销售费用的使用上"大手大脚"。企业可通过预算管理、薪酬挂钩费用（利润）、完善报销制度等形式对销售费用加以控制。

> **提示**
>
> **自利原则**：该原则假设经济中的个体都是理性的，他们会对每一项交易或事项进行衡量和比较，并且会选择对自己最有利的方案来执行。

2. 管理费用

管理费用在本书第2章已作了比较详细的介绍，少数企业会在增加管理费用上"下功夫"，比如减少无形资产摊销年数，增加当年摊销费用，来减少企业报表利润。然而，从企业的长远发展来看，控制成本始终是主流。为此，一些大型企业纷纷推出了线上审批制度、无纸化办公等，包括开发票，只需要发给顾客一个网络链接，让顾客自行打印即可。

在财务管理方面，之前也提到，财务共享服务中心（Financial Shared Service Center）已在国内兴起，将一些重复性的、标准化的会计业务集中起来，统一处理，类似流水线作业，进而形成一种规模经济效应，节约财务人力，规范企业管理，降低管理成本。这是以后财务管理发展的一个趋势。

3. 财务费用

企业财务费用直接受国家金融机构贷款基准利率的影响，2011年以来的金融机构贷款基准利率，呈现不断下降的趋势，至2015年10月24日调整后保持稳定。贷款基准利率的下调，在一定程度上降低了企业的贷款成本，刺激了经济的发展。贷款基准利率的具体变动情况如表10-1所示。

表10-1 金融机构人民币贷款基准利率

单位：年利率%

序号	施行日期	短期		中长期		
		六个月内（含六个月）	六个月至一年（含一年）	一至三年（含三年）	三至五年（含五年）	五年以上
1	2015-10-24	4.35		4.75		4.90
2	2015-08-26	4.60		5.00		5.15
3	2015-06-28	4.85		5.25		5.40
4	2015-05-11	5.10		5.50		5.65
5	2015-03-01	5.35		5.75		5.90
6	2014-11-22*	5.60		6.00		6.15
7	2012-07-06	5.60	6.00	6.15	6.40	6.55
8	2012-06-08	5.85	6.31	6.40	6.65	6.80
9	2011-07-07	6.10	6.56	6.65	6.90	7.05
10	2011-04-06	5.85	6.31	6.40	6.65	6.80
11	2011-02-09	5.60	6.06	6.10	6.45	6.60

注：* 自2014年11月22日起，金融机构人民币贷款基准利率期限档次简并为一年以内（含一年）、一至五年（含五年）和五年以上三个档次。资料来源：央行官网，银发〔2015〕325号。

当然，受供求关系影响，企业的实际贷款利率往往会高于金融机构同期贷款基准利率，企业的财务费用随之大幅增加，导致企业利润下降，促使企业为美化财务报表或者逃避监管，对财务费用进行"人为调节"。比如，在利息支出的划分上，将应费用化的财务费用资本化，减少费用支出。也存在少量大型企业因为资产负债率偏高或管理约束（上级企业限制），不能从正规的金融机构贷款，而采用变相形式的民间借款，这部分财务费用直接被隐藏。

例 10-5

> Z 企业是一家多元化经营集团的子公司，虽然有集团层面的资金支持，但其规模的扩张速度过快，一方面因资金需求量很大，另一方面因管理不善，Z 企业好几个下属项目都出现了不同程度的亏损。集团对 Z 企业的资金预算支持额度已被用完，为逃避集团层面的监管，Z 企业开始通过合作方以收取"保证金"的形式筹集资金，并通过支付咨询服务费、业务转让费，给予商业折扣等形式，给予对方资金占用补偿。Z 企业的做法未真实反映企业的经济业务，报表上的财务费用金额明显低于实际发生的财务费用。

10.1.5 资产减值损失

资产减值损失一直是企业人为利润调节的"重灾区"。一些企业在经营业绩好的年份，大幅提高坏账准备比例，并在以后年度随意转回；对一些重大的应收款项，表面上采用单项计提坏账准备的方法，实际上并没有准确依据；混淆应收款项账龄，调控坏账准备；对于过时的资产（如存货），减值准备计提明显不足等。

例 10-6

> P 公司是一家上市的加工制造企业，由于行业市场不景气及经营决策的失误，导致 2013—2014 年 P 企业已经连续 2 年亏损，股票名称前被冠以 ST(Special Treatment)，股票日涨跌幅度限制为 5%（正常股票为 10%）。如果 2015 年继续亏损，P 企业将面临退市风险。对此，P 公司对应收账款的会计估计进行变更，将 1 年以内到期的应收账款坏账准备计提比例从 3% 降至 1%，1~2 年到期的应收账款坏账准备计提比例从 5% 降至 3%，3 年以上到期的应收账款坏账准备计提比例从 10% 降至 5%，进而冲回已计提资产减值损失 2 800 万元，实现了 2015 年净利润"扭亏为盈"，账面净利润达到 1 500 万元。

> **提示**
>
> （1）ST 股票是指财务状况（或其他状况）出现以下情况之一的上市公司股票：
>
> ① 最近两个会计年度的审计结果显示的净利润为负值；
>
> ② 最近一个会计年度的审计结果显示其股东权益低于注册资本；
>
> ③ 注册会计师对最近一个会计年度的财产报告出具无法表示意见或否定意见的审计报告；
>
> ④ 最近一个会计年度经审计的股东权益扣除注册会计师、有关部门不予确认的部分，低于注册资本；
>
> ⑤ 最近一份经审计的财务报告对上年度利润进行调整，导致连续两个会计年度亏损；
>
> ⑥ 经交易所或中国证监会认定为财务状况异常的。
>
> （2）根据《中华人民共和国证券法》第五十六条规定，上市公司有下列情形之一的，由证券交易所决定终止其股票上市交易：
>
> ① 公司股本总额、股权分布等发生变化不再具备上市条件，在证券交易所规定的期限内仍不能达到上市条件；
>
> ② 公司不按照规定公开其财务状况，或者对财务会计报告作虚假记载，且拒绝纠正；
>
> ③ 公司最近三年连续亏损，在其后一个年度内未能恢复盈利；
>
> ④ 公司解散或者被宣告破产；
>
> ⑤ 证券交易所上市规则规定的其他情形。

10.1.6 资产处置收益

根据《财政部关于修订印发一般企业财务报表格式的通知》，利润表中新增"资产处置收益"项目，反映企业出售划分为持有待售的非流动资产（金融工具、长期股权投资和投资性房地产除外）或处置组时确认的处置利得或损失，以及处置未划分为持有待售的固定资产、在建工程、生产性生物资产及无形资产而产生的处置利得或损失。债务重组中因处置非流动资产产生的利得或损失和非货币性资产交换产生的利得或损失也包括在本项目内。

例 10-7

> H 公司是一家从事商品出口的贸易公司，受国外市场对该企业商品关税大幅提升的影响，企业销售额持续大幅下降。H 公司一大批已投入生产的原材料是赊购的，因资金不能及时回笼偿债，多家债权单位已上门催收，甚至有单位已将 H 公司告上法庭，如果 H 公司依旧不能偿还债务，将面临破产的风险。H 公司的材料供应商共有 12 家，H 公司所欠材料款共 2 000 万元。K 公司是 H 公司最大的材料供应商，欠款 1 500 万元，其中 1 200 万元已到期，如果 H 公司能将这 1 200 万元还上，基本上就能化解本次债务危机。H 公司向 K 公司告知了目前企业的现状，以取得合作多年的 K 公司的理解，并提出用公司一栋价值 1 000 万元的房产，来偿还已到期的 1 200 万元的债务，K 公司最终同意了该方案并签订了债务解除合同。本次债务重组 H 企业在化解危机的同时获得了 200 万元的资产处置收益。

提示

处置组：在一项交易中作为整体通过出售或其他方式一并处置的一组资产，以及在谈交易中转让的与这些资产直接相关的负债。

10.2 利润总额

利润总额是在营业利润的基础上，将营业外收支考虑了进来，即**利润总额 = 营业利润 + 营业外收入 - 营业外支出**。

10.2.1 营业外收入

营业外收入项目反映了企业发生的营业利润以外的收益，主要包括债务重组利得、与企业日常活动无关的政府补助、盘盈利得、捐赠利得等。

例 10-8

> S 企业欠 P 企业一笔货款，共计 10 万元，因 S 企业资金紧张，短期内已无力进行偿付。于是 S 企业与 P 企业进行协商，以 S 企业生产的 100 件产品（正常含税售价为 9.5 万元）进行偿还，P 企业同意收到产品后解除对其债权。该交易使 S 企业获得了 5000 元的营业外收入（债务重组利得）。本例与"例 10-7"的不同之处在于，用于偿付的资产为产品（流动资产）。在这种债务重组的交易中，也不排除个别存在关联关系的企业，利用偿债资产的价差，进行利益的输送。

> **提示**
> （1）与企业日常活动有关的政府补助，计入营业利润中"其他收益"项目。
> （2）债务重组主要有以下几种方式：
> ① 以资产清偿债务；
> ② 债务转为资本；
> ③ 修改其他债务条件，如减少债务本金、降低利率、免去应付未付利息等；
> ④ 以上三种方式的组合。

10.2.2 营业外支出

营业外支出项目反映企业发生的营业利润以外的支出，主要包括债务重组损失、公益性捐赠支出、非常损失、盘亏损失、非流动资产毁损报废损失等。

例 10-9

W 建筑企业 2017 年经营效益超预算完成，但为了隐匿利润，企业决定将一批价值 10 万元的材料进行人为盘亏处理（虚列营业外支出），并记录为：W 企业承建的滨河大桥项目，因施工需要在河边堆放了价值 6.3 万元的砂石料和 3.7 万元的钢筋，2017 年 12 月 5 日晚突发暴雨，导致河边的砂石料和钢筋全部冲入河中并损毁……这种造假的例子还是比较多的，要确认事件的真实性，通常需要深入现场，进行证据查验，并通过相关人员进行了解确认。

10.3 净利润

净利润是一个企业经营的最终成果，**净利润＝利润总额－所得税费用**，当企业不存在所得税税法差异时，**净利润＝利润总额 ×（1-企业所得税税率）**。

> **提示**
> 对于管理的目标，财务界一直有不同的观点：
> （1）利润最大化观点，该观点简单明了，但忽视了成本的投入情况；
> （2）企业价值最大化观点，因为通过举债或股东投入同样会增加企业价值，但根本上并没有产生新的价值，所以这个观点在股东投资资本和债务价值不变的情况下是合理的；

（3）股东财富最大化观点，以为股东创造财富增量为标准，该观点相对更有参考意义。

10.3.1 所得税费用

所得税费用 = 当期所得税 + 递延所得税，所以当看到一些企业的利润总额为正，所得税费用为负，或者利润总额为负，所得税费用为负等情况时不必惊讶。比如，2018 年被终止上市的 *ST 吉恩（600432）2017 年年报（合并层）显示利润总额为 -2 089 408 306.27 元，所得税费用为 303 415 146.38 元，净利润为 -2 392 823 452.65 元。一些企业如果只考虑当期所得税，没有考虑递延所得税，将导致账表的所得税费用偏离实际。

> **例 10-10**
>
> Y 企业 2017 年年度利润表中的利润总额为 2 000 万元，企业适用的所得税税率为 25%。2017 年 Y 企业发生的交易和事项中，会计处理与税收处理存在差别的项目如下。

（1）2017 年 1 月开始计提折旧的一项固定资产，成本为 500 万元，使用年限为 10 年，净残值为 0，会计处理按双倍余额递减法计提当年折旧费 100 万元（500×2÷10），税法要求按直线法计提折旧费 50 万元（500÷10）。

（2）向关联企业捐赠现款 100 万元，因属于非公益性捐赠，税法上不允许税前扣除。

（3）违反地方环保相关规定排放污水，支付罚款 10 万元，税法不允许税前扣除。

（4）收回一笔应收账款 50 万元（原值），因已对其计提 20 万元的坏账准备，现将坏账予以冲回。

如果企业按照 2000×25%=500（万元）进行所得税费用的填报，显然是错误的，具体分析过程如下：

① 2017 年递延所得税资产 =（100-50）×25%=12.5（万元）；

递延所得税负债 =20×25%=5（万元）；

递延所得税 =12.5-5=7.5（万元）。

② 2017 年实际应纳税所得额 =2000+（100-50）+100+10-20=2140（万元）；

对应当期应纳所得税 =2140×25%=535（万元）。

③ 2017 年 Y 企业的所得税费 =535+7.5=542.5（万元）。

10.3.2 持续（终止）经营净利润

根据《财政部关于修订印发一般企业财务报表格式的通知》规定，新增"持续经营净利润"和"终止经营净利润"项目，分别反映净利润中与持续经营相关的净利润和与终止经营相关的净利润。如为净亏损，以"-"号填列。

企业在持续经营的过程中，可能存在将下属事业部、子/分公司进行出售的情况，这部分资产的盈亏要与其他正常持续经营过程形成的盈亏进行区分。根据《财政部关于印发〈企业会计准则第 42 号——持有待售的非流动资产、处置组和终止经营〉的通知》的规定，所谓"终止经营"，是指企业满足下列条件之一的、能够单独区分的组成部分，且该组成部分已经处置或划分为持有待售类别：

（1）该组成部分代表一项独立的主要业务或一个单独的主要经营地区；

（2）该组成部分是拟对一项独立的主要业务或一个单独的主要经营地区进行处置的一项相关联计划的一部分；

（3）该组成部分是专为转售而取得的子公司。

专家支招

01：净利润非常好，老板却坐立不安——分析净利润的构成

有的企业净利润完成得非常好，并呈直线上升趋势，这样的企业经营情况就一定好吗？有没有可能是"金玉其外，败絮其中"呢？如果能进一步分析净利润的构成，就不难解释为什么老板会在企业大幅盈利的情况下坐立不安了。

例 10-11

S 企业预测未来一年的经营状况将很不理想，经营利润会出现大幅的下滑。为了保证明年的利润呈上升态势，以稳定投资者信心，企业决定将位于北京的一处闲置仓库进行出售，仓库原值为 500 万元，已提折旧费 100 万元，账面净值为 400 万元，因位置较好，出售价为 2 000 万元，企业从而获得资产处置收益为 1 600 万元。企业这种靠变卖库房赚取利润的方式，不具有持续性，如果之后再继续亏损，企业恐将难以应对。因此，要实现企业利润的持续性增长，应将重心集中在企业的主营业务上，同时应注意风险的分摊，不可急功近利，盲目扩张。

02：财务报表比较分析法——不怕不识货，就怕货比货

很多时候人们拿到一份财务报表，却不知道如何评价。比如，一家企业 2017 年的净利润为 5 000 万元，利润来源也是正常的经营活动，那么应该如何评价这样的经营成果呢？是糟糕、一般还是优秀呢？其实很难做出评价，因为没有比较。俗话说："不怕不识货，就怕货比货。"

例 10-12

G 企业决定将两座废旧的厂房进行拆除，企业无拆除方面的经验，只能初步预估拆除费用为 20 万 ~50 万元。G 企业通过招标的方式进行拆除单位的选择，5 家拆除单位实地考察后进行了投标。收到报价并比对后，G 企业发现不但不用支付拆除费用，还有 10 万元的收益，因为原厂房主体为钢结构，拆除单位可回收利用，并足以抵扣拆除成本。招标比价使 G 企业在并无经验的基础上免受信息不对称的损失。

财务上常用的比较方法有两种：纵向比较法（内部）和横向比较法（外部）。

例 10-13

M 企业是一家饮料生产企业，全部利润来源于公司生产的瓶装矿泉水。考虑到企业经营业务过于单一，且市场竞争激烈，M 企业决定拓展业务品种，首先增加了桶装矿泉水，向家庭、企事业单位供给；然后自主研发了碳酸饮料、果汁饮料、功能饮料等不同类型的饮料，以适应不同年龄、不同口味的消费者。通过多元化的经营，形成了多个利润增长点，彻底改变了企业原先业务单一的经营风险。有的企业通过多元化经营方式分摊风险，增加企业利润，却遭遇了失败，比如，一直以生产钢琴著称的 SY 公司，大举进军家电、汽车领域，一方面企业对新的领域并不了解，另一方面资金投入大、见效缓慢，以致企业在新的领域尚未实现效益，盲目地扩展已导致企业资金链断裂，最终，企业不得不收缩战略，回归本业。

例 10-14

River 公司将 2017—2018 年的利润表进行了内部的纵向比较（见表 10-2），并将企业 2018 年的利润数据与竞争对手 Mount 公司做了同期横向比较（见表 10-3）。

表 10-2　River 公司 2017—2018 年利润情况

单位：万元

项目	2018 年 ①	2017 年 ②	增加额 ③ = ① - ②	增长率 ④ = ③ ÷ ②
营业收入	12 000	10 000	2 000	20.00%
营业成本	9 000	8 000	1 000	12.50%
期间费用	500	400	100	25.00%
经营利润	2 500	1 600	900	56.25%
营业外收入	10	15	-5	-33.33%
营业外支出	5	3	2	66.67%
利润总额	2 505	1 612	893	55.40%
所得税费用	600	400	200	50.00%
净利润	1 905	1 212	693	57.18%

从表 10-2 中可以看出：2018 年 River 公司营业收入增长了 20%，但营业成本增长比例为 12.5%，成本上得到了很好的管控，期间费用增长率为 25%，高于营业收入的增长率，需要加以控制。2018 年营业外收入有所下降，但营业外支出略有上升，应查明原因。营业外收支对利润总额的影响较小，利润来源仍然以主营业务为主。总体来看，2018 年净利润增长率达到了 57.18%。

表 10-3　River 公司与 Mount 公司 2018 年营业利润对比

单位：万元

项目	River 公司 ①	Mount 公司 ②	差额 ③ = ① - ②	差额比 ④ = ③ ÷ ②
营业收入	12 000	15 000	-3 000	-20.00%
营业成本	9 000	11 500	-2 500	-21.74%
期间费用	500	750	-250	-33.33%

续 表

项目	River 公司 ①	Mount 公司 ②	差额 ③=①-②	差额比 ④=③÷②
经营利润	2 500	2 750	-250	-9.09%
经营利润率	20.83%	18.33%	2.50%	13.64%

从表 10-3 中可以看出：River 公司相对于 Mount 公司，在市场份额上还存在 3 000 万元的差距，但 River 公司在成本费用的控制上具有明显优势，经营利润率高出 Mount 公司 2.5 个百分点。下一步 River 公司应努力增加销量，提升市场份额，同时保持成本上的优势。

03：收入与利得的区别和联系

财务上的收入我们接触得比较多，如主营业务收入、其他业务收入等，有时也会听到利得，如资产处理利得、债务重组利得等。那么，收入与利得的区别和联系是什么呢？

（1）收入是指企业在日常活动中形成的、会导致所有者权益增加的、与所有者投入资本无关的经济利益的总流入。

（2）利得是指企业非日常活动所形成的、会导致所有者权益增加的、与所有者投入资本无关的经济利益的净流入。

从其定义上不难看出，这两者间有两点区别、两点联系，如表 10-4 所示。

表 10-4 收入与利得的区别和联系

项 目	内 容	释 例
区别	① 收入与日常活动有关，利得与非日常活动有关	比如，商业企业销售商品与企业日常活动有关；出售已使用的设备一台与日常活动无关
	② 收入是经济利益总流入，利得是经济利益净流入	比如，商品销售收入的 100 元为总收入，其成本 80 元单列；出售已用设备收款 5 000 元，扣除设备账面价值 4 500 元和运输设备至收购站的运费 300 元，计入资产处置的利得为 200 元
联系	① 导致所有者权益增加	最终均将计入利润总额，净利润归属所有者
	② 与所有者投入资本无关	比如，企业收入 100 万元，但所有者投入的资本可能是 50 万元，也可能是 200 万元，这之间并没有必然的联系

高效工作之道

01：用 Excel 自制简易利润表

利润表按格式的不同可分为单步式和多步式。单步式利润表是将所有的收入排在一起，所有的费用排在一起，最后用总收入减去总费用得到当期总的净损益。多步式利润表则按照营业利润、利润总额、净利润排序，其层次更鲜明，应用更广泛。

现使用 Excel 自制一份简易的多步式利润表，样式如图 10-2 所示。灰色区域表示公式区域，数据将自动生成。主要步骤如下。

	A	B	C
1	利润表		
2	＿＿年＿月		
3	单位：		金额单位：元
4	项目	本期金额	上期金额
5	营业收入		
6	1.主营业务收入		
7	2.其他业务收入		
8	营业成本		
9	1.主营业务成本		
10	2.其他业务成本		
11	销售费用		
12	管理费用		
13	财务费用		
14	资产减值损失		
15	公允价值变动收益（损失为"－"）		
16	投资收益（损失为"－"）		
17	其他收益（损失为"－"）		
18	营业利润		
19	加：营业外收入		
20	减：营业外支出		
21	利润总额		
22	所得税费用		
23	净利润		
24	持续经营净利润		
25	终止经营净利润		

图 10-2

步骤 1 设置表格公式,包含的公式如下。

B5=B6+B7;C5=C6+C7;(含义:营业收入 = 主营业务收入 + 其他业务收入)

B8=B9+B10;C8=C9+C10;(含义:营业成本 = 主营业务成本 + 其他业务成本)

B18=B5-B8-B11-B12-B13-B14+B15+B16+B17;C18=C5-C8-C11-C12-C13-C14+C15+C16+C17;(含义:营业利润 = 营业收入 - 营业成本 - 销售费用 - 管理费用 - 财务费用 - 资产减值损失 + 公允价值变动收益 + 投资收益 + 其他收益)

B21=B18+B19-B20;C21=C18+C19-C20;(含义:利润总额 = 营业利润 + 营业外收入 - 营业外支出)

B23=B21-B22;C23=C21-C22(含义:净利润 = 利润总额 - 所得税费用)。

步骤 2 根据需要可以将表格进行保护,以免公式区域被误改(操作参见第9章)。

"补充"将 Excel 表格粘贴为图片。选择"开始"→"剪贴板"→"复制"→"复制为图片"选项,如图 10-3 所示。在打开的"复制图片"对话框中单击"确定"按钮,如图 10-4 所示。选择"开始"→"剪贴板"→"粘贴"→"粘贴选项",如图 10-5 所示,即可将表格数据保存为图片。

图 10-3

图 10-4

图 10-5

02：快速将网页数据导入到 Excel 中

财务人员经常会通过网络进行财务数据的查找，在查到之后，一般会通过"复制（Ctrl+C）""粘贴（Ctrl+V）"的形式进行数据的处理，这种方式容易将数据漏粘，也容易出错。此时，可以利用 Excel 提供的导入数据功能，将网站中的数据直接导入到表格中。例如，从新浪财经网站上，将东方航空（600115）的利润表数据导入到 Excel 中，具体操作步骤如下。

步骤① 进入新浪财经官网。输入网址 https://finance.sina.com.cn/（见图 10-6），或者输入"新浪财经"进行搜索。

图 10-6

步骤② 在搜索框中输入"东方航空"→单击自动出现的第一个"东方航空"（类型：A 股、代码：600115），如图 10-7 所示。

图 10-7

步骤③ 向下拉动网页至"财务数据"（网页左侧）→单击"利润表"，如图 10-8 所示。打开的网页中将呈现东方航空（600115）的利润表，如图 10-9 所示。

图 10-8

图 10-9

步骤④ 启动 Excel，在新建的空白工作簿中选择"数据"→"获取外部数据"→"自网站"，如图 10-10 所示。

图 10-10

步骤⑤ 打开"新建 Web 查询"对话框，复制东方航空（600115）利润表所在网址，粘贴至"新建 Web 查询"对话框的"地址"栏中（见图 10-11），然后单击"转到"按钮。

图 10-11

步骤⑥ 单击利润表左上角的黄色图标，选中利润表数据，然后单击"导入"按钮，如图10-12所示。

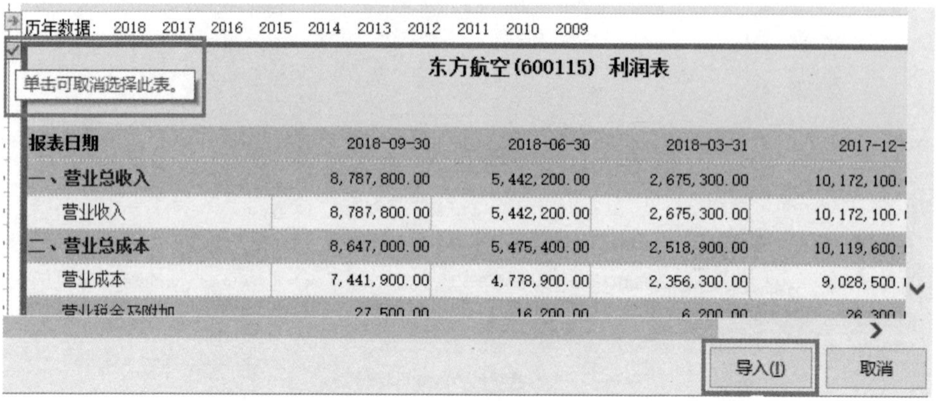

图 10-12

步骤⑦ 打开"导入数据"对话框，选择放置数据的位置，然后单击"确定"按钮，如图10-13所示。

图 10-13

步骤⑧ 东方航空（600115）的利润表数据被导入Excel中，效果如图10-14所示。

	A	B	C	D	E	F
1	东方航空(600115) 利润表					
2	单位：万元					
3	报表日期	2018/9/30	2018/6/30	2018/3/31	2017/12/31	2017/9/30
4						
5	一、营业总收入	8,787,800.00	5,442,200.00	2,675,300.00	10,172,100.00	7,750,500.00
6	营业收入	8,787,800.00	5,442,200.00	2,675,300.00	10,172,100.00	7,750,500.00
7	二、营业总成本	8,647,000.00	5,475,400.00	2,518,900.00	10,119,600.00	7,328,200.00
8	营业成本	7,441,900.00	4,778,900.00	2,356,300.00	9,028,500.00	6,564,300.00
9	营业税金及附加	27,500.00	16,200.00	6,200.00	26,300.00	19,700.00
10	销售费用	446,700.00	286,700.00	135,900.00	575,300.00	419,600.00
11	管理费用	220,900.00	140,600.00	66,900.00	314,300.00	212,900.00
12	财务费用	503,200.00	248,200.00	-46,500.00	126,100.00	110,100.00
13	资产减值损失	400	400	100	49,100.00	1,600.00
14	公允价值变动收益	28,100.00	24,300.00	-20,900.00	-31,100.00	--
15	投资收益	17,500.00	9,000.00	7,000.00	205,400.00	200,600.00
16	其中:对联营企业和合营企业的投资收益	14,900.00	8,500.00	--	25,100.00	--
17	汇兑收益	--	--	--	--	--
18	三、营业利润	575,900.00	281,000.00	258,000.00	724,600.00	994,300.00
19	加:营业外收入	58,700.00	36,900.00	18,900.00	141,900.00	102,700.00
20	减：营业外支出	3,700.00	800	300	4,500.00	3,500.00
21	其中：非流动资产处置损失	--	--	--	--	--
22	四、利润总额	630,900.00	317,100.00	276,600.00	862,000.00	1,093,500.00
23	减：所得税费用	137,100.00	66,500.00	60,800.00	180,000.00	243,900.00
24	五、净利润	493,800.00	250,600.00	215,800.00	682,000.00	849,600.00
25	归属于母公司所有者的净利润	449,000.00	228,300.00	198,300.00	635,200.00	791,500.00
26	少数股东损益	44,800.00	22,300.00	17,500.00	46,800.00	58,100.00
27	六、每股收益					
28	基本每股收益(元/股)	0.31	0.1578	0.1371	0.4391	0.5471
29	稀释每股收益(元/股)	0.31	0.1578	0.1371	0.4391	0.5471
30	七、其他综合收益	2,300.00	-3,900.00	-5,800.00	28,400.00	16,600.00
31	八、综合收益总额	496,100.00	246,700.00	210,000.00	710,400.00	866,200.00
32	归属于母公司所有者的综合收益总额	451,300.00	224,400.00	192,500.00	662,900.00	807,500.00
33	归属于少数股东的综合收益总额	44,800.00	22,300.00	17,500.00	47,500.00	58,700.00

图 10-14

第 11 章

现金流量表
——企业资金走向的汇总表

现金流量表反映了企业在一定时期内的经营活动、投资活动和筹资活动产生的现金及现金等价物的收支情况。现金流量表是对资产负债表和利润表非常重要的补充。比如，企业 2018 年期初货币资金余额为 20 万元，期末货币资金为 50 万元，通过现金流量表可以看到，2018 年企业产生现金流入 500 万元，现金流出 470 万元，现金流量净额为 30 万元。这样一来，货币资金的来龙去脉就更清楚了。

11.1 经营活动的现金流量

经营活动的现金流量是指企业投资活动和筹资活动以外的交易及事项产生的现金流量。其中,经营活动的现金流入是企业资金的主要来源。

11.1.1 销售商品、提供劳务收到的现金

"销售商品、提供劳务收到的现金"项目代表了企业营业收入对应的现金及现金等价物的流入情况,比如,建筑施工企业收取的工程结算款、租赁公司的经营租赁款。

(1)从时间上讲,企业收回前期已售商品的赊销款、当期的商品现销款、预收商品款,都应计入当期的"销售商品、提供劳务收到的现金",如本期发生销货退回而支付的现金,应从"销售商品、提供劳务收到的现金"项目中予以扣减。

(2)**增值税虽然属于价外税,但企业收取的增值税(销项税额)属于"销售商品、提供劳务收到的现金"。**

例 11-1

T 企业 2018 年 2 月销售办公家具一批,3 月收到相应款项 11.6 万元,其中,货款为 10 万元,增值税为 1.6 万元,T 企业账务处理如下。

① 销售办公家具(2 月)。

借:应收账款——T 企业 116 000

贷:主营业务收入 100 000

应交税费——应交增值税(销项税额)16 000

② 收到相应款项(3 月)。

借:银行存款——(现金流)销售商品、提供劳务收到的现金 116 000

贷:应收账款——T 企业 116 000

(3)将本期"销售商品、提供劳务收到的现金"同上期比较,在一定程度上有利于判断企业主营业务增长情况和企业销售资金回款情况。比如,企业 2018 年的"销售商品、提供劳务收到的现金"项目为 500 万元,2016 年对应为 300

万元,可以初步判断企业 2018 年的收入和回款得到大幅的提升,发展态势良好。不过,要印证这一判断,还要进一步查看企业的营业收入和应收款项收回情况。

11.1.2 收到的税费返还

税收返还是政府按照国家有关规定采取先征后返(退)、即征即退等办法向企业返还的税款,属于以税收优惠形式给予的一种政府补助。

企业收到的税收返还,在账务处理上,借方均为银行存款(现金流:收到的税费返还),贷方根据财政部《关于减免和返还流转税的会计处理规定的通知》和财政部《关于印发〈股份有限公司税收返还等有关会计处理规定〉的通知》两个文件的规定,账务处理会有所不同(见表 11-1)。

表 11-1 税收返还的不同账务处理

序号	返还税别	账务处理(贷方)
1	企业所得税	冲减当期所得税费用
2	消费税、城市维护建设税等	冲减当期税金及附加
3	增值税	计入补贴收入

11.1.3 购买商品、接受劳务支付的现金

"购买商品、接受劳务支付的现金"项目反映企业购买商品、接受劳务支付的现金及现金等价物的情况,包括支付的增值税(进项税额)。

(1)从时间上讲,不仅包括支付当期购买商品的现金和现金等价物,也包括偿付前期拖欠的货款及预付的货款。

(2)"购买商品、接受劳务支付的现金"与"销售商品、提供劳务收到的现金"存在对应关系。比如,"购买商品、接受劳务支付的现金"明显高于"销售商品、提供劳务收到的现金",则企业通常需要动用前期沉淀的资金或通过筹资形式,以满足当期商品款(劳务款)的支付。如果企业长此以往,其资金状况势必会出现问题。

例 11-2

W 企业 2018 年进驻 H 市，为了在 H 市开拓市场，决定放宽应收账款政策，商品销售当季收款仅为 30%，下一个季度收余款 70%；原材料进货付款政策不变，当季付款 80%，下一季度支付余款 20%。W 企业 2018 年商品销售和资金收支情况如表 11-2 所示。

表 11-2　W 企业（H 市）2018 年商品销售和资金收支情况

单位：万元

项目		一季度	二季度	三季度	四季度	合计
营业收入		200	360	480	800	1 840
现金流入	本季度	60	108	144	240	552
	上季度		140	252	336	728
现金流入合计		60	248	396	576	1 280
营业成本		160	280	390	680	1 510
现金流出	本季度	128	224	312	544	1 208
	上季度		32	56	78	166
现金流出合计		128	256	368	622	1 374
现金流量净额		-68	-8	28	-46	-94

从表 11-2 可以看到，W 企业（H 市）2018 年营业收入产生的现金流入为 1 280 万元，营业成本现金流出 1374 万元，现金流量金额为 -94 万元，除了第三季度有所盈余外，第一、二、四季度均为赤字，这部分资金就需要 W 企业从总部调入或其他方式予以筹集，以支持其在 H 市的发展。一旦 W 企业在 H 市完成市场开拓，将逐步调整应收账款的信用政策，以保证资金的及时回笼。

11.1.4　支付给职工以及为职工支付的现金

"支付给职工以及为职工支付的现金"项目包括本期实际支付给职工的工资、奖金、各种津贴和补贴等，以及为职工支付的其他费用。

（1）支付离退休人员的各项费用，包括支付的统筹退休金以及未参加统筹的退休人员的费用，在"支付的其他与经营活动有关的现金"项目中反映。

（2）支付给职工报销的差旅费、办公费、招待费等，应在"支付的其他与经营活动有关的现金"项目中列示。

（3）企业代扣代缴的职工个人所得税，计入"支付给职工以及为职工支付的现金"，不应计入"支付的各项税费"项目。

（4）如果该职工属于在建工程人员，企业为其支付的工资、奖金、津贴和补贴，缴纳的社保、公积金，支付给职工的住房困难补助，缴纳的商业保险金，支付的其他福利费用等，计入（投资活动）"购建固定资产、无形资产和其他长期资产所支付的现金"。

> **提示**
>
> 以职工工资为例，根据职工的工作性质和服务对象，将分别在"购建固定资产、无形资产和其他长期资产所支付的现金"和"支付给职工以及为职工支付的现金"项目中反映。

11.2 投资活动的现金流量

投资活动的现金流量通常是指企业购建（处置）长期资产所产生的现金流量，常见的有购买大型设备、自建办公楼、出售厂房等现金流入（出），也包括长期股权投资、短期股票投资及相应的投资损益所产生的资金流。

11.2.1 投资支付的现金

"投资支付的现金"项目反映了企业取得除现金等价物以外的对其他企业的长期股权投资、债权投资等所支付的现金，包括支付的相应的佣金、手续费等费用。比如，A公司2018年12月10日以1 000万元的价格取得B上市公司2%的股权，并支付佣金和手续费20万元，A公司"投资支付的现金"项目应计入1 020（1000+20）万元。

企业取得子公司及其他营业单位以现金支付的购买价部分，减去子公司及其他营业单位自身持有的现金和现金等价物后的净额，单列至"取得子公司及其他营业单位支付的现金净额"项目。

11.2.2 收回投资收到的现金

"收回投资收到的现金"项目反映了企业出售、转让或到期收回除现金等价物以外的对其他企业的长期股权投资等收到的现金。

企业投资活动产生的现金股利和利息，单列至"取得投资收益收到的现金"项目。

例 11-3

A 公司 2018 年 3 月 1 日以 10 元 / 股的价格，从二级市场购入 C 上市公司的股票 5 万股，A 公司看准 C 公司即将推出新能源汽车，很可能将拉升其股价，A 公司到时再卖出其股票，即可赚取差价。2018 年 6 月 8 日，C 公司股票涨到 11.5 元 / 股，A 公司随即全部卖出。

（1）A 公司持有 C 公司的股票，以赚取短期差价为目的，属于投资中的交易性金融资产；

（2）"收回投资收到的现金"项目应计 50（10×5）万元，"取得投资收益收到的现金"项目应计 7.5（11.5×5-10×5）万元。

11.2.3 购建固定资产、无形资产和其他长期资产支付的现金

"购建固定资产、无形资产和其他长期资产支付的现金"项目反映企业购买（建造）固定资产、取得无形资产和其他长期资产支付的现金。

（1）该项目包含购建固定资产支付的增值税进项税额；

（2）该项目包含支付给在建工程人员的工资、奖金、津贴等现金支出；

（3）该项目包含融资租入固定资产所支付的租赁费。

如果企业购建长期类资产的金额较大，往往说明企业有很强的欲望将企业做大做强，管理者对企业未来的发展充满希望；反之，则说明企业采取了相对保守的发展战略，可能没有意愿进行进一步的扩张。至于多大的资金投入算大，还需要结合企业类型和发展阶段来判断。

11.2.4 处置固定资产收到的现金

"处置固定资产收到的现金"项目反映了企业出售、报废固定资产、无形资产

和其他长期资产所取得的现金的情况,如果处置这些资产产生了相应费用,则应减去处置费用,以净额列示。

例 11-4

　　A 公司将一台旧设备送至废品收购站变卖,变卖所得为 1 200 元,发生搬运费 200 元,"处置固定资产收到的现金"项目应计入 1 000(1 200-200)元。

 提示

"处置固定资产收到的现金"项目包含因资产毁损而收到的保险赔偿收入。

11.3　筹资活动的现金流量

　　筹资活动的现金流量反映了引起企业资本及债务的规模和结构发生变化,所产生的现金流入、流出情况。

11.3.1　吸收投资收到的现金

　　"吸收投资收到的现金"项目反映了企业以股票发行等方式筹资实际收到的资金,发行过程中产生的佣金和手续费应予减除,并以净额列示。

例 11-5

　　H 股份公司 2018 年为开拓新的业务板块,在 5 月以 14.8 元/股的价格,增发普通股股票 1 000 万股,取得资金流入 14 800(14.8×1 000)万元,发行过程中产生发行的佣金和手续费 300 万元,因此,应以 14 500(14 800-300)万元计入"吸收投资收到的现金"项目。

11.3.2　借款所收到的现金

　　"借款所收到的现金"反映了企业取得长期借款、短期借款形成的现金流入。在实际填报时,要注意将资金流入、流出分别列报。

例 11-6

　　A 公司无长期借款,有短期借款。2018 年年初,A 公司短期借款余额为 60 万元,年末短期借款余额为 100 万元。

会计小王在填报现金流量表时，"借款所收到的现金"项目直接用短期借款期末、期初余额做差，计入 40 万元。这种做法是不对的。

A 公司 2018 年实际新增短期借款 120 万元，偿还短期借款 80 万元。因此，"借款所收到的现金"项目应计 120 万元，偿还短期借款的 80 万元计入"偿还债务支付的现金"项目。

11.3.3 偿还债务支付的现金

"偿还债务支付的现金"项目反映了企业为偿还债务本金而支付的现金的情况。

（1）企业偿还长期（短期）借款利息的资金支出，在"分配股利、利润或偿付利息所支付的现金"项目中列示。

（2）企业支付的资金利息，不管是费用化利息，还是资本化利息，均在筹资活动产生的现金流量中列示，不得将资本化利息划入投资活动。

专家支招

01：如何将净利润调节为经营活动的现金流量净额

将净利润调节为经营活动的现金流量净额，是运用间接法，以净利润为起点，推算经营活动产生的现金流量净额。

基本原理：经营活动的现金流量净额 = 净利润 ± 调整项项目。

调节内容包括实际没有支付现金的费用、实际没有收到现金的收益、不属于经营活动的损益和经营性应收应付（递延所得税资产负债、存货）项目的增减变动四大类。具体调节项目主要包括 14 项，调节方法如表 11-3 所示。

表 11-3　将净利润调节为经营活动的现金流量净额（间接法）

序号	调整项目	调节方法
1	资产减值准备（包括坏账准备、存货跌价准备、长期股权投资减值准备、固定资产减值准备、无形资产减值准备、投资性房地产减值准备、商誉减值准备）	计入利润表中的"资产减值损失"项目，属于实际未支付现金的费用类。如果导致净利润减少，应加回；导致净利润增加，应扣减

续表

序号	调整项目	调节方法
2	固定资产折旧、油气资产折耗、生产性生物资产折旧、投资性房地产折旧	计入利润表的折旧、摊销项目（期间费用、其他业务成本），属于实际未支付现金的费用类，导致净利润减少，应加回
3	长期待摊费用摊销	
4	无形资产摊销	
5	处置固定资产、无形资产和其他长期资产的损益	计入利润表的该损益为不属于经营活动的损益类，若为收益，应予扣减；若为损失，应予加回
6	固定资产报废损益	
7	公允价值变动损益	
8	投资损益	
9	财务费用	（1）计入利润表的财务费用属于经营活动产生的，不予调整 （2）计入利润表的财务费用属于投资活动和筹资活动产生的财务费用，导致净利润减少，应加回；导致净利润增加，应扣减
10	经营性应收项目的增减	经营性应收（递延所得税资产、存货）项目的增加，在净利润基础上扣减；减少则在净利润基础上加回
11	存货的增减	
12	递延所得税资产增减	
13	经营性应付项目的增减	经营性应付（递延所得税负债）项目的增加，在净利润基础上加回；减少则在净利润基础上扣减
14	递延所得税负债增减	

例 11-7

　　M公司要将净利润调节为经营活动现金流，要完成调节活动，除了查询三张主表，还需要查询相应明细，这里仅看一下M公司最终的调节情况，如图11-1所示。

　　从企业一个长期的发展周期来看，排除净利润中投资、筹资活动相关损益的影响，净利润应同经营活动现金流量净额基本相等，即净利润÷经营活动现金流量净额≈1。如果该比值明显低于1，则意味着企业净利润可能存在隐匿；如果该比值明显高于1，则意味着企业净利润可能存在虚增。也有企业提前考虑这个情况，在虚增利润的同时，通过与关联单位倒账等形式，虚增经营活动现金流；或者，在隐匿利润的同时将一部分经营现金流账外流转。

现金流量表补充资料（以间接法计算的现金流量表）

单位：M公司　　　　　　　　　　　　2017年12月　　　　　　金额单位：元

项目	本期数	上期数
1.将净利润调节为经营活动的现金流量：		
净利润	13,503,699.84	14,256,648.27
加：计提的资产减值准备	128,712.66	140,670.33
固定资产折旧、油气资产折耗、生产性生物资产折旧、投资性房地产折旧	135,488.32	125,285.74
无形资产摊销	0.00	0.00
长期待摊费用摊销	0.00	0.00
处置固定资产、无形资产和其他长期资产的损失(收益以"-"号填列)	0.00	0.00
固定资产报废损失(收益以"-"号填列)	0.00	0.00
财务费用(收益以"-"号填列)	250,203.00	273,312.18
公允价值变动损失(收益以"-"号填列)	0.00	0.00
投资损失(收益以"-"号填列)	0.00	0.00
递延所得税资产减少(增加以"-"号填列)	-32,178.17	-35,167.58
递延所得税负债增加(减少以"-"号填列)	0.00	0.00
存货的减少（增加以"-"号填列)	-1,466,759.91	1,373,576.64
经营性应收项目的减少(增加以"-"号填列)	-5,593,959.33	-3,180,732.50
经营性应付项目的增加(减少以"-"号填列)	3,462,550.90	2,933,125.48
经营活动产生的现金流量净额	10,387,757.31	15,886,718.56

图 11-1

02：如何理解"现金为王"

　　企业的营业收入并不意味着实际的现金流入，净利润也不意味着现金净流入。然而，对于一个企业而言，**资金流通常比盈利更重要**。比如，一个企业2018年的利润表显示亏损200万元，企业依然在运转，但是，如果企业因为没有足够的流动资金，一年没有发工资，那么员工可能都得离职，企业生产经营将随之停摆。尤其是在一些创业企业，因为几个订单出现货款拖欠，便会导致整个企业的资金链断裂，无法进一步购买原材料、支付员工工资和企业房租，企业还没有等到实现盈利，便濒临破产的边缘。

有这样的一些零售店，它们批量进货，与供应商之间达成了一个赊购期，如60天，同时因为是零售，对客户都是现金收款，从每日现金流来看是很不错的。但实际上在雇佣两个营业员的情况下，利润层面只是基本持平。老板这时如果安排一个自己的亲戚进来，零售店将直接亏损，而亏损将逐渐耗尽企业资金。**没有利润的资金流是不长久的。**

当企业有利润，但资金不足时，应以增加融资流入为重点；而当企业有资金，但出现亏损时，则应以经营管理为重点，合理控制成本。

有的企业资金流受季节影响很大，需要提前做好资金的筹集，以保证需求旺季的资金投入，才能实现全年的经营目标。

例 11-8

G企业是一家加工生产桃子罐头的企业，因为桃子的成熟期集中在5~6月，因此，企业需要在这两个月完成桃子罐头的加工生产，企业在这两个月的资金流出也是最大的。但销售全年都在进行，且因为这两个月顾客买新鲜桃子的相对更多，桃子罐头的资金流入反而较其他月份偏少，如表11-4所示。

表11-4 G企业2018年各月资金流情况

单位：万元

月份	1月	2月	3月	4月	5月	6月	7月	8月	9月	10月	11月	12月
资金流入	241	233	270	192	133	142	166	179	168	193	211	235
资金流出	49	48	52	45	820	720	42	46	43	44	47	53

众所周知，**资金犹如企业的"血液"**。企业因为流动资金不足，而处于危难之际，常不惜低价出售企业资产，以换取现金流入，补充企业"血液"。"现金为王"的理念突出了资金的重要性，但如果企业赚了钱就将其存在银行，这样处理看似安全，实际上忽视了资金的流动性。要让企业的"血液"流动起来，企业除了保留必要的存量资金外，应积极将资金用于产品研发、市场开拓、项目推广等，以实现资金的保值、增值。

高效工作之道

01：用 Excel 自制简易的现金流量表

现金流量表中的项目相对于资产负债表、利润表要简单些，但实际填报过程中能保证把这张表 100% 填报正确的财务人员并不多，财务人员需要在实践中不断总结摸索，以保证填报的准确性。现金流量表的样式如图 11-2 所示。

图 11-2

现使用 Excel 自制一份简易的现金流量表,灰色区域表示公式区域,数据将自动生成。主要步骤如下。

步骤 1 设置下列表格公式。

B9=SUM(B6:B8);C9=SUM(C6:C8);(含义:经营活动现金流入求和)

B14=SUM(B10:B13);C14=SUM(C10:C13);(含义:经营活动现金流出求和)

B15=B9-B14;C15=C9-C14;(含义:经营活动产生的现金流量净额=经营活动现金流入之和−经营活动现金流出之和)

B22=SUM(B17:B21);C22=SUM(C17:C21);(含义:投资活动现金流入求和)

B27=SUM(B23:B26);C27=SUM(C23:C26);(含义:投资活动现金流出求和)

B28=B22-B27;C28=C22-C27;(含义:投资活动产生的现金流量净额=投资活动现金流入之和−投资活动现金流出之和)

B34=SUM(B30:B33);C34=SUM(C30:C33);(含义:筹资活动现金流入求和)

B38=SUM(B35:B37);C38=SUM(C35:C37);(含义:筹资活动现金流出求和)

B39=B34-B38;C39=C34-C38;(含义:筹资活动产生的现金流量净额=筹资活动现金流入之和−筹资活动现金流出之和)

B40=B15+B28+B39;C40=C15+C28+C39;(含义:现金及现金等价物净增加额=经营活动、投资活动、筹资活动产生的现金流量净额三者之和)

B42=SUM(B40:B41);C42=SUM(C40:C41)。(含义:期末现金及现金等价物余额=(本期)现金及现金等价物净增加额与期初现金及现金等价物余额之和)

步骤 2 跨表取数。

(1)单击 Excel 左下角的增加新建工作表按钮,增加一张表,通过双击将其命名为"资产负债表(案例补充)",如图 11-3 所示。

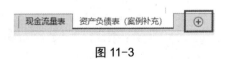

图 11-3

(2)资产负债表的制作这里不再介绍。在"资产负债表(案例补充)"的期初数列的"货币资金"项目处输入金额,如"2000",如图 11-4 所示。

(3)在利润表"本期数"列的"加:期初现金及现金等价物余额"项目处设置公式"B41='资产负债表(案例补充)'!C6",就可以直接生成"资产负债表(案例补充)"中的"货币资金"期初数,如图 11-5 所示。

图 11-4

图 11-5

02：用 Excel 图表分析表格数据

在实际的财务工作中，常需要将表格数据转化为图表，以便直观地反映数据的变动趋势。这里以山风公司 2010—2017 年经营活动的现金流量净额为例，介绍用 Excel 图表分析财务数据的方法。图表效果如图 11-6 所示。

图 11-6

步骤 1 打开素材文件"柱状图"，表格效果如图 11-7 所示。

	A	B	C	D	E	F	G	H	I
1	年份	2010年	2011年	2012年	2013年	2014年	2015年	2016年	2017年
2	山风公司经营活动现金流量净额	-135.34	56.32	125.66	189.26	225.69	363.58	489.69	635.74

图 11-7

步骤 2 选中 A1:I2 单元格区域,单击"插入"→"图表"→"推荐的图表"按钮,打开"插入图表"对话框。选择"所有图表"选项卡,再选择"柱形图"→"簇状柱形图",如图 11-8 所示。单击"确定"按钮后即可在工作表中插入柱形图。

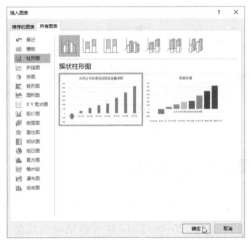

图 11-8

步骤 3 选择图表,单击"图表工具/设计"选项卡"图表布局"组中的"添加图表元素"按钮,在弹出的下拉列表中选择"数据标签"→"数据标签外"选项,为图表添加数据标签,如图 11-9 所示。

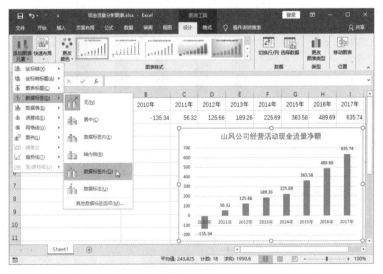

图 11-9

步骤④ 保持图表的选中状态，单击"图表布局"组中的"添加图表元素"按钮，在弹出的下拉列表中选择"趋势线"→"线性"选项，为图表添加线性趋势线，如图11-10所示。

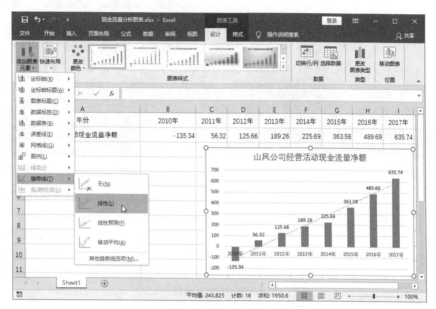

图 11-10

第 12 章

看懂企业的偿债能力
——债权人的钱是否有保障

2018年2月1日，大宇供应商向H公司提供了一批价值4 000万元的材料，双方约定，H公司收货当日付款60%（2 400万元），剩余40%（1 600万元）于6月30日前付清。4月25日，H公司披露的财务报表显示其一季度销售量同比下降37%，大宇公司担心H公司6月30日无法如期偿付余款，大宇公司总经理找到财务经理老张咨询，老张会怎样进行分析呢？本章将站在债权人的角度，来分析一个企业的偿债能力。

12.1 企业的短期偿债能力

企业的短期偿债能力，体现在企业对流动负债的偿还能力上。对于流动负债，前文已经讲过，包括欠供应商的货款（应付账款）、欠投标单位的保证金（其他应付款）、欠国家的税款（应交税费）、欠员工的工资（应付职工薪酬）等。财务人员可以通过对营运资本、流动比率、速动比率、现金比率、现金流量比率等指标的测算，来分析企业的短期偿债能力。

在本章的分析中，以 H 公司为例，其 2018 年 3 月 31 日的资产负债表情况如表 12-1 所示。

表 12-1 H 公司资产负债表

日期：2018 年 3 月 31 日　　　　　　　　　　　　　　　　　　　　　　单位：万元

资　产	期末数	期初数
流动资产：		
货币资金	5 711.28	7 028.96
应收票据	4 976.08	5 590.15
应收账款	6 994.97	6 140.89
预付款项	1 237.86	1 449.94
其他应收款	397.89	438.11
存货	3 933.40	3 741.72
其他流动资产	472.47	316.97
流动资产合计	23 723.95	24 706.74
非流动资产：		
固定资产	31 861.25	31 761.11
在建工程	2 464.47	2 213.90
无形资产	3 666.09	3 624.86
递延所得税资产	923.31	926.73

续表

资　产	期末数	期初数
其他非流动资产	1 322.66	1 329.90
非流动资产合计	40 237.78	39 856.50
资产总计	63 961.73	64 563.24
负债		
流动负债：		
短期借款	4 150.00	5 570.00
应付票据	332.75	267.76
应付账款	6 943.31	7 839.39
预收账款	4 111.72	2 599.18
应付职工薪酬	355.99	476.97
应交税费	595.47	376.40
应付利息	178.75	36.66
应付股利	156.86	184.29
其他应付款	713.58	568.75
其他流动负债	142.89	142.89
流动负债合计	17 681.32	18 062.29
非流动负债：		
长期借款	4 879.50	4 572.17
长期应付款	590.32	49.17
预计负债	288.95	151.15
递延收益	137.64	423.51
递延所得税负债	41.35	93.94
其他非流动负债	56.96	56.96
非流动负债合计	5 994.72	5 346.90
负债合计	23 676.04	23 409.19

续 表

资　产	期末数	期初数
所有者权益		
实收资本（股本）	5 781.81	5 781.81
资本公积	19 336.74	19 336.74
盈余公积	4 896.29	4 896.29
未分配利润	10 270.85	11 139.22
所有者权益合计	40 285.69	41 154.06
负债和所有者权益总计	63 961.73	64 563.25

12.1.1 营运资本

营运资本是一个绝对数指标，营运资本 = 流动资产 - 流动负债。营运资本越大，意味着企业的财务情况越稳定。

以 H 公司（表 12-1）为例，营运资本 =23 723.95-17 681.32=6 042.63（万元）。从该指标可以看出，H 公司的流动资产能够补偿流动负债，H 公司采取了相对稳健的财务政策。

12.1.2 流动比率

流动比率是一个相对数指标，流动比率 = 流动资产 ÷ 流动负债。流动比率和营运资本存在相通之处，当营运资本大于 0（小于等于 0）时，流动比率大于 1（小于等于 1）。当流动比率大于 1 时，可以判定企业采取了相对稳健的财务政策；当流动比率小于 1 时，则说明企业采取了相对激进的财务政策。

以 H 公司（表 12-1）为例，流动比率 =23 723.95÷17 681.32≈1.34，该比率印证了营运资本的判断。

同类型企业，且规模趋同，在短期偿债能力做比较时，可采用营运资本进行比较；同类型企业，但规模有较大差异，往往要通过流动比率进行比较。

> **例 12-1**
>
> A 企业是一家经营多年的大型商贸公司,流动资产为 5 000 万元,流动负债为 4 500 万元,营运资本为 500 万元,流动比率为 1.11;B 企业是一家初创的商贸公司,流动资产为 200 万元,流动负债为 50 万元,营运资本为 150 万元,流动比率为 4。

(1)从营运资本(绝对数)来看,A 企业营运资本 500 万元 > B 企业营运资本 150 万元;

(2)从流动比率(相对数)来看,A 企业流动比率 1.11 < B 企业流动比率 4。

因为 A、B 企业经营规模上存在较大差异,相对数指标流动比率能更准确地反映公司在自身短期债务上的清偿能力。

12.1.3 速动比率

速动比率 = 速动资产 ÷ 流动负债。速动资产须将流动资产中流动性相对较弱的四项资产(预付账款、存货、一年内到期的非流动资产、其他流动资产)予以扣除。速动资产越大,企业对流动负债的偿债能力相对越强。

> **例 12-2**
>
> A 企业有一项应收账款 10 万元和一批价值 10 万元的存货,存货在保管过程中可能会有一定毁损、消耗,如果变现,还需要将存货进行销售。受市场影响,销售过程可能存在滞销或价格下降的风险,因此,存货的变现能力要低于应收账款。

提示

(1)一年内到期的非流动资产,举个例子,A 企业在 2016 年 11 月 1 日产生了一笔 3 年期的长期应收款 80 万元,到 2018 年 12 月 31 日,A 企业填报资产负债表时,距离该笔 3 年期的长期应收款的到期期限已不足一年,此时就应将该笔款从长期应收款项目转入一年内到期的非流动资产项目。

(2)本书中描述的变现能力是指在尽可能"无损"的条件下变现,比如,一项存货的账面价值为 10 万元,以该价格出售变现通常很困难,但如果以 2 万元的价格出售,变现就很容易。低价出售以获得快速变现,以资产"受损"为代价,非特殊情况是不可取的。

高的速动比率，往往意味着高的短期偿债能力，以 H 公司（表 12-1）为例：

（1）速动资产 = 流动资产 - 预付账款 - 存货 - 一年内到期的非流动资产 - 其他流动资产 = 23 723.95-1 237.86-3 933.40-0-472.47=18 080.22（万元）；

（2）速动比率 = 速动资产 ÷ 流动负债 = 18 080.22 ÷ 17 681.32≈1.02，说明 H 公司的速动资产大于流动负债，偿债能力还是比较强的。

12.1.4 现金比率

现金比率 =(货币资金 + 交易性金融资产)÷ 流动负债。关于交易性金融资产，本书中还没有作详细的介绍，它是指企业以赚取差价为目的购入并持有，准备短期内出售的股票、债权等投资。

> **例 12-3**
> A 企业用闲置资金 100 万元，于 2018 年 11 月 10 日购买了 R 上市公司 10 万股股票（10 元 / 股）。A 企业预计，在 2019 年 1 月中旬该股票的涨幅会有 10%，届时卖出赚取差价 10 万元，该过程中如果 A 企业出现资金上的紧张，也可以随时出售该股票，以换取现金（银行存款）。

H 公司（表 12-1）无交易性金融资产，因此，其现金比率 =（5 711.28+0）÷ 17 681.32≈0.32。表示只用货币资金和交易性金融资产能偿还的流动负债为 32%。

 提示

流动比率≥速动比率≥现金比率。

12.1.5 现金流量比率

现金流量比率 = 经营活动现金流量净额 ÷ 流动负债。这个比率是 5 个短期偿债能力指标中，唯一将资产负债表和现金流量表结合的指标。

通过经营活动现金流量净额（经营活动现金流入 - 经营活动现金流出）与流动负债的关系，来衡量企业的短期偿债能力，要注意现金流量表是时期报表，如果一项流动负债的期限是 6 个月，则用企业中期（半年）报现金流量表的数据来测算，结果更具有参考性。

例 12-4

H 公司 2018 年一季度相应的现金流量表数据如表 12-2 所示。

表 12-2 H 公司现金流量表

日期：2018 年 1~3 月　　　　　　　　　　　　　　　　　　　　单位：万元

项　目	本期数	上期数
一、经营活动产生的现金流量：		
销售商品、提供劳务收到的现金	6 414.26	9 307.99
收到的税费返还	3.24	8.90
收到的其他与经营活动有关的现金	353.06	63.01
现金流入小计	6 770.56	9 379.90
购买商品、接受劳务支付的现金	3 956.25	4 680.88
支付给职工以及为职工支付的现金	609.75	621.91
支付的各项税费	421.91	629.96
支付的其他与经营活动有关的现金	281.18	336.96
现金流出小计	5 269.09	6 269.71
经营活动产生的现金流量净额	1 501.47	3 110.19

从表 12-2 中可以看出，H 公司的经营现金流量净额较上年同期下降了 1 608.72（3 110.19−1 501.47）万元，下降的主要原因是销售量的大幅下滑。

H 公司的现金流量比率 =1 501.47÷17 681.32≈0.08，其含义为，如果用 H 公司 2018 年一季度产生的经营活动现金流量净额来偿还 2018 年 3 月 31 日的流动负债，偿还的比率为 8%。

但是要注意，通常企业流动负债（或者负债总额）偿还的同时也在新增，因此，一年内的变动幅度相对较小，但年度的经营活动现金流量净额则可视为季度额的 4 倍（不考虑季节性因素）。因此，H 公司的现金流量比率，可上升为 32%（8%×4）。有人说，那也不够，还有 68% 的流动负债无法偿付。这点不必担心，因为 H 公司流动资产中还有货币资金、应收账款、其他应收款等。

H 公司对于大宇供应商的债务期限为 6 个月，如果按半年的经营现金流量金额来看，为 3 002.94 1 501.47×2）万元，经营现金流量净额足以偿还其 1 600 万元的债务。

在第 11 章中，知道将净利润可调节为经营活动的现金流量净额，**如果企业没有投融资活动，且不考虑税会差异，那么在一个较长的时期内（如 10 年），经营活动的现金流量净额之和可近似反映企业累计的净利润。**

综上，H 公司的短期偿债能力如表 12-3 所示。

表 12-3　H 公司的短期偿债能力指标（2018-03-31）

序号	指　　标	比率 / 金额（万元）
1	营运资本	6 042.63
2	流动比率	1.34
3	速动比率	1.02
4	现金比率	0.32
5	现金流量比率	0.08

H 公司对大宇供应商 1 600 万元的债务，综合分析来看，H 公司有能力予以偿还。

提示

财务人员应有收入观，收入是基础，企业的产品如果销售不出去，其他都无从谈起。即使有了收入，还是有可能成为赔本的买卖，因此要有利润观。如果报表上显示盈利了，但都是应收账款，资金回不来，企业也将无法运转，因此还要有现金流观。一些企业盲目扩张，占领市场，忽视了成本和现金流，最终使企业陷入困境，无法实现可持续发展。

12.2　企业的长期偿债能力

企业的长期偿债能力是指企业对负债总额的偿还能力，除了流动负债，企业还有非流动负债，如长期借款、长期应付款、递延所得税负债等。

衡量企业长期偿债能力的指标主要有资产负债率、长期资本负债率、现金流量债务比、利息保障倍数、现金流量利息保障倍数。

12.2.1　资产负债率

资产负债率 = 负债总额 ÷ 资产总额，这个比率是最常用的衡量企业长期偿债能力的指标。通常所说的资不抵债，即负债总额＞资产总额（资产负债率＞1），因此资产负债率越高，企业偿债能力相对越低，债务风险越高。

以 H 公司（表 12-1）为例：资产负债率 =23 676.04÷63 961.73≈0.37，即企业 100 元的资产对应 37 元的负债。

从资产负债率衍生而来的，还有产权比率和权益乘数两个比率。

（1）产权比率 = 负债总额 ÷ 所有者权益；

（2）权益乘数 = 资产总额 ÷ 所有者权益；

（3）**三个比率之间的关系：资产负债率 = 产权比率 ÷ 权益乘数。**

通过查询上市企业报表，可以查看流动市值排前五位的 5 家房地产企业披露的 2018 年 3 月 31 日的资产负债情况，如表 12-4 所示。

表 12-4　5 家房地产企业资产负债情况

序号	单位	资产（万元）	负债（万元）	资产负债率（%）
1	万科 A	122 426 479.23	102 892 738.99	84
2	保利地产	76 118 680.21	59 713 073.50	78
3	华夏幸福	37 562 569.95	30 546 306.04	81
4	绿地控股	86 857 490.95	77 019 688.48	89
5	金地集团	22 486 135.65	16 646 482.19	74

从表 12-4 中可以看出，5 家房企中资产负债率最高的是绿地控股，达到了 89%，即 100 元的资产中有 89 元来源于负债；资产负债率最低的是金地集团，也达到了 74%，总的来讲，房地产企业的资产负债率还是偏高的。

12.2.2　长期资本负债率

长期资本负债率是资产负债率的一个变形，长期资本 = 非流动负债 + 所有者权益；长期资本负债率 = 非流动负债 ÷ 长期资本。

以 H 公司（表 12-1）为例：长期资本负债率 =5 994.72÷（5 994.72+40 285.69）=0.13。

长期资产≠长期资本，长期资产 = 资产总额 - 流动资产 = 非流动资产，长期资本＝资产总额－流动负债＝非流动负债＋所有者权益，如图 12-1 所示。

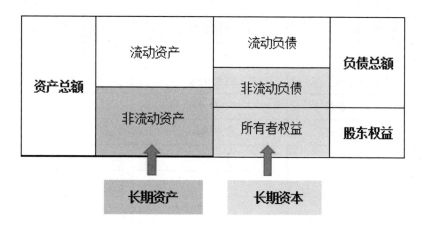

图 12-1

12.2.3 现金流量债务比

现金流量债务比＝经营活动现金流量净额 ÷ 负债总额。可以将这个指标与现金流量比率做一个对比，其差异在分母（流动负债、负债总额）上。

以 H 公司（表 12-1）为例：现金流量债务比 =1 501.47 ÷ 23 676.04≈0.06。

12.2.4 利息保障倍数——利润保障

利息保障倍数是从企业利润对债务利息保障的角度来衡量的，**利息保障倍数＝息税前利润 ÷ 全部利息费用**。该指标融合了利润表与资产负债表相应数据。

（1）息税前利润（Earnings Before Interest and Tax，EBIT），即净利润＋所得税费用＋财务费用中的利息费用。

（2）全部利息费用＝财务费用中的利息费用＋资本化的利息费用。

> **例 12-5**
>
> H 公司 2018 年一季度利润表（简化）数据如表 12-5 所示。

表 12-5　H 公司利润表

日期：2018 年 1~3 月　　　　　　　　　　　　　　　　　　　　　　单位：万元

项　目	本期金额	上期金额
营业总收入	6 452.39	10 292.61
营业总成本	5 339.58	6 767.85
其中：财务费用	102.89	222.26
其中：利息费用	59.80	69.35
营业利润	1 112.81	3 524.76
加：营业外收入	55.54	22.95
减：营业外支出	13.02	11.37
利润总额	1 155.33	3 536.34
所得税费用	149.78	609.26
净利润	1 005.55	2 927.08

从表 12-5 可以算出，H 公司息税前利润 =1 005.55+149.78+59.80=1 215.13（万元）。从三张主表中并不能查出 H 公司 2018 年一季度资本化利息的情况，还需要查询相应的明细报表、附注或账面数据，这里假定 H 公司的资本化利息费用为 50 万元。H 公司全部的利息费用即为 59.80+50=109.80（万元）。

H 公司利息保障倍数 =1 215.13÷109.80≈11.07。

提示

企业的利息保障倍数原则上应大于 1，如果是小于 1，则意味着企业的利润连弥补利息费用都不足，其债务风险极高。

12.2.5　现金流量利息保障倍数——资金保障

现金流量利息保障倍数从资金对债务利息保障的角度来衡量，现金流量利息保障倍数 = 经营活动现金流量净额 ÷ 全部利息费用，这里的利息包括了计入财务费用的利息费用和资本化的利息费用。

以 H 公司为例：现金流量利息保障倍数 =1 501.47÷109.80≈13.67。

提示

本章指标涉及的流动负债、负债总额都是期末数据，而非（期初和期末的）平均数据，因为需要偿还的为期末数据。

综上，H 公司的长期偿债能力如表 12-6 所示。

表 12-6　H 公司的长期偿债能力指标（2018-03-31）

序号	指标		比率
1	还本能力	资产负债率	0.37
2		长期资本负债率	0.13
3		现金流量债务比	0.06
4	付息能力	利息保障倍数	11.07
5		现金流量利息保障倍数	13.67

 专家支招

01：影响企业偿债能力的"秘密因素"

影响企业偿债能力的"秘密因素"，是无法从企业报表上直观看到的，这些影响因素可能会帮助企业提升偿债能力，也可能会降低企业的偿债能力。

（1）提升企业偿债能力的"秘密因素"。

① 良好的商业（个人）信誉。E 企业是一家外贸企业，在行业内拥有很好的口碑和信誉，受国际贸易摩擦的持续影响，E 企业大部分出口产品面临滞销，资金周转出现困难，几家主要的供应商都给予了 E 企业债务延期支付的优惠，以帮助其渡过难关。

② 可动用的银行授信额度。F 企业在银行的授信额度为 5 000 万元，而 F 企业实际已使用的授信额度为 3 000 万元，这样 F 企业就有 2 000 万元的灵活额度，在资金不足的时候可以使用。

③ 可动用的外部担保。企业在向（非）金融机构贷款时，往往会被要求提供

第三方担保。企业如果有提供外部担保的资源，那么在贷款时就会容易很多。

（2）降低企业偿债能力的"秘密因素"。

① 如果企业为其他单位或者个人提供了担保，一旦被担保的单位或者个人出现贷款到期不能履约的情况，作为担保方，企业则要承担相应的债务责任，这样便会降低企业自身的偿债能力。

② 未决诉讼（仲裁）。M企业销售的一款手机，用户在充电过程中发生爆炸，导致用户住房着火，用户以产品质量问题将M企业告上法庭。尽管M企业认为用户操作不当导致爆炸的可能性更大，但法院尚在调查取证中，如果M企业败诉，势必面临相应赔偿。

③ 企业存在违法、违规行为，产生被罚款风险。D房地产企业在6月中标R地块，为保证项目能在9月开盘销售（地产销售旺季"金九银十"），D企业在未取得建筑工程施工许可证的情况下，便展开了工程施工建设。这种擅自施工的违法行为将面临罚款的风险（参见《中华人民共和国建筑法》第六十四条），罚款支出将降低企业的偿债能力。

02：外部投资者看不见的手——表外融资的"套路"

所谓表外融资，即这种融资行为不会带来资产、负债、所有者权益的增加。使用表外融资方式，可以有效控制资产负债率，优化企业报表结构。表外融资应以合法经营为前提，一些跨国公司还应注意不同国家对表外融资的具体规定。

（1）出售应收账款。

通过出售有追索权的应收账款取得资金流入，其实质为，以应收账款作为担保进行融资，但又不增加企业的负债。

例 12-6

S化工企业的资产、负债、所有者权益分别为1 000万元、600万元、400万元，其资产负债率=600÷1 000=0.6（或者60%）。现在S企业通过银行正常借入一笔3个月的短期借款50万元，企业的资产、负债变为1050万元、650万元，资产负债率=650÷1 050≈0.62（或者62%），资产负债率上升了2%。

现在S企业出售51万元有追索权的应收账款，获得资金流入50万元，资产变为999万元，负债不变，损失的1万元为让售成本，对企业资产负债率的影响不足0.1%。

（2）成立特殊目的实体。

企业作为发起人成立特殊目的实体（Special Purpose Entity，SPE），因其不需要与母公司的报表合并，这样就可以将发起人受益的债务由特殊目的实体承担。举一个简单的例子，Z公司有一个科研项目，要实施该科研项目需要贷款5 000万元，如果直接以Z公司的名义贷款，将增加Z公司的资产负债率和相应的债务风险。Z公司找到了X公司、Y公司，共同发起成立了XYZ公司，并以XYZ公司的名义进行贷款，同时，Z公司将持股低于50%且不具备控制条件，该贷款即可不在其自身报表中合并反映。

> **提示**
>
> 《企业会计准则第33号——合并财务报表》第七条规定，财务报表的合并范围应当以控制为基础予以确定。控制是指投资方拥有对被投资方的权力，通过参与被投资方的相关活动而享有可变回报，并且有能力运用对被投资方的权力影响其回报金额。

运用SPE的典型案例是安然公司（Enron Corporation），安然公司以SPE为载体，将数十亿债务维持在公司表外，正所谓"金玉其外，败絮其中"。安然公司的破产，促使美国成立了《萨班斯-奥克斯利法案》（Sarbanes-Oxley Act），要求在公司申报的年度报告和季度报告中披露所有重大的资产负债表外业务、合同、义务（包括或有义务）。如果发行人同非并表实体和其他个人之间存在可能对公司财务状况及其变动、经营成果、流动性、资本性支出、资本来源，以及收入费用构成产生重大影响的其他关系，也应当同时披露。

（3）经营租赁。

经营租赁使企业拥有了一项资产的使用权，但企业无须在资产负债表反映该资产，甚至不用反映其负债。

例12-7

K公司需要一台多功能的打印机，市场价值为5万元，K公司有三个方案可以选择（不考虑税费的影响）。

① 直接购买，并一次性付款。

借：固定资产——打印机 50 000

贷：银行存款 50 000

② 融资租赁，2年内每6个月等额付款1.41万元。对应未确认融资费用：14 100×4-50 000=6 400（元）。

借：固定资产——打印机 50 000

未确认融资费用 6 400

贷：长期应付款 56 400

③ 经营租赁，每月支付租赁费1 000元。

借：管理费用——租赁费 1 000

贷：银行存款 1 000

 提示

融资租赁不属于表外融资，因为其对应的资产、负债都在资产负债表中予以列示。

03：资产大于负债，企业却破产了

通常所说的破产为事实上的破产，即企业出现了资不抵债的情况，所有者权益为负数。破产并不意味着倒闭，破产之后可以重组，如果有关联方资金上的支持，企业还是可以维持经营的。

技术性破产（Technically Insolvent）是指资产总额大于负债总额，但公司无力偿付流动负债，导致的企业破产。

例 12-8

G企业预测未来的市场前景非常好，为实现企业的快速发展，一方面购置了大量的生产设备，另一方面还积极修建厂房以扩大规模，长期资产的资金来源包括银行的短期借款。其资产结构如图12-2所示。

资产总额 5 000万元	流动资产 1 000万元	流动负债 2 500万元	负债总额 800万元
	非流动资产 4 000万元	非流动负债 1 500万元	
		所有者权益 1 000万元	股东权益 200万元

图 12-2

从图 12-2 中可以看出，G 企业资产规模为 5 000 万元，负债规模为 4 000 万元，资产高于负债。同时，由于企业把大量资金投入了长期资产，流动资产仅有 1 000 万元，而流动负债达到了 2 500 万元，其中，G 企业本月到期的短期借款为 500 万元，需要偿付的应付账款为 460 万元，到期的应付票据为 225 万元，应交的税款为 40 万元，应返还的保证金为 30 万元，合计 1 255 万元。如果 G 企业不能及时补充流动资金，进行到期债务的偿还，面临的就是技术性破产。

04：有息负债不可怕——合理运用财务杠杆

适当的有息负债有利于企业的发展，这就需要合理运用财务杠杆。所谓财务杠杆，即存在固定利息费用（或优先股股利）的情况，息税前利润（EBIT）的变动将引起每股收益更大的变动。为了简化，假设企业没有优先股，每股收益的影响直接用净利润来反映。

> **例 12-9**
>
> N 企业年销售总收入为 1 000 万元，销售总成本在 780 万~880 万元，假设一：N 企业没有有息负债，其息税前利润变动对净利润的影响如表 12-7 所示；假设二：N 企业负债利息为 20 万元，其息税前利润变动对净利润的影响如表 12-8 所示。

表 12-7　N 企业无利息费用时，息税前利润变动的影响

项　目	EBIT 变动前(万元)	EBIT 变动后(万元)	变动金额（万元）	变动幅度
销售总收入	1 000.00	1 000.00		
销售总成本（固定经营成本＋变动经营成本）	880.00	780.00		
息税前利润（EBIT）	120.00	220.00	100.00	83.33%
财务费用（利息费用）	0.00	0.00		
税前利润	120.00	220.00		
所得税费用	30.00	55.00		
净利润	90.00	165.00	75.00	83.33%

从表 12-7 中可以看出，在没有利息费用的情况下，息税前利润的变动幅度与

净利润的变动幅度是相同的，均为83.33%。

表12-8　N企业有利息费用时，息税前利润变动的影响

项　目	EBIT变动前	EBIT变动后	变动金额	变动幅度
销售总收入	1 000.00	1 000.00		
销售总成本 （固定经营成本＋变动经营成本）	880.00	780.00		
息税前利润（EBIT）	120.00	220.00	100.00	83.33%
财务费用（利息费用）	20.00	20.00		
税前利润	100.00	200.00		
所得税费用	25.00	50.00		
净利润	75.00	150.00	75.00	100.00%

从表12-8中可以看出，在有利息费用20万元的情况下，息税前利润的变动幅度为83.33%，净利润的变动幅度为100.00%，高于息税前利润的变动幅度。

可见，合理利用有息负债，可以使企业以较小的息税前利润增量，获得有利的杠杆效应和更大幅度的净利润变动。

05：财务管理的核心理念——资金的时间价值

我们都知道，今天的100万元会比未来的100万元值钱，因为即便存在银行也是有利息的，如果用于投资，比如，买一套房子，赶上行情好时，增值更快。当然，投资是有风险的，如果买的房子价格过高，而市场上出现住房供大于求的情况，房价下跌，损失也是有可能的。

这里我们抛开风险性因素，来谈一谈资金的时间价值，这是财务管理的核心理念。

例 12-10

老李现在有20万元，如果存在银行，银行3年期存款的年利率为4%（复利计息），这20万元在3年后值多少钱？

FV（终值）=200 000×（1+4%）×（1+4%）×（1+4%）=200 000×（1+4%）^{3}＝224 972.80（元）；

利息 =224 972.80-200 000=24 972.80（元）。

老李的 20 万元在 3 年后变成了 224 972.80 元，其中 24 972.80 元是利息。

例 12-11

　　老李还有 5 年退休，他打算到时候拿 2 万元来旅游，为此他准备存一笔专款，银行 5 年期存款年利率为 5%（复利计息），老李现在要存多少钱？

$$PV（现值）= \frac{20\,000}{(1+5\%)^5} = 15\,670.52（元）；$$

利息 =20 000-15 670.52=4 329.48（元）。

老李现在只需存入 15 670.52 元，5 年后便可得到 2 万元，因为有 4 329.48 元的利息收入。

提示

　　当资金分期且非等额投入（取得）时，资金的终值和现值要逐笔计算，然后求和。

01：用 Excel 计算资金的复利终值（FV）和现值（PV）

　　计算资金的复利终值（FV）和现值（PV），除了可以查询现（终）值系数表，用 Excel 也可以做到。具体操作步骤如下。

　　（1）沿用"例 12-10"，计算复利终值（FV）。

 打开素材文件"FV 与 PV 的计算"（计算终值），如图 12-3 所示。

	A	B
1	PV（现值）	200,000.00
2	利率	4%
3	期数	3
4	FV（终值）	

图 12-3

步骤2 选中B4单元格,单击"公式"→"插入函数",打开"插入函数"对话框。在"或选择类别"下拉列表中选择"财务"选项,在"选择函数"列表框中选择"FV",如图12-4所示,然后单击"确定"按钮。

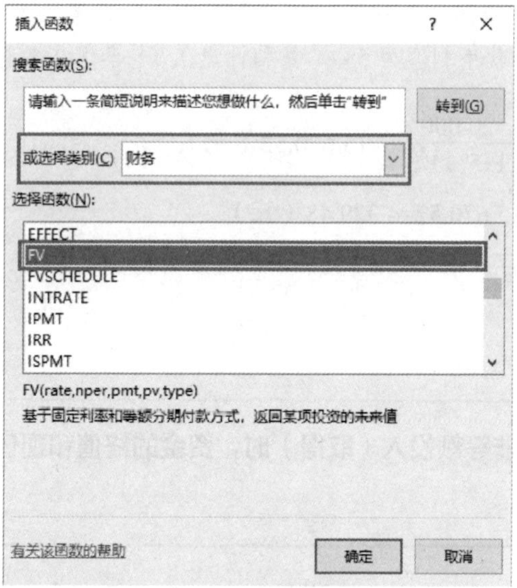

图 12-4

步骤3 打开"函数参数"对话框,将Rate设置为"B2",Nper设置为"B3",Pv设置为"-B1",如图12-5所示,然后单击"确定"按钮。

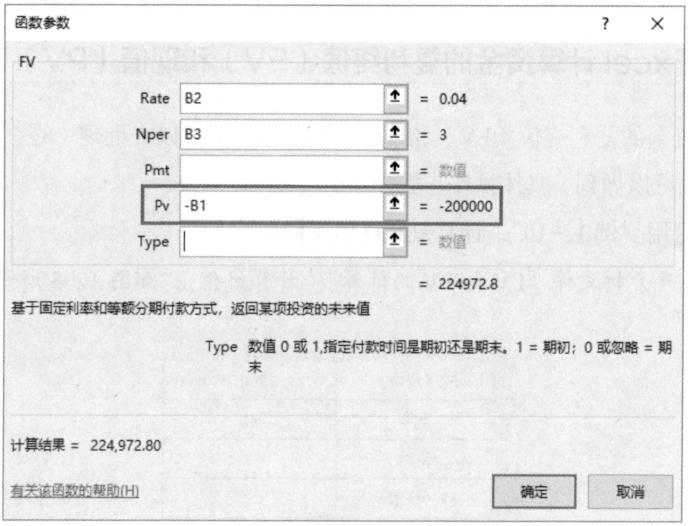

图 12-5

> **提示**
>
> Rate 表示利率，Nepr 表示期数，Pv 表示存入银行的本金；存款（或投入）对应支出，所以是负数，资金流数轴如图 12-6 所示。

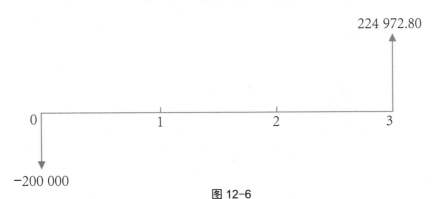

图 12-6

在 B4 单元格中输入"=FV(B2,B3,,-B1)"，可以得到同样的计算结果。

（2）沿用"例 12-11"，计算复利现值（PV）。

 打开素材文件"FV 与 PV 的计算"（计算现值），如图 12-7 所示。

	A	B
1	FV（终值）	20,000.00
2	利率	5%
3	期数	5
4	PV（现值）	

图 12-7

步骤 2 选中 B4 单元格，单击"公式"→"插入函数"，打开"插入函数"对话框。在"或选择类别"下拉列表中选择"财务"选项，在"选择函数"列表框中选择"PV"，如图 12-8 所示，然后单击"确定"按钮。

步骤 3 打开"函数参数"对话框，将 Rate 设置为"B2"，Nper 设置为"B3"，Fv 设置为"B1"，如图 12-9 所示，然后单击"确定"按钮。

> **提示**
>
> 在 B4 单元格输入"=PV(B2,B3,,B1)"，可以得到同样的计算结果。

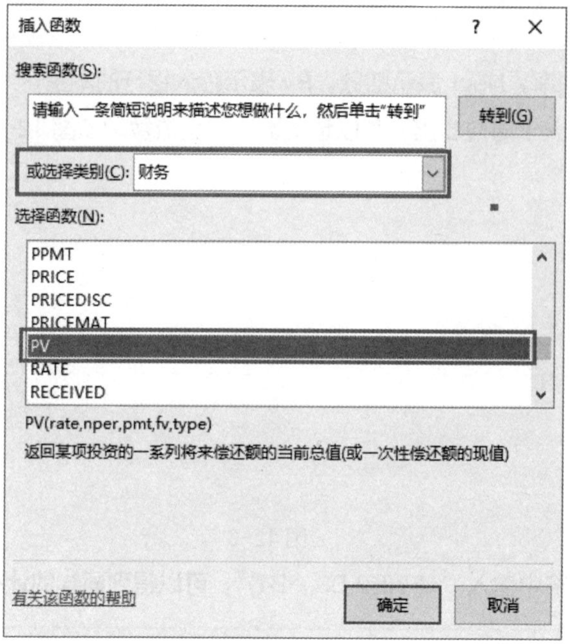
插入函数
搜索函数(S):
请输入一条简短说明来描述您想做什么，然后单击"转到"
转到(G)
或选择类别(C): 财务
选择函数(N):
PPMT
PRICE
PRICEDISC
PRICEMAT
PV
RATE
RECEIVED
PV(rate,nper,pmt,fv,type)
返回某项投资的一系列将来偿还额的当前总值(或一次性偿还额的现值)
有关该函数的帮助
确定
取消

图 12-8

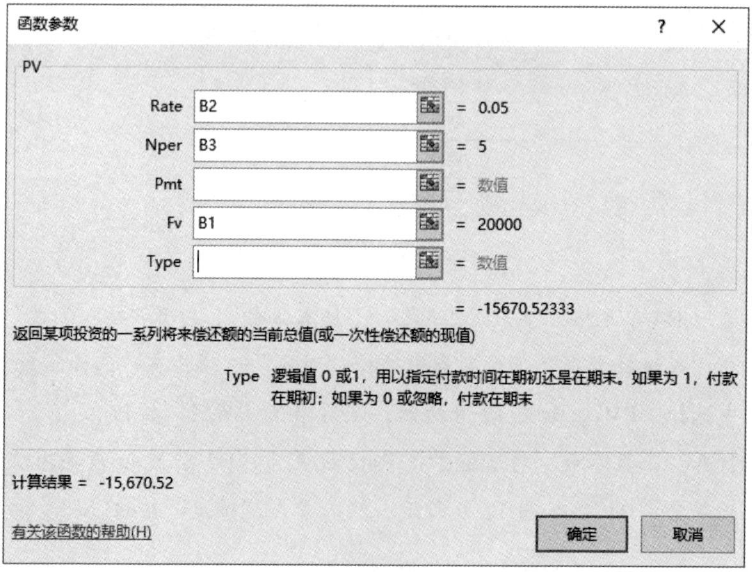
函数参数
PV
Rate B2 = 0.05
Nper B3 = 5
Pmt = 数值
Fv B1 = 20000
Type = 数值
= -15670.52333
返回某项投资的一系列将来偿还额的当前总值(或一次性偿还额的现值)
Type 逻辑值 0 或1，用以指定付款时间在期初还是在期末。如果为 1，付款在期初；如果为 0 或忽略，付款在期末
计算结果 = -15,670.52
有关该函数的帮助(H)
确定
取消

图 12-9

02：用 Excel 实现财务数据的行列组合

实际工作中常会遇到数据量很大的表格，查看起来非常不方便。为了便于查看，快速获取所需数据，可以将暂时不需要查看的数据进行组合，组合之后会出现收起和展开按钮。单击收起按钮，数据实现隐藏的效果；单击展开按钮，数据恢复查看，且不影响数据的结构。

> **例 12-12**
>
> T 公司的会计统计了下属 9 家分店 2017 年的销售情况（按月排布），并根据季度、半年、年度做了汇总，效果如图 12-10 所示。

	A	B	C	D	E	F	G	H	L	M	Q
1	T公司2017年销售情况	全年合计	上半年	一季度	1月	2月	3月	二季度	下半年	三季度	四季度
2	销售收入	43,435	20,401	9,536	2,980	3,263	3,293	10,865	23,034	11,573	11,461
12	销售成本	34,748	16,321	7,629	2,384	2,610	2,634	8,692	18,427	9,259	9,169
22	销售毛利	8,687	4,080	1,907	596	653	659	2,173	4,607	2,315	2,292
23	分店1	743	349	163	51	56	56	186	394	198	196
24	分店2	385	181	84	26	29	29	96	204	103	102
25	分店3	650	305	143	45	49	49	163	345	173	172
26	分店4	1,055	496	232	72	79	80	264	560	281	278
27	分店5	1,297	609	285	89	97	98	324	688	346	342
28	分店6	1,519	713	333	104	114	115	380	805	405	401
29	分店7	656	308	144	45	49	50	164	348	175	173
30	分店8	1,067	501	234	73	80	81	267	566	284	282
31	分店9	1,315	618	289	90	99	100	329	697	350	347

图 12-10

具体操作步骤如下。

步骤① 打开素材文件"T 公司 2017 年销售情况"，如图 12-11 所示。

步骤② 销售列情况按季度组合。

（1）选中 E、F、G 列（对应 1、2、3 月），选择"数据"→"组合"→"组合"，如图 12-12 所示。

（2）使用同样的方法完成其余 3 个季度的组合，如图 12-13 所示。

步骤③ 将销售列情况按半年组合。

选中 D 列至 K 列（一、二季度及下属各月份），选择"数据"→"组合"→"组合"；然后选中 M 列至 T 列（三、四季度及下属各月份），选择"数据"→"组合"→"组合",效果如图 12-14 所示。

T公司2017年销售情况	全年合计	上半年	一季度	1月	2月	3月	二季度	4月	5月	6月	下半年	三季度	7月	8月	9月	四季度	10月	11月	12月
区域合计	43,435	20,401	9,536	2,980	3,263	3,293	10,865	3,323	3,661	3,881	23,034	11,573	4,192	3,694	3,687	11,461	3,798	3,835	3,828
分店1	3,717	1,746	816	255	279	282	930	284	313	332	1,971	990	359	316	316	981	325	328	328
分店2	1,924	904	422	132	145	146	481	147	162	172	1,020	513	186	164	163	508	168	170	170
分店3	3,250	1,527	714	223	244	246	813	249	274	290	1,724	866	314	276	276	858	284	287	286
分店4	5,276	2,478	1,158	362	396	400	1,320	404	445	471	2,798	1,406	509	449	448	1,392	461	466	465
分店5	6,486	3,046	1,424	445	487	492	1,622	496	547	580	3,440	1,728	626	552	551	1,711	573	573	572
分店6	7,594	3,567	1,667	521	570	576	1,900	581	640	679	4,027	2,023	733	646	645	2,004	664	670	669
分店7	3,280	1,540	720	225	246	249	820	251	276	293	1,739	874	316	279	278	865	287	290	289
分店8	5,335	2,506	1,171	334	401	404	1,334	408	450	477	2,829	1,421	515	454	453	1,408	466	471	470
分店9	6,574	3,088	1,443	451	494	498	1,644	503	554	587	3,486	1,752	634	559	558	1,735	575	580	579
区域合计	34,748	16,321	7,629	2,384	2,610	2,634	8,692	2,658	2,929	3,105	18,427	9,259	3,353	2,956	2,950	9,169	3,038	3,068	3,063
分店1	2,973	1,397	653	204	223	225	744	227	251	266	1,577	792	287	253	252	785	260	263	262
分店2	1,539	723	338	106	116	117	385	118	130	138	816	410	149	131	131	406	135	136	136
分店3	2,600	1,221	571	178	195	197	650	199	219	232	1,379	693	251	221	221	686	227	230	229
分店4	4,221	1,983	927	290	317	320	1,056	323	356	377	2,239	1,125	407	359	358	1,114	369	373	372
分店5	5,189	2,437	1,139	356	390	393	1,298	397	437	464	2,752	1,383	501	441	440	1,369	454	458	457
分店6	6,075	2,853	1,334	417	456	461	1,520	465	512	543	3,222	1,619	586	517	516	1,603	531	536	535
分店7	2,624	1,232	576	180	197	199	656	201	221	234	1,391	699	253	223	223	692	229	232	231
分店8	4,268	2,005	937	293	321	324	1,068	326	360	381	2,263	1,137	412	363	362	1,126	373	377	376
分店9	5,259	2,470	1,155	361	395	399	1,315	402	443	470	2,789	1,401	507	447	446	1,388	460	464	464
区域合计	8,687	4,080	1,907	596	653	659	2,173	665	732	776	4,607	2,315	838	739	737	2,292	760	767	766
分店1	743	349	163	51	56	56	186	57	63	66	394	198	72	63	63	196	65	66	66
分店2	385	181	84	26	29	29	96	29	32	34	204	103	37	33	33	102	34	34	34
分店3	650	305	143	45	49	49	163	50	55	58	345	173	63	55	55	172	57	57	57
分店4	1,055	496	232	72	79	80	264	81	89	94	560	281	102	90	90	278	92	93	93
分店5	1,297	609	285	89	97	98	324	99	109	116	688	346	125	110	110	342	113	115	114
分店6	1,519	713	333	104	114	115	380	116	128	136	805	405	147	129	129	401	133	134	134
分店7	656	308	144	45	49	50	164	50	55	59	348	175	63	56	56	173	57	58	58
分店8	1,067	501	234	73	80	81	267	82	90	95	566	284	103	91	91	282	93	94	94
分店9	1,315	618	289	90	99	100	329	101	111	117	697	350	127	112	112	347	115	116	116

图 12-11

图 12-12

图 12-13

图 12-14

> **提示**
>
> 表格左上角出现了1、2、3三个层级，层级越高越简化，比如，单击层级1，只显示上半年和下半年的汇总数据，季度和月份的都将隐藏。

步骤 4 将销售收入、销售成本、销售毛利下的分店行组合。

选中第3行至第11行，选择"数据"→"组合"→"组合"；然后使用同样的方法完成第13行至第21行、第23行至第31行的组合。

如果需要取消组合，可选中对应的行或列，选择"数据"→"取消组合"→"取消组合"，如图12-15所示。

图 12-15

步骤 5 查看仅包括上、下半年的总体销售情况。一张大表将被"浓缩"，效果如图12-16所示。

	T公司2017年销售情况	全年合计	上半年	下半年
2	销售收入	43,435	20,401	23,034
12	销售成本	34,748	16,321	18,427
22	销售毛利	8,687	4,080	4,607

图 12-16

03：用Excel快速转换财务数据的金额单位

作为财务人员，统计的数据大都以元为单位。但在实际工作中，有时需要将金额转化为以万元或亿元为单位,如何实现数据金额单位的快速转化呢?

例 12-13

P公司财务经理以元为单位统计了对外欠款的情况,老板要求以万元为单位重新统计,其效果如图 12-17 所示。

P公司对外欠款情况

序号	单位	应付账款(万元)	其他应付款(万元)
1	AA公司	321.74	16.03
2	AB公司	521.26	18.95
3	AC公司	559.05	8.31
4	AD公司	222.63	1.09
5	AE公司	91.60	2.27
合计		1,716.28	46.65

图 12-17

转换财务数据金额单位的操作步骤如下。

步骤① 打开素材文件"P公司对外欠款情况",如图 12-18 所示。

P公司对外欠款情况

序号	单位	应付账款(元)	其他应付款(元)
1	AA公司	3,217,400.00	160,272.27
2	AB公司	5,212,600.00	189,521.00
3	AC公司	5,590,500.00	83,083.00
4	AD公司	2,226,320.00	10,900.00
5	AE公司	916,000.00	22,711.72
合计		17,162,820.00	466,487.99

图 12-18

步骤② 在 C10 单元格中输入"10000"。选择 C10 单元格,按"Ctrl+C"组合键复制,然后选择 C3:D7 单元格区域,选择"开始"→"剪贴板"→"粘贴"→"选择性粘贴",如图 12-19 所示。

步骤③ 打开"选择性粘贴"对话框,选中"公式"和"除"单选按钮,然后单击"确定"按钮,如图 12-20 所示。

第12章 看懂企业的偿债能力

> **提示**
>
> 选中"公式"单选按钮,表示粘贴时只粘贴公式,不粘贴格式,这样进行运算后,就不用对运算的单元格区域的格式进行设置了。不选中"公式"单选按钮,运算后的单元格区域将应用 C10 单元格的格式。

图 12-19

图 12-20

步骤④ 按住"Ctrl+F"组合键,打开"查找和替换"对话框,在"查找内容"框中输入"元",然后单击"查找全部"按钮,对输入的查找内容进行查找,并显示查找的位置,如图 12-21 所示。

步骤⑤ 选择"替换"选项卡,在"替换为"框中输入"万元",单击"全部替换"按钮,对查找的内容进行替换。打开的对话框中显示替换的处数,单击"确定"按钮即可,如图 12-22 所示。

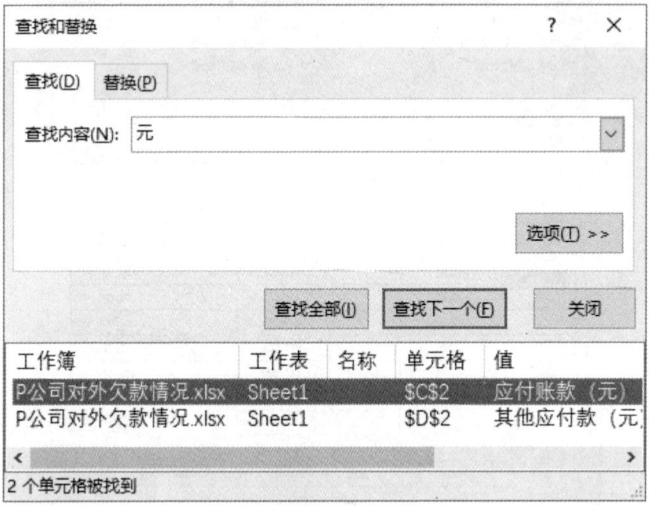

图 12-21

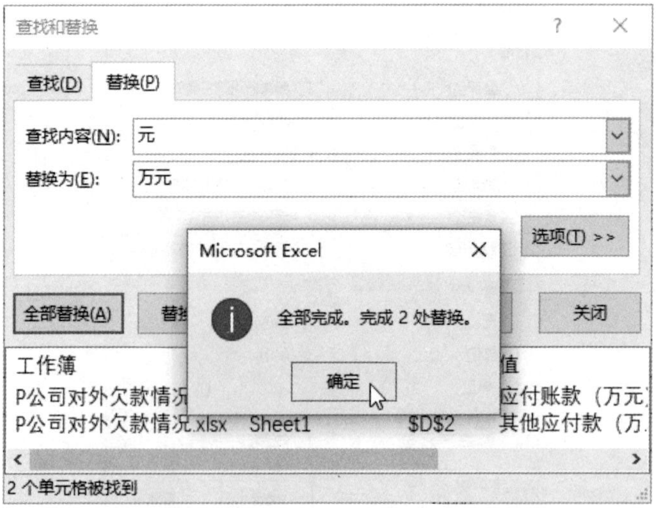

图 12-22

第13章
看懂企业的营运能力
——管理者水平的体现

有一位企业家曾提过一个问题,怎样使一块石头浮在水面上?答案仅两个字:速度。对于企业而言,速度主要体现在资产的周转率上。比如,一项安装工程需要投入500万元营运资本,正常安装周期是6个月,利润是100万元。甲企业通过提高安装效率,将安装周期压缩至3个月,届时收回营运资本,就可以投入到新的项目,实现收入和利润的翻倍增长。这就是周转率的"魅力",也是企业管理者能力的体现。

13.1 资产周转率

资产周转率＝营业收入÷对应资产。比如，M企业2018年12月31日的资产总额为2 000万元，2018年全年营业收入为3 000万元，其资产周转率为1.5（3000÷2000），即M企业1元钱的资产，在2018年为企业带来了1.5元的营业收入。因此，**高的资产周转率，在一定程度上代表了企业管理者较高的创收能力**。

> **提示**
>
> 营业收入（成本）是时期指标，资产为时点指标，为使二者匹配，通常资产数取的是期初数和期末数的平均值，在不能取得资产期初数时，方可用资产期末数近似代替。

13.1.1 应收账款周转率

应收账款周转率＝营业收入÷平均应收账款，通过营业收入与应收账款的比率关系，可以反映应收账款的周转速度。

例13-1

> 2018年，A企业销售100万元的商品产生了20万元的应收账款；B企业销售100万元的商品产生了25万元的应收账款。2018年A企业和B企业均形成了100万元的销售收入，但A企业相对于B企业而言，应收账款对资金的直接占用少了5万元（不考虑利息）。

A企业的应收账款周转率＝100÷20=5；

B企业的应收账款周转率＝100÷25=4；

A企业的应收账款周转率大于B企业，在相同信用条件下，A企业的应收账款周转速度更快。

在企业实际运营中，**应收账款周转率与销售收入是存在矛盾的**，高的应收账款周转率希望尽可能压低应收账款金额（减小分母），多以现款销售，然而现款销售往往会失去流动资金紧张的客户，导致企业收入下降（分子减少）。因此，**应收**

账款周转率并不是越高越好，还须合理控制赊销比例，以减少资金的占压，保证客户的稳定。

 提示

在核算应收账款周转率时需要注意以下几点：

（1）如果企业赊销形成了应收票据，则（分母）应将应收票据考虑在内；

（2）原则上，（分母）应以计提坏账准备前的应收账款（原值）为基础，否则将可能虚增应收账款周转率，如果坏账准备很小，可以用应收账款净值近似代替；

（3）企业销售如果受季节性或其他偶然因素影响，（分母）应收账款应考虑使用全年平均数；

（4）（分子）以赊销额为基础计算的应收账款周转率更可靠，如果赊销额不能获取，可用销售收入近似代替。

13.1.2 存货周转率

存货周转率 = 营业收入 ÷ 平均存货，**存货周转率越高，意味着企业存货周转速度越快**，但也并不是越快越好，因为存货过低，很可能导致企业出现断货，错失销售机会，使企业流失客户。因此，在实际运营中，企业应努力实现存储成本、资金占用成本和缺货成本三者之和最小。

 提示

在评价企业存货周转率时，如果存在季节性因素，同样应考虑使用全年的平均数，以增加数据的可靠性。

例 13-2

C 企业是一家 T 恤销售商，主要有短袖 T 恤和长袖 T 恤两大类。从实际销售情况来看，短袖 T 恤的销售量远远高于长袖 T 恤，而短袖 T 恤的销售旺季为 6~8 月，其 2018 年销售收入为 891 万元，其各月存货情况如表 13-1 所示。

如果 C 企业采用期初和期末的平均存货，那么计算出来的存货周转率会明显偏高，因为其对应的存货数量很少。

因此要采用全年的平均存货，即 C 企业 2018 年的存货周转率 =891÷（990÷12）=10.8。

表 13-1　C 企业 2018 年存货情况

单位：万元

月份	1月	2月	3月	4月	5月	6月	7月	8月	9月	10月	11月	12月	合计
存货	20	28	35	40	180	205	214	125	50	42	26	25	990

提示

存货周转率的另一种表示方式：营业成本 ÷ 平均存货。

13.1.3　总资产周转率

顾名思义，总资产周转率＝营业收入 ÷ 总资产。总资产中包含了企业的应收账款、存货、固定资产等各项流动资产和非流动资产，反映了企业资产总体的周转情况。

有的企业固定资产比重很大，因此固定资产周转率会很低，但因为企业基本是现款销售，应收账款很少，应收账款的周转率就会很高，从企业整体的角度来看，总资产的周转率就会趋于居中。

资产周转率作为企业关键绩效指标（Key Performance Indicators，KPI）的考核内容之一，职业经理人通常会结合自身的任期来考虑资产的购买。

例如，老张作为企业总经理任期只剩半年，生产经理反映流水线的生产设备已经老化，导致次品率越来越高，须全面更新生产设备。老张虽然知道更新设备有利于企业的长远发展，但他还是希望延迟至下任（总经理）来购买，以保证在自己的任期内获得高的资产周转率。财务管理上称这种行为为"道德风险"（经营者为了自己的利益，不会尽最大的努力去实现企业的目标）。

在实际工作中，比较资产周转率的同时，我们也要结合行业的特点。通常要以同行业为参考进行比较，跨行比较很可能使比较失去意义。

例 13-3

以 OP 家居和 SP 家居两家家居产品公司 2018 年上半年的经营情况为例，如表 13-2 所示。

表 13-2　OP 和 SP 两家公司 2018 年上半年的经营情况

单位：万元

序号	指标	OP 家居	SP 家居	差异
1	2018 上半年营业收入	41 454.22	18 667.08	22 787.14
2	2018 年 6 月 30 日资产总额	101 959.35	32 937.20	69 022.15
3	2018 年 1 月 1 日资产总额	96 703.01	35 656.23	61 046.78
4	2018 上半年平均资产总额	99 331.18	34 296.72	65 034.46
5	资产周转率	0.42	0.54	-0.12

从表 13-2 可以看出，SP 家居的企业资产规模虽然比 OP 家居小，但其资产周转率明显高于 OP 家居。由此可见，企业不仅要增加"个头"（规模），还要保证"灵活性"（周转率），以更好地适应市场发展需要。

13.2　企业的营业周期

企业的营业周期 = 存货周期 + 应收账款周期，即企业从原材料采购、实现销售到收回货款所需的时间，如图 13-1 所示。

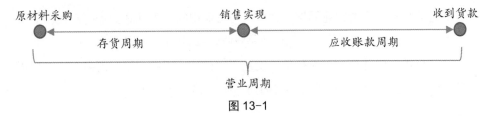

图 13-1

13.2.1　存货周期

存货周期（Days In Inventory，DII）是从原材料采购到实现销售的时间，企业的存货周期 =360÷存货周转率，其中 360 是一年天数的近似取数。

例 13-4

D 企业是一家汽车配件生产商，2018 年企业实现营业收入 121 134 万元，2018 年年初存货为 32 072 万元，2018 年年末存货为 34 837 万元。

D 企业存货周转率 =121134÷［（32072+34837）÷2］=3.62；

D 企业存货周期 =360÷3.62=99.45。

即 D 企业完成原材料的采购到实现销售收入需要 99.45 天。

13.2.2 应收账款周期

应收账款周期（Days Sales Outstanding，DSO）是企业从商品销售到收回货款的时间，应收账款周期 =360÷应收账款周转率。

例 13-5

沿用"例 13-4"D 企业的案例，2018 年 D 企业年初应收账款为 34 580 万元，期末应收账款为 31 913 万元。

D 企业应收账款周转率 =121134÷［（34580+31913）÷2］=3.64；

D 企业存货周转周期 =360÷3.64=98.90。

即 D 企业从商品销售到收回货款需要 98.90 天。

13.2.3 营业周期

通过测算本企业的营业周期，就可以与行业中的代表性企业进行对比。如果营业周期长，那么是存货周期的问题还是应收账款周期的问题呢？

（1）存货周期过长。因为存货不仅包括原材料，还包括库存商品，所以存货周期可以进一步分为生产周期和销售周期，如图 13-2 所示。

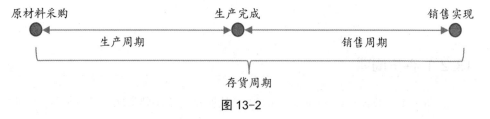

图 13-2

① 如果生产周期过长，就要从生产部门入手，可能的原因包括：生产设备老化、生产工人技能水平低、生产工时不足等。

② 如果销售周期过长，就要从销售部门入手，可能的原因包括：销售人手不足、宣传不到位、销售激励机制不健全等，同时，要结合所在区域的市场行情，

考虑限购（限售）政策的影响、当地消费者对本企业品牌的认可程度、销售点的客流量等。

（2）应收账款周期过长。前面已经提过，应收账款是一把"双刃剑"，其周期过长，将增加资金的占用率；周期过短，又将负面影响企业的销售收入。

因此，要缩短应收账款周期，企业必须做一个权衡，必要时须付出一定的代价。比如，提供现金折扣、缩短应收账款信用期、加速清理企业已存在的呆账（坏账）。

13.2.4 现金周期

现金周期（现金循环周期）是指企业采购材料支付资金到销售商品收到资金的（平均）时间。财务人员作为资金管理者，应动态掌握企业的现金周期。

现金周期 = 营业周期 − 应付账款周期

　　　　 = 存货周期 + 应收账款周期 − 应付账款周期

　　　　 = 生产周期 + 销售周期 + 应收账款周期 − 应付账款周期

应付账款周期（Days Payable Outstanding，DPO）可理解为从原材料采购到支付材料款的平均时间。

> **例 13-6**
>
> E 企业 2018 年营业收入为 1 500 万元，期初应收账款为 185 万元、应付账款为 310 万元，期末应收账款为 312 万元、应付账款为 156 万元。

E 企业应收账款周期 =360÷｛1500÷［(185+312)÷2］｝=59.64

E 企业应付账款周期 =360÷｛1500÷［(310+156)÷2］｝=55.92

E 企业的应收账款周期为 59.64 天，高于应付账款周期 55.92 天，这意味着在 2018 年，E 企业在经营环节中一直处于垫支资金状态，而没有充分利用供应商的料款去赚钱。

应付账款周期跟前面讲的资产类周期不一样，应付账款周期越长，说明企业对供应商的料款利用越充分，企业的现金状况也会越好，近年商业（银行）承兑汇票使用广泛就是因为这个道理。但反过来，供应商可能会不高兴，可能要求提高料款付款比例和价格。

一个企业如果能做到应收账款周期小于（等于）应付账款周期，将有助于企业减少垫资，形成资金沉淀。

营业周期的图示如图 13-3 所示。

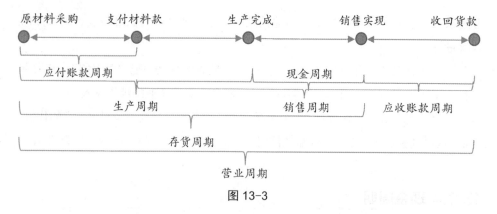

图 13-3

提示

图中的节点排序是一般模式，实际经营中会有所出入，比如，企业从购入原材料到生产完成只需 5 天，但付款期限是 10 天，生产完成时间就会在支付材料款之前。因此，节点顺序是不固定的。

房地产行业作为资金密集型行业，资金的周转速度不仅直接影响企业的盈利水平，甚至可能影响企业存亡。一个价值 10 亿元（销售收入）的项目，假设贷款 2 亿元，贷款利率为 12%，那么每个月仅资金成本就有 200 万元。如果企业不能尽快回笼资金，偿还贷款，那么资金利息将逐渐侵蚀企业的利润。对此，房地产企业往往以拿地时间为基础，制定目标经营节点，比如，开工时间、开盘（预售）时间、竣工时间、现金流回时间，以保证企业的高速周转，从而降低成本。

值得一提的是，在企业高速周转的同时，应保证产品的质量、防范各类安全事故，如果安全质量得不到有效保证，那么企业将无法实现可持续发展。

 专家支招

01：将资产转化为资金，加速周转——"两金压降"

"两金压降"的概念本是国家针对中央企业而提出的。所谓"两金"，是指应收款项和存货，即加强应收款项和存货的清理，这项要求对于一般企业也是值得借鉴的。这两类资产在资产总额中的比重，有的企业甚至高达80%，购买的材料生产出产品，销售不出去，已售的产品，款项又收不回，企业的发展举步维艰，将应收款项和存货压降下去势在必行。

（1）应收款项的压降。

① 在实际工作中，要落实责任部门和责任人。可以由销售部门主责，这样有利于销售部门在销售时权衡销售量和信用期；也可以成立专门的清收部门；财务部门要定期做好（书面）对账签认和统计；法律部门则要在合同审核上，对收款条件、违约责任严格把关，如果对方出现违约的情况，要通过法律程序予以追回。

② 对于一些非合同类的应收款项，如其他应收款里的备用金，要建立制度约束，明确管理要求，定期清理。

③ 制定应收款项清理的奖惩机制，尤其是针对逾期债务，在追讨过程中，对于做得好的员工要给予奖励。比如，一笔10万元的逾期债务，通过员工的努力得以追回，奖励员工1 000元，这样大家的积极性就会被调动起来。对于消极追讨、逃避责任的人员，也要予以处罚，做到奖罚并举。

④ 对于建筑施工类企业，可依据《国务院办公厅关于清理规范工程建设领域保证金的通知》，进行保证金的清理，减少其他应收款中的保证金对资金的占用。比如，2亿元的工程，按照5%的比例缴纳履约保证金，即1 000万元，如果换成履约保函，企业就可以避免1 000万元的资金流出。

（2）存货的压降。

① 企业生产的产品应符合市场的需求，适销对路才能保证产品卖得出去。

② 做好存货的保管。保管过程中如果存货丢失、被盗、毁损，将直接影响存货的销售和变现。

> **例 13-7**
>
> F企业是一家木材加工厂，从事原木的加工和销售，工厂库管员仅有一名（工资2000元/月）。库管员只负责在白天进行仓库看管和收发货清点，晚上仓库锁门后便无专人看管。库管员向老板建议安装一套摄像监控系统，或者增设一名负责晚上看管的人员。老板为节约成本拒绝了库管员的建议，导致一批新加工的木材深夜被盗，直接损失3万多元，而且因为不能及时供货，影响了工厂的信誉。这是一个典型的"因小失大"的例子，必要的存货保管成本是不可或缺的。

③ 对于大多数企业而言，通常是将产品生产出来后，再进行销售回款，在这种管理模式下，存货是不可避免的。也有少数企业基本不准备存货，而是在收到订单后才进行原材料的购进和生产，该模式最早起源于20世纪50年代日本丰田

公司，称为即时生产（Just In Time，JIT），从而大大降低了存货成本。

随着科技的发展，尤其是互联网的兴起，企业的现金周期甚至可以是负数。比如，小张在网上定制了一件衬衫，定制的同时小张就付了款，企业相当于尚未生产就收到了货款，企业收款时间早于支付布料款的时间。当然，这要求企业在布料供应环节、生产环节、物流环节快速响应，如果时间拉得太长，顾客的满意度将大幅下降。

02：企业的生命周期与财务人员的发展

企业生命周期理论是对产品生命周期理论（Product Life Cycle，PLC）的一种沿用，该理论最早由美国哈佛大学教授雷蒙德·弗农（Raymond Vernon）提出。企业生产产品，产品有市场寿命，具体分为四个阶段：萌芽、成长、成熟、衰退，就像一个人有童年、青年、中年、老年一样。企业生命周期如图13-4所示。

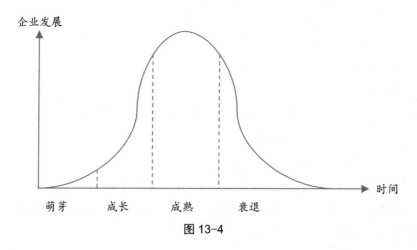

图 13-4

企业所处的生命周期与财务人员的发展是息息相关的。尽管不同的企业发展阶段，都离不开财务人员，但每个阶段需要的是不一样的。

（1）萌芽阶段。企业内部需要整章建制，外部需要对接、搭建与税务、银行、工商的关系。而且由于企业处于起步期，效益不足，工资较低，财务人员要承担工作和经济的双重压力，不过熬过这一时期，财务人员就是企业的元老了。

（2）成长阶段。企业发展很快，财务人员队伍也会壮大，萌芽阶段粗放式的管理方式不再适合企业的发展，企业战略目标、规章制度需要进一步修正。老板为调动大家的积极性，工资会有较大的提高，会有新的工作岗位和锻炼机会，前途一片光明。

（3）成熟阶段。企业运营已经完善，一切都在按部就班地进行，工作分工更加细化，不过工资涨幅有所缩小，而且因为分工的局限，员工能学到的东西就有了局限。此时会有"围城"的感觉，企业内的人想走出去，企业外的人想进来。这也能解释，为什么有些从大型企业走出来的人员，其综合能力并不强，因为他们不用过多地思考怎样开展工作，只需按流程执行即可。

> **例 13-8**
>
> 小王新进了一家大型上市企业从事财务工作，朋友们很羡慕他，小王也很兴奋。不过没过多久小王就发现，自己的工作就像流水作业，虽然待遇还不错，但能学到的东西并不多。小王向领导反馈了自己的想法，希望能在内部调整岗位，获得了领导的许可。所以遇到困难，一定要多沟通。

其实，跳槽的财务人员也不少，有主动的，也有被动的。总的来说，经历一次工作变化，有助于我们重新审视自身的"短板"，学习新的东西，但也要坚持适度原则，过于频繁地跳槽，通常不利于个人的长远发展。

（4）衰退阶段。伴随着企业收入、收益的下降，企业开始缩减规模、裁减人员，财务人员也不例外，只是通常会比其他人晚，因为还涉及工资发放、债务偿付、税款清缴等工作，需要财务人员的参与。财务人员要站好最后一班岗。

03：如何用好应收账款信用期这把"双刃剑"

如何运用好应收账款信用期这把"双刃剑"，关键是看信用期的改变对净收益的影响。如果能带来净收益的增加，即可以考虑改变信用期。

> **例 13-9**
>
> G企业的销售部门提议，将应收账款信用期从30天延长至60天，这样可以增加企业的产品销量和市场占有率。清收部门不同意，因为信用期延长，收账费用和坏账损失等费用都会增加。财务经理老张通过调查，提议用数据来说话，用净损益来判断，如表13-3所示。

表13-3 G企业信用期变化的数据统计

序号	项目	30天信用期	60天信用期
1	销售量（万个）	15.50	18.20

续 表

序号	项目	30天信用期	60天信用期
2	销售单价（元）	10.99	10.99
3	销售额（万元）	170.35	200.02
4	固定成本（万元）	20.36	20.36
5	单位变动成本（万元）	5.82	5.82
6	整体变动成本（万元）	90.21	105.92
7	销售毛利（万元）	59.78	73.73
8	预计收账费用比率	1.00%	1.50%
9	预计收账费用（万元）	1.70	3.00
10	预计坏账损失比率	2.00%	3.50%
11	预计坏账损失（万元）	3.41	7.00

（1）毛利的增加，来源于售价与变动成本的差异，即边际贡献。

毛利的增加 =73.73-59.78=13.95（万元）

（2）收账费用的增加，受销售收入和收账费用比率的共同影响。

收账费用的增加 =3.00-1.70=1.30（万元）

（3）坏账损失的增加，受销售收入和坏账损失比率的共同影响。

坏账损失的增加 =7.00-3.41=3.59（万元）

（4）应收账款占用资金的应计利息 = 应收账款对资金的占用 × 资金利息。假设资金利息为 12%/ 年、360 天 / 年。

提示

应收账款对资金的占用 = 应收账款平均余额 × 变动成本率；

应收账款平均余额 = 日销售额 × 信用期。

30 天信用期的应计利息 = $\dfrac{170.35}{360} \times 30 \times \dfrac{90.21}{170.35} \times 12\% = 0.90$（万元）

60 天信用期的应计利息 = $\dfrac{200.02}{360} \times 60 \times \dfrac{105.92}{200.02} \times 12\% = 2.12$（万元）

应收账款占用资金的应计利息的增加 =2.12-0.90=1.22（万元）

（5）改变信用期对企业净损益的影响，假定企业所得税税率为25%。

改变信用期对企业净损益的影响 =(13.95-1.30-3.59-1.22)×(1-25%)=5.88(万元)，增加净损益5.88万元。因此，可以将信用期从30天变更为60天。

04：如何确定经济的订货周期

在已知全年（假定360天）的预计订货总量、单次经济订货量的情况下，订货次数 = 全年的预计订货总量 ÷ 单次经济订货量，订货周期 =360÷ 订货次数。

在预算部分我们已知道，预计订货总量以生产量为基础，而生产量则以销售量为基础，销量确定即可倒推订货量，**计算经济订货周期的难点在于确定（单次）经济订货量。**

存货成本分为三部分：取得成本、存储成本、缺货成本，如图13-5所示。

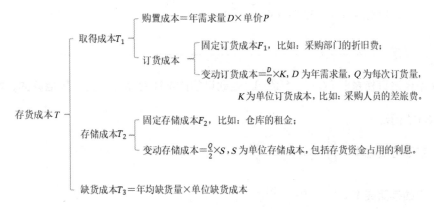

图 13-5

在不考虑缺货成本（$T_3=0$）的前提下，存货成本 $T=(D\times P+F_1+\dfrac{D}{Q}\times K)+(F_2+\dfrac{Q}{2}\times S)$，当 D、P、F_1、K、F_2、S 均为常数时，Q 决定了 T 的变动，为求 T 的极小值，现对其求导：

$0=\dfrac{DK}{Q^2}+\dfrac{S}{2}$，从而推导出经济订货量 $Q'=\sqrt{\dfrac{2DK}{S}}$；

经济订货次数 $=\dfrac{D}{Q'}$；

对应存货订货经济周期 $=\dfrac{360}{经济订货次数}$

例 13-10

H 企业年预算订购材料的总量为 12 000 千克，单次订货成本为 200 元，单位存储成本为 5 元，则可计算得出以下相关数据。

经济订货量 $Q' = \sqrt{\dfrac{2 \times 12000 \times 200}{5}}$ = 979.80（千克）

经济订货次数 = $\dfrac{12000}{979.80}$ = 12.25（次）

存货订货经济周期 = $\dfrac{360}{12.25}$ = 29.39（天）

考虑到存货的购置，从（订货）指令发出、供方收到指令并安排发货到装卸、运输、材料采购入库，尚需一定时间，如 4 天，那么当存货剩余 4 天存量的时候，就要安排下一次的订货，否则将出现缺货。

H 企业每天的存货用量 = 12000÷360 = 33.33（千克）

提前订货对应存量 = 33.33×4 = 133.32（千克）

提示

当采用经济订货量时（$Q' = \sqrt{\dfrac{2DK}{S}}$），变动订货成本和变动存储成本是相等的，如图 13-6 所示。

变动订货成本 = $\dfrac{D}{Q'} \times K = \sqrt{\dfrac{SDK}{2}}$

变动存储成本 = $\dfrac{Q'}{2} \times S = \sqrt{\dfrac{SDK}{2}}$

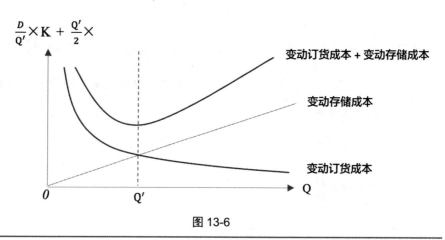

图 13-6

01：用 Excel 对应收账款的账龄进行计算并排序

在财务工作中，经常需要测算每笔应收账款的账龄情况，账龄越长，回收风险越大，因此，还要对应收账款进行账龄排序。使用 Excel 对应收账款的账龄进行计算并排序后的效果如图 13-7 所示。

山河公司应收账款					
					单位：元
序号	对方单位	金额	产生日期	当前日期	天数
3	丙企业	32000	2017/10/6	2018/9/15	344
1	甲企业	500000	2017/12/20	2018/9/15	269
4	丁企业	450000	2018/6/3	2018/9/15	104
2	乙企业	250000	2018/7/2	2018/9/15	75
5	戊企业	450000	2018/7/9	2018/9/15	68
6	庚企业	450000	2018/9/3	2018/9/15	12

图 13-7

具体操作步骤如下。

步骤 1 打开素材文件"应收账款的计算与排序"，如图 13-8 所示。

	A	B	C	D	E	F
1			山河公司应收账款			
2						单位：元
3	序号	对方单位	金额	产生日期	当前日期	天数
4	1	甲企业	500000	2017/12/20	2018/9/15	
5	2	乙企业	250000	2018/7/2	2018/9/15	
6	3	丙企业	32000	2017/10/6	2018/9/15	
7	4	丁企业	450000	2018/6/3	2018/9/15	
8	5	戊企业	450000	2018/7/9	2018/9/15	
9	6	庚企业	450000	2018/9/3	2018/9/15	

图 13-8

步骤 2 计算账龄天数。

方法一：直接做差，在 F4 单元格中输入"=E4-D4"，如图 13-9 所示。以同样的方法完成其他单元格天数的计算。

产生日期	当前日期	天数
2017/12/20	2018/9/15	=E4-D4

图 13-9

方法二：运用"DAYS"函数，在 F4 单元格中输入"=DAYS(E4,D4)"，如图 13-10 所示。

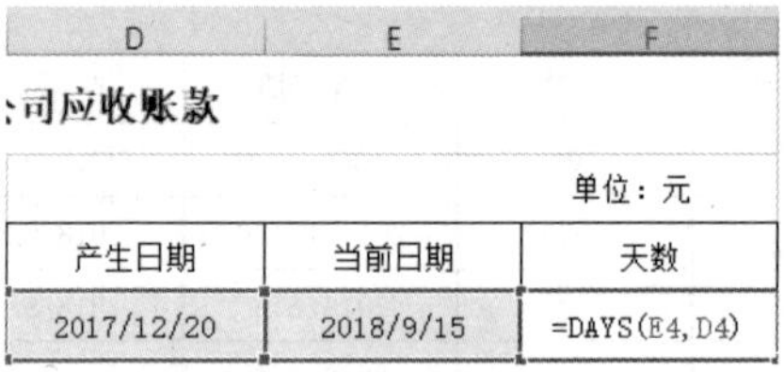

产生日期	当前日期	天数
2017/12/20	2018/9/15	=DAYS(E4,D4)

图 13-10

步骤 3 执行排序操作。选中 F3:F9 单元格区域，单击"数据"→"排序和筛选"→"排序"，如图 13-11 所示。

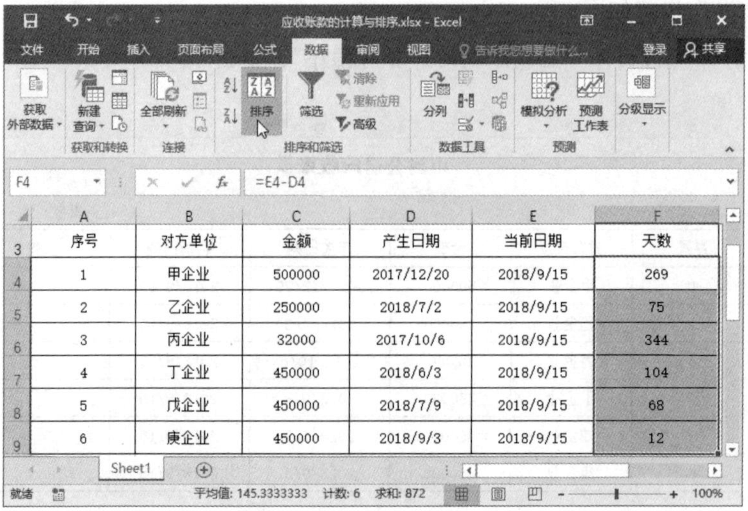

图 13-11

步骤④ 扩展排序区域。打开"排序提醒"对话框,保持默认设置,然后单击"排序"按钮,如图 13-12 所示。

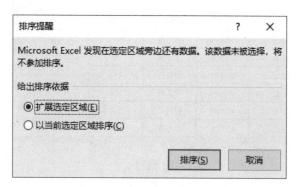

图 13-12

步骤⑤ 账龄天数排序。打开"排序"对话框,在"主要关键字"下拉列表中选择"天数",在"次序"下拉列表中选择"降序"(见图 13-13),单击"确定"按钮。即可将天数按从高到低的顺序排列。

图 13-13

02:用 Excel 对应收账款进行筛选并求和

通过 Excel 将符合条件的数列查找出来并求和,是财务人员的必备技能之一。以山河公司为例,现在计算应收账款中材料款的总数,和账龄大于 100 天的应收材料款的总数,效果如图 13-14 所示。

A	B	C	D	E	F	G	H
			山河公司应收账款				
				单位：元			
序号	对方单位	金额	款项类别	天数		应收材料款求和	982000
1	甲企业	500000	材料款	269		账龄大于100天的应收材料款求和	532000
2	乙企业	250000	加工费	75			
3	丙企业	32000	材料款	344			
4	丁企业	450000	加工费	104			
5	戊企业	450000	材料款	68			
6	庚企业	450000	运输费	12			

图 13-14

具体操作步骤如下。

步骤 1 打开素材文件"应收账款的筛选求和"，如图 13-15 所示。

A	B	C	D	E	F	G	H
			山河公司应收账款				
				单位：元			
序号	对方单位	金额	款项类别	天数		应收材料款求和	
1	甲企业	500000	材料款	269		账龄大于100天的应收材料款求和	
2	乙企业	250000	加工费	75			
3	丙企业	32000	材料款	344			
4	丁企业	450000	加工费	104			
5	戊企业	450000	材料款	68			
6	庚企业	450000	运输费	12			

图 13-15

步骤 2 运用"SUMIF"函数，对应收账款中的材料款求和。

在 H3 单元格中输入"=SUMIF(D4:D9,"材料款",C4:C9)"，如图 13-16 所示。按"Enter"键即可计算出结果。

金额	款项类别	天数	应收材	=SUMIF（D4:D9,"材料款",C4:C9）
500000	材料款	269	账龄大于100天的应收材料款求和	
250000	加工费	75		
32000	材料款	344		
450000	加工费	104		
450000	材料款	68		
450000	运输费	12		

图 13-16

> **提示**
>
> SUMIF 函数的语法：SUMIF（Range,Criteria,Sum range）
> Range：条件区域，笼统地讲就是需要判断条件的区域；
> Criteria：条件，这里可以用等于、大于、小于，可以比对各种数值类型；
> Sum range：求和的区域。

步骤 ③ 运用"SUMIFS"函数，对应收账款中账龄大于 100 天的材料款求和。

在 H4 单元格中输入"=SUMIFS(C4:C9,D4:D9," 材料款 ",E4:E9,">100")"，如图 13-17 所示，按"Enter"键即可，计算出结果。

金额	款项类别	天数	应收材料款求和	982000
500000	材料款	269	账龄大于100天的应收材料款求和	=SUMIFS(C4:C9,D4:D9,"材料款",E4:E9,">100")
250000	加工费	75		
32000	材料款	344		
450000	加工费	104		
450000	材料款	68		
450000	运输费	12		

图 13-17

03：用 Excel 制作资产周转天数走势图

资产周转天数走势图，可以帮助企业直观地看到资产周转走势，及时改善管理现状，提高管理的效率。

例 13-11

> K 企业成立于 2006 年，从事中档家具的生产加工，经过 10 多年的发展，通过不断加强管理，加速资产的周转效率，K 企业的资产周转天数总体呈下降趋势，然而，近年来互联网逐渐兴起，而 K 企业一直以实体店经营为主，顾客出现流失，资产周转速度逐渐放缓。

使用 Excel 制作 K 企业资产周转走势图的效果如图 13-18 所示。

图 13-18

具体操作步骤如下。

步骤 1 打开素材文件"K 企业资产周转天数",如图 13-19 所示。

	A	B	C	D	E	F	G	H	I	J	K	L	M
1		K企业资产周转天数走势图											
2	年份	2006	2007	2008	2009	2010	2011	2012	2013	2014	2015	2016	2017
3	资产周转天数	55.61	50.64	49.51	41.81	40.92	32.81	31.13	26.85	29.87	33.72	35.11	37.67

图 13-19

步骤 2 选中 B2:M3 单元格区域,单击"插入"→"图表"→"推荐的图表",在打开的对话框的"所有图表"选项卡中选择"折线图"→"带数据标记的折线图",然后单击"确定"按钮,如图 13-20 所示。

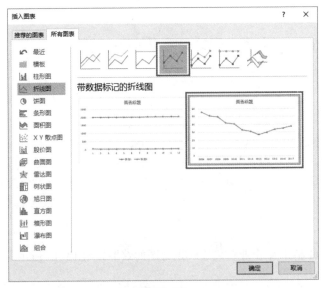

图 13-20

步骤 3 选择图表，在"图表元素"面板中依次选中"坐标轴""坐标轴标题""图表标题""数据标签""网格线""趋势线"复选框，如图 13-21 所示。

图 13-21

步骤 4 依次输入图表标题和横、纵坐标标题，并调整字体格式，字体为宋体、加粗、黑色，图表标题字号为 11，横、纵坐标标题字号为 10，效果如图 13-22 所示。

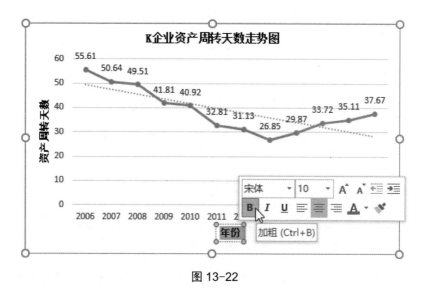

图 13-22

04：用 Excel 制作企业成本结构饼状图

通过制作饼状图，可以直观地看到企业各项成本的构成（金额、比例）情况，便于企业优化成本结构，明确成本控制重点，以增加企业效益。

例 13-12

> M 企业是一家从事螺丝生产加工的企业，2017 年企业发生成本 5 451.81 万元，其中，材料费 2 930.20 万元、人工费 443.62 万元、机械费 1 132.55 万元、制造费用 338.39 万元、期间费用 607.05 万元。

使用 Excel 制作 M 企业成本结构饼状图的效果如图 13-23 所示。

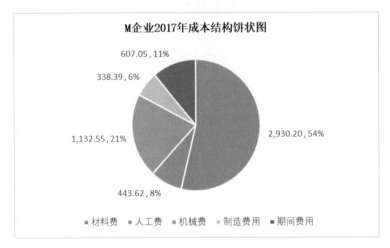

图 13-23

具体操作步骤如下。

步骤 1 打开素材文件"K 企业成本情况"，如图 13-24 所示。

	A	B	C	D	E	F	G
1			K企业2017年成本构成情况				
2							单位：万元
3	成本类别	材料费	人工费	机械费	制造费用	期间费用	合计
4	金额	2,930.20	443.62	1,132.55	338.39	607.05	5,451.81

图 13-24

步骤 2 选中 B3:F4 单元格区域，单击"插入"→"图表"→"推荐的图表"，在打开的对话框中的"所有图表"选项卡中选择"饼图"→"饼图"，然后单击"确定"按钮，如图 13-25 所示。

步骤 3 选择图表，在"图表元素"面板中选中"图表标题""数据标签""图例"复选框（见图 13-26），使其显示成本金额。

第13章 看懂企业的营运能力

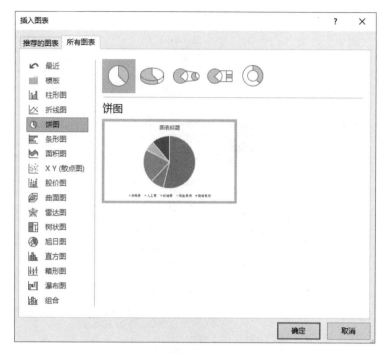

图 13-25

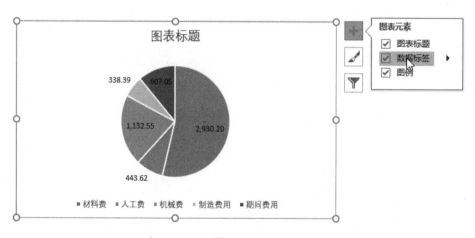

图 13-26

步骤④ 选择图表中的数据标签,单击鼠标右键,在弹出的快捷菜单中选择"设置数据标签格式"命令,如图 13-27 所示。

步骤⑤ 打开"设置数据标签格式"任务窗格,在"标签选项"下选中"百分比"复选框,以显示各种费用所占比例,在"标签位置"选项组中选中"数据标签外"单选按钮,使数据标签位于饼图外面,如图13-28所示。

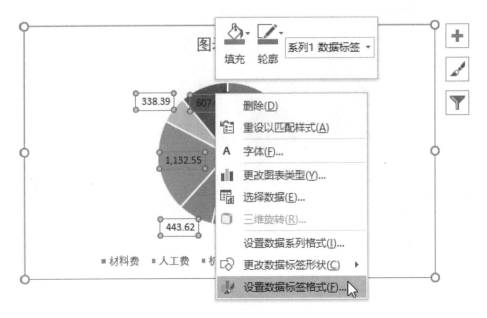

图 13-27

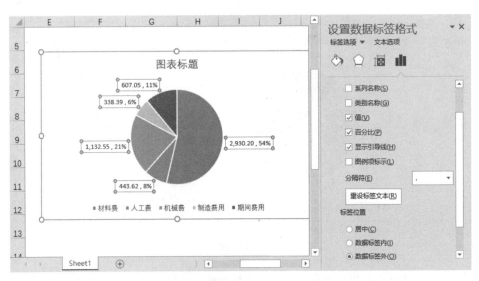

图 13-28

步骤 6 输入图表标题,并调整字体格式,字体为宋体、加粗、黑色,图表标题字号为11,如图13-29所示。

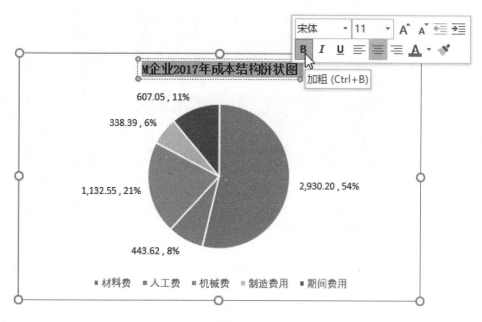

图 13-29

第14章

看懂企业赚钱的能力
——股东的投资是否值得

一直以来,企业的赚钱能力都是投资者(股东)最关心的指标。然而,是不是企业的利润越高,赚钱的能力就越强呢?不一定,因为利润总额是绝对指标,对于不同规模的企业,就失去了比较的意义。比如,两个企业2018年的盈利分别是500万元和200万元,但二者的股东投资分别为5 000万元和1 000万元,同样1元钱的投资,显然后者的赚钱能力更强。本章将介绍利润比率和市价比率这两类相对指标,来帮助我们对股东投资情况进行判断分析。

14.1 利润比率

利润比率有很多，使用最广泛的有销售净利率、总资产净利率和权益净利率，这些指标的分子均为企业的净利润，分母则代表了企业投入。**销售净利率的分母代表企业要实现的销售额；总资产净利率的分母代表企业的股东和债权人共同的投资额**，这里的债权人是广义的债权人，比如，应付职工薪酬，对应的债权人是企业的职工；**权益净利率的分母代表企业股东的投资额，包括实收资本（股本）、资本公积、盈余公积、未分配利润**。

14.1.1 销售净利率

本节主要介绍销售净利率的测算和提高利润的三种定价方式。

1. 销售净利率的测算

销售净利率（简称：净利率）$= \dfrac{\text{净利润}}{\text{销售收入}}$，这个指标很容易理解，即净利润占销售收入的百分比，它衡量的是企业一定收入带来的利润水平。

例 14-1

A 企业从事服装的加工销售，2015—2018 年销售收入和净利润情况如表 14-1 所示。

表 14-1　2015—2018 年销售收入和净利润情况

单位：万元

年份	2015 年	2016 年	2017 年	2018 年	合计
销售收入	200	230	340	500	1 270
净利润	25	29	31	38	123
销售净利率	12.50%	12.61%	9.12%	7.60%	9.69%

从表 14-1 可以看出，A 企业的净利润并没有随着企业规模的扩大而成比例增长。2015—2016 年企业规模较小，但是净利率达到了 12% 以上，可以看出，A 企业这个期间的投入相对较小。处于初创期的企业可能在很简陋的办公条件下，凭

借几个创始人就实现了百万收入,这个时候的净利率和人均创效比是非常高的。但是,企业要扩大规模,就必须增加人手、改善办公条件、加大生产设备投入,最终的结果是**企业的收入规模、总利润都在扩大,但利润率下降了**,因为**总成本的增加速度会快于收入的增长速度**。这也可以解释,为什么 A 企业 2017—2018 年的销售收入明显增加了,但净利率却在不断下降。

2. 提高利润的定价方式

在成本一定的情况下,企业要实现更高的利润,价格和销量是关键(收入=价格×销量),通常价格与销量呈反向变动的关系。

(1)低价多销。价格低,意味着低的单位商品利润,但销量高,利润总额得以弥补。这种定价策略,适用于价格敏感的商品。比如,两家相邻的超市卖同一种洗衣粉,价格分别是 20 元和 18 元,价格低的超市的洗衣粉购买者会很快增多。

 提示

$$价格敏感系数 = \frac{相关量变动的百分比}{价格变动的百分比}$$

① |敏感系数| > 1,说明敏感性强;

0 < |敏感系数| < 1,说明敏感性弱;

|敏感系数| = 0,缺乏敏感性;

|敏感系数| = 1,分子分母变动幅度相同,方向可能相反。

② 敏感系数 > 0,两个变量正相关;

敏感系数 < 0,两个变量负相关;

敏感系数 = 0,两个变量不相关。

例 14-2

B 企业销售牙膏,固定成本为 50 万元 / 月,变动成本为 5 元 / 支。当单价为 10 元 / 支时,对应的销量为 20 万支 / 月;当价格提升到 11 元时,销量下降至 15 万支 / 月。

B 企业销量变动的百分比 =(15-20)÷20=-25%

B 企业价格变动的百分比 =(11-10)÷10=10%

B 企业价格对销量的敏感系数 =(-25%)÷(10%)=-2.5

B 企业息税前利润(EBIT)变动的百分比 ={[(11-5)×15-50]-[(10-5)×20-50]}÷[(10-5)×20-50] =-20%

B 企业价格对 EBIT 的敏感系数 =(-20%÷10%)=-2

因此，B 企业销售的牙膏属于价格敏感性商品，而且随着价格的提升，销量下降，EBIT 下降。而且销量的下降幅度是价格涨幅的 2.5 倍，EBIT 的下降幅度是价格涨幅的 2 倍，适当的降价促销对企业是有利的，涨价是不利的。

（2）高价少销。这种定价策略主要针对一些高档（奢侈）消费品，降价不仅对销售的促进作用不强，而且容易被认为是质量有瑕疵或者产品已过时。因此，一个合理、稳定的高价，更有利于企业利润的实现。

例 14-3

> 某珠宝店销售一件珠宝，原售价为 188 888 元，现售价为 188 000 元，价格上减少的 888 元，相对于珠宝总售价，降价份额是很低的，消费者感知不明显；如果现在售价 138 888 元，价格下降 50 000 元，消费者感知明显，但同时也会考虑，该产品是否在细节上处理得不够完美，或者即将有新的款式上市，因此，多持观望态度。对已经购买的老顾客，大幅降价意味着他们持有的珠宝大幅贬值，其满意度也会大大降低，可能会产生投诉，或者不再来该店购买的情况。

（3）差异化，旨在通过创新，实现价格和销量的双丰收。比如，国家提出的"互联网+"，通过互联网将传统行业联动。C 县是产橘子的大县，产的橘子不仅个头大，而且口感好，但外销渠道有限，因此，对当地经济的拉动很小。现通过互联网技术（销售方式创新），将当地橘子的销售面拓展至全国，很好地带动了 C 县的经济发展和百姓创收。

 提示

有一些特殊商品，价格的变动对销量的影响很小。

① 生活必需品，如食盐，这种产品需要国家对价格加以调控，否则可能会影响人民的生活水平和社会的稳定；

② 垄断性产品，价格很贵，但不得不买。近年我们打破了很多国外的技术垄断，以前必须从国外购买的技术，得以自主研发投产，价格上拥有了更多自主权。

14.1.2 总资产净利率

总资产净利率（Return on Assets，ROA），又称资产回报率、资产报酬率，其衡量的是企业利用整体资产创效的能力。

总资产净利率 = $\dfrac{净利润}{总资产}$，总资产净利率越高，代表企业对资产的利用效率越高。

例 14-4

D 企业是一家软件开发公司,2018 年实现净利润 300 万元,2018 年期初资产总额为 3 150 万元,期末资产总额为 3 880 万元。

D 企业 2018 年平均总资产 = $\frac{3150+3880}{2}$ =3515(万元)

D 企业 2018 年总资产净利率 = $\frac{300}{3515}$ =8.53%

为提高总资产净利率,应优化资本结构(有息负债和权益的比重),进而降低资产使用成本。

例 14-5

E 企业现有一个 3 年期的投资项目,需投入的资金为 6 000 万元,企业只有资金 1 000 万元,尚须筹资 5 000 万元。企业适用的企业所得税税率为 25%。

有以下三个方案可供选择,如表 14-2 所示。

表 14-2 筹资方案

单位:万元

筹资方式	筹资方案一			筹资方案二			筹资方案三		
	筹资额	筹资占比	筹资成本	筹资额	筹资占比	筹资成本	筹资额	筹资占比	筹资成本
长期借款	1 000	20.00%	8.00%	1 500	30.00%	9.00%	2 000	40.00%	10.00%
长期债券	1 200	24.00%	10.00%	2 000	40.00%	10.50%	1 000	20.00%	9.50%
优先股	500	10.00%	11.00%	1 000	20.00%	12.00%	1 200	24.00%	12.50%
普通股	2 300	46.00%	15.00%	500	10.00%	13.00%	800	16.00%	14.00%
筹资合计	5 000	100.00%		5 000	100.00%		5 000	100.00%	

方案一:

筹资成本 =20.00%×8.00%×(1−25%)+24.00%×10.00%×(1−25%)+10.00%×11.00%+46.00%×15.00%=11.00%;

方案二:

筹资成本 =30.00%×9.00%×(1−25%)+40.00%×10.50%×(1−25%)+20.00%×12.00%+10.00%×13.00%=8.88%;

方案三:

筹资成本 =40.00%×10.00%×(1−25%)+20.00%×9.50%×(1−25%)+24.00%×

12.50%+16.00%×14.00%=9.67%。

从三个方案的对比中可以发现，方案二的整体筹资（资本）成本是最低的，因此，方案二将作为E企业的筹资方式。

（1）债务的资本成本小于股权的资本成本。在偿还顺序上，债权人在股东之前，且债务成本通常不受经营风险影响，而股东收益是期望收益，受企业的经营风险影响。比如，2018年企业损失100万元，欠的借款利息依然要正常支付，但（普通股）股利部分企业有权不予分配。

（2）债务筹资使企业面临还本付息的双重压力，财务风险高，因此，即便债务资本成本相对较低，也要适度控制负债规模。

提示

$$总资产净利率 = \frac{净利润}{总资产} = \frac{净利润}{销售收入} \times \frac{销售收入}{总资产} = 销售净利率 \times 总资产周转率$$

因此，也可以通过提高销售净利率和总资产周转率，来提高企业的总资产净利率。

14.1.3 权益净利率

权益净利率（Rate of Return on Common Stockholders' Equity，ROE），又称净资产收益率，其衡量的是企业利用股东投入创效的能力。

$$权益净利率 = \frac{净利润}{股东权益}$$，权益净利率越高，意味着企业的股东投入创效能力越强。

例 14-6

F企业、G企业是由同一集团控股的两家全资子公司，2018年两家企业主要指标如表14-3所示。

表14-3 企业主要指标

单位：万元

指标	F企业	G企业	差异（F-G）
净利润	300.00	500.00	-200.00
平均净资产	1 000.00	2 000.00	-1 000.00

续 表

指标	F 企业	G 企业	差异（F-G）
平均总资产	5 000.00	6 000.00	-1 000.00
权益净利率	30.00%	25.00%	5.00%
资产净利率	6.00%	8.33%	-2.33%

从表 14-3 可以看出：

（1）从资产净利率的角度看，G 企业为 8.33%，F 企业为 6.00%，G 企业高出 2.33 个百分点。

（2）从权益净利率的角度看，F 企业为 30.00%，G 企业为 25.00%，F 企业高出 5 个百分点。

（3）站在集团的角度来看，集团作为股东，显然会更看重权益净利率，因此 F 企业做得更好。其原因是，F 企业用 1 000 万元的净资产，撬动了 4 000（5 000-1 000）万元的负债；而 G 企业的负债也是 4 000（6 000-2 000）万元，对应的净资产是 2 000 万元。F 企业通过更高比例地利用负债，为股东创造收益，同时，F 企业面临的财务风险也更高。

> **提示**
>
> $$权益净利率 = \frac{净利润}{股东权益} = \frac{净利润}{总资产} \times \frac{总资产}{股东权益} = 总资产净利率 \times 权益乘数$$
>
> $$= \frac{净利润}{销售收入} \times \frac{销售收入}{总资产} \times \frac{总资产}{股东权益} = 销售净利率 \times 总资产周转率 \times 杠杆乘数$$
>
> 因此，可以通过提高销售净利率、总资产周转率、杠杆乘数，来提高企业的权益净利率。权益净利率是杜邦分析的核心指标，它将利润表和资产负债表结合了起来，指导企业层层分解，提高股东投资回报。

14.2 市价比率

市价是股票的市场价格，市价比率的运用主要针对已经上市或即将上市的企业。比如，H 上市公司的股票价格为 20 元 / 股，投资者在购买之前，一定会考虑 20 元的价格是否合理，市价比率有助于投资者分析股票价格的合理性。

14.2.1 市盈率

市盈率（Price to Earning Ratio，PE）= $\dfrac{\text{市价}}{\text{股东权益}}$，该指标将市价与每股收益（Earnings Per Share，EPS）结合了起来，每股收益可以从上市企业披露的主要财务指标中直接获取，计算简单。

例 14-7

为了判断 H 上市公司的股票（20元/股）是否值得购买，投资者考察了同行业 4 家类似企业的市价和每股收益情况，如表 14-4 所示。

表 14-4　甲、乙、丙、丁企业的市盈率

单位：元

指标	市价	每股收益	市盈率
甲企业	15.35	1.22	12.58
乙企业	22.96	2.38	9.65
丙企业	9.15	1.05	8.71
丁企业	13.61	1.18	11.53

4 家企业的平均市盈率 = $\dfrac{(12.58+9.65+8.71+11.53)}{4}$ =10.62

经查，H 公司同期归属普通股股东的盈利为 2 518 万元，普通股股数为 2 000 万，对应每股收益 = $\dfrac{2518}{2000}$ =1.26

按照平均市盈率推算 H 公司的市价 =1.26×10.62=13.38（万元）

因此，H 公司现在的市价 20 元/股，被市场高估了，投资者现在购买很可能面临股票下跌的风险。

提示

（1）使用市盈率存在一个弊端，如果企业盈利为负（亏损），该指标则不适用，因为即便企业亏损，股价也不会出现负数。

（2）市盈率、市净率、市销率，分母中的每股收益、每股净资产、每股销售收入，以归属普通股的净利润、净资产、销售收入分别除以普通股的加权平均数。

14.2.2 市净率

市净率（Price/Book value，PB）= $\dfrac{市价}{每股净资产}$，体现了投资者（股东）愿意为1元钱的净资产支付的价格。市净率的运用方法与市盈率是类似的，但每股净资产通常不会出现负数，因此较好地解决了企业在亏损状态下，市盈率不适用的情况。

例 14-8

J企业2018年12月31日的股价为15元/股。J企业2018年的股东权益和流通在外的普通股股数如表14-5和表14-6所示。

表 14-5　J企业2018年股东权益

单位：万元

指标	期初	期末
权益总额	5 000	5 800
优先股权益	1 000	1 000
普通股权益	4 000	4 800

J企业2018年普通股平均股东权益 =（4000+4800）÷2=4400（万元）

表 14-6　J企业2018年流通在外的普通股股数

单位：万股

指标	1月1日（期初）	3月1日（增发）	10月1日（回购）
流通在外的普通股变动	2 000	1 000	500
流通在外的普通股累计	2 000	3 000	2 500

提示

（1）如果企业出现资不抵债的情况，即权益出现负数，市净率模型将不适用。

（2）股票回购，在我国有严格的限制，适用于以下4种情况：

① 减少公司注册资本；

② 与持有本公司股份的其他公司合并；

③ 将股份奖励给本公司职工；

④ 股东因对股东大会作出的合并、分立决议持异议，要求公司收购其股份。

J 企业 2018 年流通在外的加权普通股股数 =2000× $\frac{2}{12}$ +3000× $\frac{7}{12}$ +2500× $\frac{3}{12}$ =2708.33（万股）

J 企业 2018 年每股净资产 = $\frac{4400}{2708.33}$ =1.62（元）

J 企业 2018 年市净率 = $\frac{15}{1.62}$ =9.26，表明投资者要购买 J 企业 1 元的净资产，需要付出 9.26 元。

14.2.3 市销率

市销率（Price to Sales，PS，即收入乘数）= $\frac{市价}{每股销售收入}$，市销率对亏损企业和资不抵债的企业同样适用。比如，京东（JD）的上市，因连续多年亏损，如果用市盈率来衡量，会很不乐观，但市场对京东的成长性是看好的，因此，京东在美国纳斯达克上市，采用市销率来估值更有优势。

> **例 14-9**
> K 企业 2018 年 12 月 31 日的市价为 24 元 / 股，当年销售收入为 9 000 万元，流通在外的平均普通股为 3 000 万股。

K 企业每股销售收入 = $\frac{9000}{3000}$ =3（元 / 股）

K 企业对应的市销率 = $\frac{24}{3}$ =8

提示

（1）市盈率、市净率、市销率并不是越高越好。比如，某企业受成本大幅上涨的影响，导致当年只有不足 1% 的净利润，这对企业明显是不利的。然而，因为每股收益下降，其市盈率却明显增高，因此，高的市盈率并不意味着高的利润率。

（2）对于一些具有良好市场前景的初创企业，可参考市销率指标；而对于成熟型企业，则多参考市盈率指标；对于拥有大量实物资产的企业，市净率指标低，意味着企业的资产多来源于股东（净资产高、债务低），因此投资风险较低。

专家支招

01：股东财富增加了多少——测算企业的 EVA

经济增加值（Economic Value Added，EVA）用于衡量企业价值（财富）的增量。经济增加值 = 税后经营净利润 − 加权平均资本成本 × 净投资资本。经济增加值越高，表明企业创造的价值越高。目前，该指标在国内外企业中得到广泛的应用。

例 14-10

L 企业是一家上市企业，其 2018 年的经营情况如下：

（1）营业收入为 12 000 万元，营业成本为 8 600 万元，销售及管理费用为 800 万元；

（2）净经营资产（投资资本）为 10 000 万元，其中，净负债为 2 000 万元，所有者权益为 8 000 万元；

（3）权益成本为 12%，净负债成本为 8%（税前）；

（4）适用的企业所得税税率为 25%。

L 企业 2018 年税后经营利润 =（12000−8600−800）×（1−25%）=1950（万元）；

L 企业加权平均资本成本 =$12\% \times \dfrac{8000}{10000} + 8\% \times \dfrac{2000}{10000} \times (1-25\%) = 10.8\%$；

L 企业 2018 年的经济增加值 =1950−10000×10.8%=870（万元）。

假设：L 企业 2018 年经济增加值预算目标为 1 000 万元，则对应 2018 年的（预算）税后经营利润 =1000+10000×10.8%=2080（万元）。因此，通过对经济增加值的预算，还可以确立企业的经营目标。

02：公司股价合理吗——市价比率来评估

在关于市盈率的介绍中已经提到通过同行业类似企业的平均市盈率，来倒算目标企业的股价，从而进行合理性的评估。

> **提示**
>
> EVA 的测算，运用了管理财务报表的理念，企业的资产和负债均分为经营类和金融类。
>
> ① 经营性资产和负债，是指在销售商品或提供劳务的过程中涉及的资产（如固定资产）和负债（如应付账款）；
>
> ② 金融性资产和负债，是指在筹资或投资的过程中涉及的资产（如交易性金融资产）和负债（如短期借款）。
>
> 资产 = 金融资产 + 经营资产；
>
> 负债 = 金融负债 + 经营负债；
>
> 资产 = 负债 + 所有者权益；
>
> 金融资产 + 经营资产 = 金融负债 + 经营负债 + 所有者权益；
>
> 经营资产 – 经营负债 = 金融负债 – 金融资产 + 所有者权益；
>
> 净经营资产 = 净负债 + 所有者权益。

例 14-11

M 企业是一家上市的重工企业，其股价为 24.11 元 / 股，每股收益为 0.98 元、每股净资产为 1.52 元、每股销售收入为 1.74 元。为评估其股价的合理性，将 M 企业与 6 家上市的重工企业进行了对比，如表 14-7 所示。

表 14-7　六家重工企业市价比率

单位：元

单位	市价	每股收益	每股净资产	每股销售收入	市盈率	市净率	市销率
BJ 重工	22.32	0.83	1.13	2.88	26.89	19.75	7.75
SH 重工	30.62	1.24	1.51	1.60	24.69	20.28	19.14
SC 重工	39.21	0.97	1.32	2.37	40.42	29.70	16.54
TJ 重工	10.32	0.71	0.89	1.75	14.54	11.60	5.90
HB 重工	26.19	1.15	1.21	1.28	22.77	21.64	20.46
SD 重工	13.25	0.45	0.67	1.15	29.44	19.78	11.52
平均值					26.46	20.46	13.55

（1）根据平均市盈率测算 M 企业股价 =0.98×26.46=25.93（元 / 股）；

（2）根据平均市净率测算 M 企业股价 =1.52×20.46=31.10（元/股）；

（3）根据平均市销率测算 M 企业股价 =1.74×13.55=23.58（元/股）。

M 企业的股价为 24.11 元/股，根据平均市盈率和平均市销率计算出来的股价分别为 25.93 元/股、23.58 元/股，M 企业的股价偏离平均值的幅度较小（8% 以内）。然而，M 企业因为是重工企业，拥有大量实物资产，因此，应采用平均市净率测算其股价为 31.10 元/股，M 企业的股价被严重低估了。

提示

（1）运用不同的市价比率测算的股价是不同的，结合企业的特点，选择适当的比率尤为重要。

（2）企业股价受内外部多重因素影响，根据市价比率测算出来的股价，可作为合理性的参考，但不可一概而论。

03：股价与企业价值之间存在怎样的联系

政治经济学中的商品价值规律为商品的价值决定价格，价格是价值的表现形式，由于受供求关系的影响，价格总是围绕价值上下波动。在实践中，股价受供求关系影响明显，当多头（买方）势力强势时，股价上涨，而当空头（卖方）势力强势时，股价下跌。然而，要从股价走势（见图 14-1）中看出股价围绕企业价值变动的规律，目前还非常困难。

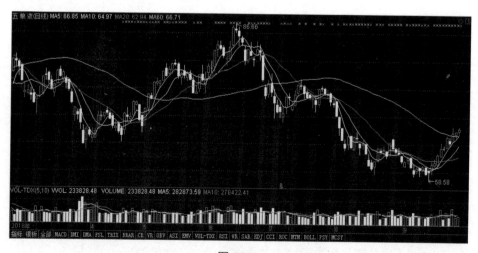

图 14-1

1953年，英国统计学家莫里斯·肯德尔（Maurice Kendall）试图通过计算机模拟股票价格的波动，以找到股价变动的规律。得到的结论是，股价的变动是无规律的，因此有了股价"随机游走（Random Walk）"理论。

1965年，美国芝加哥大学的著名教授尤金·法玛（Eugene Fama）提出了有效市场理论（Efficient Markets Hypothesis，EMH）。在一个强势有效的资本市场中，股票的价格能够体现企业的价值。资本市场的有效性分为三个理论层次，如表14-8所示。

表14-8 资本市场有效性理论

层次	理论	特点
1	弱势有效	股票的价格充分反映了企业的所有历史信息
2	半强势有效	股票的价格充分反映了企业的所有公开信息
3	强势有效	股票的价格充分反映了企业的所有内幕信息

资本市场强势有效，意味着股价反映了企业的历史、公开、内幕信息，此时股价与企业价值的关联性最强。

企业的价值并不是简单的会计价值（账面价值），而是取决于企业的公平的市场价值。公平的市场价值可以是将企业进行清算处置的价值，也可以是企业持续经营产生的净现金流量现值之和，二者取其高者，如图14-2所示。

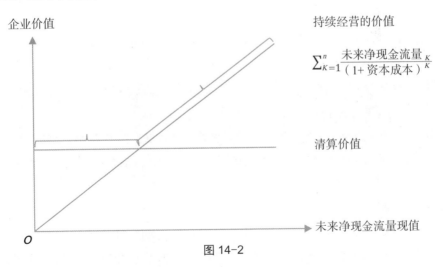

图14-2

高效工作之道

01：用 Visio 画杜邦分析框架图

杜邦分析是对企业财务状况、经营成果进行分析的重要工具，杜邦分析结构图是财务管理人员非常熟悉的一张图。使用 Visio 制作的杜邦分析框架图如图 14-3 所示。

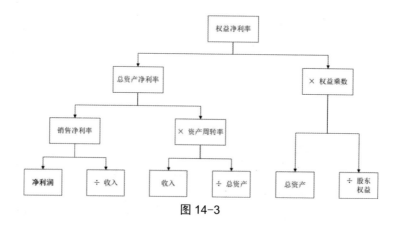

图 14-3

具体操作参考如下。

步骤① 打开 Visio 软件，选择"基本框图"→"创建"，新建一个文件，如图 14-4 所示。

步骤② 选中"视图"→"显示"→"网格"复选框（见图 14-5），移动和绘制图形，以此作为参考线。

步骤③ 单击右下角缩放的比例，打开"缩放"对话框，在"百分比"文本框中输入 50%，也可以直接选中"50%"单选按钮，然后单击"确定"按钮，如图 14-6 所示。

步骤④ 画第一个四级图形。

（1）拖动左侧矩形图形至绘图区域左下角位置，如图 14-7 所示。

（2）单击矩形框，然后拉动四边中间的小方框（见图 14-8），使其宽度为 3 个网格，高度为 2 个网格，并通过上、下、左、右键，适当调整矩形框的位置。

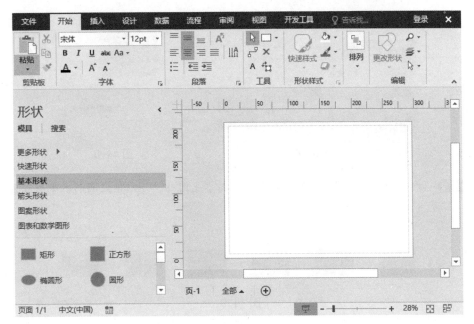

图 14-4

图 14-5

图 14-6

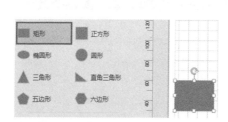
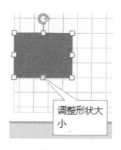

图 14-7　　　　　　　　　图 14-8

步骤 5　画剩余的四级图形。使图形之间保持水平对齐，矩形框之间的水平间隔为 2 个网格，如图 14-9 所示。

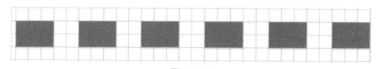

图 14-9

步骤 6　画三级图形。使图形之间保持水平对齐，调整矩形框宽度为 4 个网格，高度为 2 个网格，三、四级图形垂直间隔 2 个网格，三级图形的最终位置如图 14-10 所示。

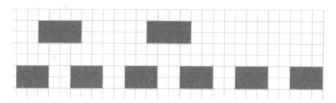

图 14-10

步骤 7　画二级图形。使图形之间保持水平对齐，调整矩形框宽度为 4 个网格，高度为 2 个网格，二、三级图形垂直间隔 2 个网格，二级图形的位置如图 14-11 所示。

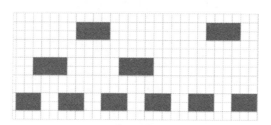

图 14-11

步骤⑧ 画一级图形。调整矩形框宽度为4个网格，高度为2个网格，一、二级图形垂直间隔2个网格，一级图形的位置如图14-12所示。

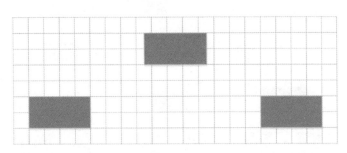

图 14-12

步骤⑨ 画连接线。单击"开始"→"工具"→"连接线"按钮，将一级图形底部中间的连接点与二级图形顶部中间的连接点连接起来，如图14-13所示。

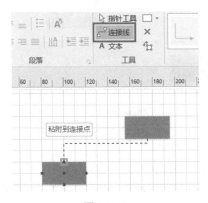

图 14-13

步骤⑩ 调整连接线位置。向下拉动连接线，使其处于两级图形的中间位置，如图14-14所示。

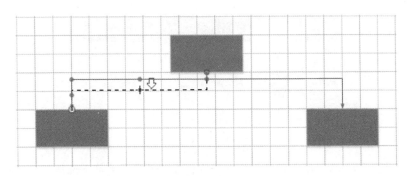

图 14-14

步骤⑪ 完成剩余连接线的绘制和调整，效果如图14-15所示。

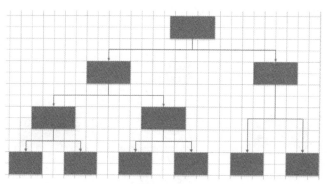

图 14-15

步骤⑫ 依次双击矩形框，完成文字输入，如图14-16所示。

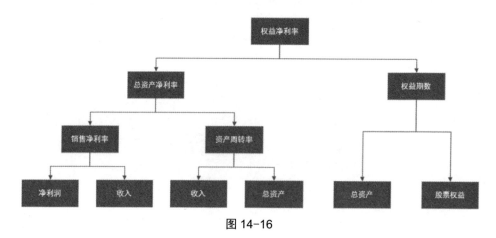

图 14-16

步骤⑬ 按"Ctrl+A"组合键选中全部图形，选择"开始"菜单→设置字体（黑体）、字号（16pt）、字体颜色（黑色），如图14-17所示。

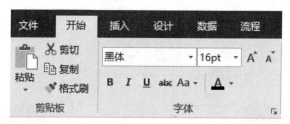

图 14-17

步骤⑭ 按"Ctrl+A"组合键选中全部图形，在"开始"菜单下选择不带填充的形状样式，并将线条颜色设置为黑色，如图14-18所示。

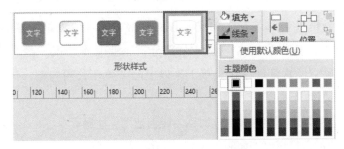

图 14-18

步骤⑮ 取消网格。在"视图"菜单中取消选中"网格"复选框，如图14-19所示。

图 14-19

步骤⑯ 保存。选择"文件"→"另存为"→"浏览"→选择保存路径→修改"文件名"（杜邦分析框架图）→选择"保存类型"→单击"保存"按钮，如图14-20所示。

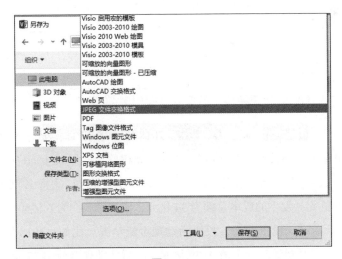

图 14-20

02：用Word做一份财务报表分析报告

写财务分析报告，首先应构建报告的框架，或者说提纲，然后进行内容的完善。财务分析报告通常包括4个部分：企业基本情况、经营总体情况、完成对比情况、经营管理建议。接下来以上海Z汽车公司为例，进行讲解。

步骤① 企业基本情况。

（1）企业的发展历史，如成立时间、经营范围、注册资本等；

（2）企业的人员情况，如职工人数、年龄结构、学历结构等；

（3）企业的内外部环境，可以运用SWOT分析法（态势分析法）进行阐述。内部环境包括优势、劣势；外部环境包括机遇、挑战，如表14-9所示。

表14-9　Z公司内外部环境

环　境	SWOT	内　容
内部	S（优势）	①流动资金充裕； ②生产能力充足； ……
	W（劣势）	①品牌优势不足； ②研发人员离职率高； ……
外部	O（机遇）	①随着人们生活水平的提高，家用轿车的需求量增加，市场前景好； ②当地政府的大力支持； ……
	T（挑战）	①市场竞争激烈（可列举主要的竞争对手）； ②出口关税增加； ……

步骤② 经营总体情况。

（1）资产、负债、权益情况。比如，2018年9月30日，上海Z汽车公司资产总额为50亿元，负债总额为30亿元，所有者权益总额为20亿元。

（2）收入、成本、利润情况。比如，2018年1~3季度，上海Z汽车公司实现营业收入40亿元，发生的成本总额为34亿元，实现净利润为6亿元。

（3）经营活动、投资活动、投资活动现金流情况。比如，2018年1~3季度，上海Z汽车公司经营活动现金流入39亿元，经营活动现金流出32亿元，经营活动现金流量净额为7亿元……

（4）企业的偿债能力指标、营运能力指标、盈利能力指标、(上市公司)市价比率情况，如表 14-10 所示。

表 14-10　Z 公司经营管理指标情况

指标名称			值/比率
偿债能力指标	短期偿债能力指标	绝对值指标　营运资本	20.00
		相对值指标　流动比率	3.00
		相对值指标　速动比率	2.40
		相对值指标　现金比率	1.20
		相对值指标　现金流量比率	0.70
	长期偿债能力指标	还本能力指标　资产负债率	0.60
		还本能力指标　长期资本负债率	0.50
		还本能力指标　现金流量债务比	0.23
		付息能力指标　利息保障倍数	7.67
		付息能力指标　现金流量利息保障倍数	5.80
营运能力指标		应收账款周转率	4.44
		存货周转率	14.55
		总资产周转率	0.91
盈利能力指标		销售净利率	15.00%
		总资产净利率	12.00%
		权益净利率	30.00%
（上市公司）市价比率		市盈率	3.60
		市净率	1.80
		市销率	3.60

步骤 3　完成对比情况。

将实际完成情况，与预算和上年（上月或上季度）同期（特定时点）进行比较。对完成情况不达标的指标进行分析，并阐明原因。上海 Z 汽车公司 2018 年 9 月 30 日资产指标完成情况如表 14-11 所示。

表 14-11 资产指标完成情况

单位：亿元

指标名称	期末数 2018-9-30	期初数 2018-1-1	与期初数比增减		预算数	与预算比增减	
			金额	比例		金额	比例
货币资金	12.00	5.00	7.00	140.00%	10.00	2.00	20.00%
应收账款	10.00	8.00	2.00	25.00%	9.50	0.50	5.26%
其他应收款	2.00	1.50	0.50	33.33%	1.52	0.48	31.58%
预付账款	0.50	0.30	0.20	66.67%	0.40	0.10	25.00%
存货	3.00	2.50	0.50	20.00%	2.80	0.20	7.14%
……							
流动资产合计	30.00	20.00	10.00	50.00%	26.00	4.00	15.38%
固定资产	13.00	10.00	3.00	30.00%	11.00	2.00	18.18%
无形资产	5.00	4.00	1.00	25.00%	5.50	−0.50	−9.09%
在建工程	1.50	1.20	0.30	25.00%	2.00	−0.50	−25.00%
……							
非流动资产合计	20.00	18.00	2.00	11.11%	19.00	1.00	5.26%
资产总计	50.00	38.00	12.00	31.58%	45.00	5.00	11.11%

增减变化的原因分析如下：

（1）与期初数比增减变化的原因；

（2）与预算比增减变化的原因。

步骤④ 经营管理建议。

（1）营销管理建议；

（2）生产管理建议；

（3）成本管理建议；

（4）财务管理建议；

……

提示

财务分析报告的编写，由财务部门牵头，各业务部门协调配合，共同参与完成。同时，财务人员要能够很好的统筹协调，保证各项数据的一致性。